日本の地域社会における対外国人意識

北海道稚内市と
富山県旧新湊市を
事例として

小林真生 著
Kobayashi Masao

福村出版

[JCOPY] 〈(社)出版者著作権管理機構 委託出版物〉
本書の無断複写は著作権法上での例外を除き禁じられています。複写される場合は、そのつど事前に、(社)出版者著作権管理機構(電話 03-3513-6969、FAX 03-3513-6979、e-mail: info@jcopy.or.jp)の許諾を得てください。

目次

序章
第1節：日本社会における外国人増加の経緯…………………………14
第2節：外国人受け入れへ向けた関係機関の姿勢…………………………18
第1項：政府内の受け入れ意識の相違…………………………19
第2項：経済界の受け入れ意識の相違…………………………21
第3節：全国的世論調査から見る現状…………………………23
第1項：外国人との接点増加と意識の変化…………………………23
第2項：外国人犯罪報道の意識への影響…………………………25
第4節：地域特性から見る先行研究の検証…………………………27
第5節：本書の検証課題…………………………35
第6節：本書の研究方法と構成…………………………37
第1項：研究方法…………………………37
第2項：構成…………………………39
第7節：本書の限界…………………………40

第1章：産業の展開から見る地方の小都市の特性
第1節：港湾都市としての稚内市の特性…………………………45
第1項：稚内市の概要…………………………45
第2項：稚内市の産業界の構造の変化…………………………46
第2節：日本の経済成長と対をなす旧新湊市地域の発展…………………………53
第1項：旧新湊市地域の概要…………………………53
第2項：旧新湊市地域の産業界の構造の変化…………………………54
第3節：両都市の特性…………………………64
第1項：稚内市における人口変動の影響…………………………64
第2項：旧新湊市地域に見る地方社会の類似点…………………………65
第4節：人口減少と新たな社会創出の可能性…………………………66

第2章：稚内市における対外国人意識
第1節：『北海道新聞』に見る北海道における対外国人意識の概況……73

第1項：1990年以前の概況……………………………………73
　　第2項：1990年以降の概況……………………………………74
　第2節：稚内市の議会議事録に見る対外国人意識…………………85
　第3節：接触量減少時における対外国人意識の変容………………97
　　第1項：調査の背景と意義……………………………………97
　　第2項：アンケート調査に見る意識の変化…………………99
　　第3項：行政の対応……………………………………………107
　第4節：小括……………………………………………………………108

第3章：伏木富山港周辺地域における対外国人意識
　第1節：『北日本新聞』に見る富山県における対外国人意識の概況……113
　　第1項：環日本海自治体交流…………………………………114
　　第2項：日系南米人……………………………………………117
　　第3項：中国人研修生…………………………………………120
　　第4項：ロシア人船員・パキスタン人中古車業者…………122
　第2節：伏木富山港周辺地域の議会議事録に見る対外国人意識……128
　　第1項：高岡市の事例…………………………………………129
　　第2項：富山市の事例…………………………………………134
　　第3項：小杉町の事例…………………………………………138
　　第4項：新湊市の事例…………………………………………142
　第3節：伏木富山港周辺地域に共通する問題と方針………………152
　第4節：小括……………………………………………………………157

第4章：日本海沿岸地域における対外国人意識比較
　第1節：本章の分析課題………………………………………………161
　第2節：アンケート調査の概要………………………………………162
　　第1項：対象者の属性…………………………………………162
　　第2項：両地域の外国人構成に対する認識…………………163
　　第3項：両地域の外国人との接触……………………………164
　　第4項：外国人増加に対する意識……………………………168

第3節：アンケートに見る意識形成の背景……………………………169
　第1項：外国人との接触状況………………………………………169
　第2項：経済効果に対する評価……………………………………172
　第3項：治安に関する認識…………………………………………178
　第4項：地域のルールの乱れに関する認識………………………180
　第5項：外国人に関する情報源……………………………………183
第4節：アンケートに見る対外国人意識改善のための対応…………185
　第1項：行政の対応…………………………………………………185
　第2項：民間団体の対応……………………………………………188
第5節：分析課題を受けて………………………………………………189
第6節：結論と課題………………………………………………………191

第5章：日常的な交流と対外国人意識との関係

第1節：本章の分析課題と手法…………………………………………195
第2節：住民の発言から見た稚内市の特色……………………………196
　第1項：自由回答欄から見た特色…………………………………196
　第2項：面接調査から見る稚内市の特色…………………………202
第3節：住民の発言から見た旧新湊市地域の特色……………………217
　第1項：自由回答欄から見た特色…………………………………217
　第2項：面接調査から見る旧新湊市地域の特色…………………227
第4節：個人化が図られていない対外国人意識の課題………………249
　第1項：十分な違いが見られないそれぞれの対外国人意識……249
　第2項：地方の小都市における日本語の重要性…………………252
第5節：変化を受け入れる必要性………………………………………254

第6章：対外国人意識改善に向けた諸機関の対応

第1節：両地域から見る地方の小都市の特性…………………………259
第2節：日本社会の対外国人意識の現状と課題………………………260
第3節：多文化施策の現状………………………………………………262
　第1項：中央政府の施策……………………………………………263

第2項：稚内市と射水市の施策……………………………266
　第4節：多文化施策の課題と今後……………………………269
　　第1項：地方自治体の問題点………………………………269
　　第2項：国レベルでの問題点………………………………271
　第5節：民間と行政の協働……………………………………273
　　第1項：町内会の活動の現状と可能性……………………273
　　第2項：民間団体の活動の現状……………………………275
　　第3項：協働活動の課題……………………………………277
　第6節：小括……………………………………………………279

終章
　第1節：地方の小都市における対外国人意識の特性………285
　第2節：意識の二分化から見る日本の対外国人意識の現状…288
　第3節：多文化共生を推進する施策への反動という視点…291
　第4節：新たな創造のための社会変容に向けて……………295

　　参考文献…………………………………………………………299

　　付録………………………………………………………………309

あとがき……………………………………………………………329

《凡例》
①本書は「章」「節」「項」「（1）」の順で構成される。

②本書では記述内容により、「氏名（年度）」の表記で論文や著作を表す場合がある。
　その際、初出時は「フルネーム（年度）」、次回以降（あるいは、脚注で紹介後）は「苗字（年度）」との表記を行う。

序章

日本における外国人をめぐる状況や制度は「十年一昔」という言葉が自然に感じられるほど日々変化を見せている。例えば、1990年代初頭、イラン人が同国人同士の情報を求めて東京上野周辺等に集まる光景や、それに対する地域住民の不安や不満がマスメディア等で頻繁に取り上げられたが、現在は日本政府の規制や携帯電話・インターネット等の情報ツールの発達等の要因により、そのような光景は見られなくなった。しかし、彼ら外国人に対する日本社会の意識にそれほどの変化があったのであろうか。1990年代初めの上野周辺の一部サウナにおいて、日本人客からの苦情を一番の理由としてイラン人入店拒否の方針がとられたが、後述するロシア人船員のマナー違反に端を発した小樽市の外国人入浴拒否問題をはじめとして、現在、そのような外国人への入店拒否は全国的に拡大を見せている。そして、そのような行動の背景に存在する外国人に対する偏見や相互の対話の不在に対して、状況を改善しようとする取り組みも一部では見られるものの、大勢を変えるほどの動きとはなり得ていない。

　筆者がそのような問題に関心を持つに至ったのは、個人的な経験が基となっている。筆者の出身地は日系南米人の集住地として知られる群馬県太田市である。同市は富士重工業を中心として自動車関連業が盛んであり、高度経済成長期には北関東工業の一大拠点に成長した。2009年の時点で、太田市の製造品出荷額等は北関東3県（群馬県、栃木県、茨城県）の都市の中で1位となっている。また、隣接する大泉町は1959年に三洋電機の東京製作所の本工場が

1）読売新聞社特別取材班編『揺れる労働開国』悠思社、1992、23頁。
2）経済産業省経済産業政策局調査統計部『工業統計調査　平成21年確報 市区町村編』2011年4月22日公表。

設けられて以降、発展を続けており、両地域はいわゆる「企業城下町」として知られている。そして、両地域の大工場関連の下請中小企業はバブル期に入り人手不足が顕著となってきたため、1980年代後半より東南アジアや南アジアから期間工や超過滞在の労働者を雇い入れ、1990年に出入国管理及び難民認定法（以下、入管法）の改正が施行されて以降は日系南米人を多く雇用するようになった。

　それに伴って、生活の様々な分野で地元住民が外国人を見かける機会が増えるに従い、筆者は外国人に対する偏見に基づいた発言をしばしば耳にするようになった。その中には後述する外国人による日本人女性暴行流言も含まれ、それに対して、ある中学校では女子生徒を体育館に集め、「外国人に注意するように」との通達を行うという反応も見られた。その流言のなかで暴行を行ったとされる外国人の国籍であるが、流言の内容はそのままに周囲で見かけられる変化に伴い、東南アジアや南アジア諸国から、ブラジルへと変わっていった。この事実は、その流言が実態ではなく地域社会の外国人に対するイメージに依拠するところが大きいものであったことを示している。そして、流言ばかりでなく、生活者としての外国人に対する眼差しに対しても、筆者が同市のある行政関係者に話を聞いた際の「入管法改正を境に外国人の国籍は変わりましたけど、結局、太田の人は外国人の肌の色が少し薄くなったぐらいにしか考えていないんじゃないですか」との発言に代表されるように、大きな変化は生まれなかった[3]。

　当初、筆者はそのような偏見の発露を太田市独自の状況と考えていたのであるが、その後、関連文献やマスメディアからの情報、あるいは個人的に様々な地域の状況を見聞する中で、程度の差はあるものの、日本各地に同様の問題があるのではないかと感じるようになった。中でも筆者が注目したのは、急激に外国人との接触が増加しつつも人口減少が進んでいる人口5万人に満たない地方の小都市[4]であった。なぜなら、近年様々な場面で話題に上ることの多い急

---

[3] 一方で、同地における聞き取りや知人との会話の中では、「外国人の肌の色が変わったことで、抵抗感が少し薄れた」との発言もしばしば聞かれる。
[4] 地方自治法第8条1に定められた市制要因の1つとして人口5万人以上であることが挙げられており、現在、人口がそれを下回っている状況はそれらの市において人口減少が進行したことを表している。

激な外国人の増加が引き起こす問題や心理的摩擦は、それ以前に外国人を見かける機会が少なかった地域で一層顕著となることが予想され、そのような地域を対象に研究を進めていくことは、今後同様の問題に直面する地域に対して何らかの示唆を提供できるのではないかと考えたためである。

そこで、筆者は2001年以降、外国人入浴拒否事件が起きた小樽市以上にロシア人船員との接触の多い稚内市をはじめとした北海道各地の港湾都市（苫小牧市、小樽市、根室市、紋別市、函館市、留萌市）における調査を行ってきた。また、2004年以降は外国人の混在が見られる富山県の高岡市、旧新湊市地域、富山市等からなる伏木富山港周辺地域においても、年間1、2回の調査を行い、地方の小都市の対外国人意識を分析してきた。

後述するように、上記の自治体では意識の悪化を示すような事例がしばしば発生してはいるが、一方で問題の全国化という側面も見えてくる。例えば、2007年の入管法改正によってテロ対策を主たる目的として、外交特権を有する者、政府招待者、特別永住者、16歳未満の者以外の外国人は入国審査にあたって、原則として指紋採取と顔の写真撮影が義務化されたが、同法案が提出された際、それに対する日本社会からの大きな反発が起きなかったことは、外国人全体を危険視する意識や、外国人の人権が侵害されるような事態をやむを得ないと捉える意識が定着していることの表れでもある[6]。また、それは長年にわたる諸団体の交渉や日本社会全体の理解向上等により、在日コリアンをはじめとする在日外国人に対して、1952年から1999年まで義務化されていた指紋の押捺制度が撤廃されたことに代表される対外国人意識の改善傾向が、近年後退している状況を示している。このような外国人への偏見に基づく[7]不信感

---

5) 第164回国会法務委員会第8号（2006年3月22日）において、民主党の石関貴史議員から同法改正が「テロ対策というのが目的なのか、あるいは犯罪捜査が目的なのか」との質問を受けた際、河野太郎法務副大臣は「主たる目的はテロ防止でありますが、同時に、不法滞在、不法入国を防ぐというのも大変大切なことでございます」と答弁しているように（『衆議院会議録 第164回国会 法務委員会 第8号』2006、2頁）、実情はともかく当初はテロ対策が法改正の議論の前面に出されていた。
6) それ以前の入管法と偏見との関係に関しては、Mayumi Ito, *Globalization of Japan :Japanese Sakoku Mentality and U.S. Efforts to Open Japan*, St. Martin's Press,1998, p.109.
7) 日本において、これまで発生した無差別テロ事件は全て日本人によって行われたものである。

が法的な面でも表象され、広く受け入れられる状況を考えるならば、これまでの検証が不十分であった外国人が急増した地方の小都市における意識の現状や背景等を検証していくことは、日本社会全体の問題を捉える上でも重要性を増しているのではないだろうか。

　そこで、本書では、地方社会において入管法改正により外国人の増加が一層進み、ソビエト連邦（以下、ソ連）の経済体制が変化し船員の上陸数も増加し始め、日本国内ばかりでなく東西冷戦構造の崩壊等世界的にも大きな分岐点となった1990年に着目し、分析の基点としたい。そして、本書の分析の対象とする外国人を1990年以降に地方社会で増加した外国人としていることから、本書における「外国人」という定義は①近年もしくは現在まで日本における定住化傾向を持たず、②日本語を母語とせず、③日本国籍を有してはいない、という3つの条件を全て満たしたものとする。もちろん、引用等を行う各種文書内においてはその限りではない。それらの条件を踏まえた上で、地方社会における対外国人意識を分析していく。

第1節：日本社会における外国人増加の経緯

　近代以降の日本の大都市において、外国人の存在が一般市民の生活レベルで広く実感されるようになったのは、日本が韓国を完全に植民地化した1910年の韓国併合以降である。もちろん、それ以前より様々な外国人が日本で生活していたのであるが、第一次世界大戦期に当たる1917年以降の朝鮮人の日本における人口は毎年1万人を超える伸びを示し、彼らの存在は顕著なものとなっていく。ただし、その移住は自ら望んだものではなく、併合後、朝鮮総督府により土地調査事業が行われ、その過程における未申告や書類の不備・偽装等によって多くの農民が土地を失い、小作人となったことが契機となっている。その生活に耐えかねた単身者を中心として、当時の日本においては土建現場、鉱山、工場等で労働力が不足していたことを知った層が移住あるいは出稼ぎという形で来日したのである。

---

8) 1899年の内地雑居実施により市街地に居住を始めた外国人や一部の朝鮮人労働者・政治家の来日等がそれに当たる。

しかし、彼らと日本の地域住民との間には十分な相互理解が進んでいたとはいえず、日本社会においては強い偏見が見られた。その偏見が極端な形で表れたものが 1923 年の関東大震災時の「朝鮮人が来襲して暴動が起き、井戸への投毒、放火、強盗、強姦等を行っている」という流言飛語から始まり、関東各地に拡大した朝鮮人・中国人に対する虐殺事件である。この事件に関してはパニック時において、当時官民共に存在していた朝鮮人に対する蔑視や、自らが彼らに課した厳しい生活に対する復讐が行われるのではないかという恐怖心が引き起こしたものであることは、事件直後から広く語られていた[9]。

その他に戦前の大都市で目立った異文化接触経験としては、1917 年のロシア帝国崩壊後の混乱期にソ連からの迫害を逃れるため、白系ロシア人と呼ばれる層が亡命あるいは中継地として来日したことが挙げられる。その数は 1918 年に 7,251 人に上ったとされ、1930 年の国勢調査でも 3,587 人の在留が確認されるほど大規模なものであった[10]。彼らは主としてラシャ売り、パン・菓子製造、飲食業、美容品販売等を生業とし生計を営んでいたが、彼らもまた、日本社会における偏見と対峙せざるを得なかった。一例を挙げれば、戦前から戦後にかけての日本プロ野球を代表する投手であり、9 歳より日本で成長した白系ロシア人のビクトル・スタルヒンは度々日本国籍取得の申請を行ったものの受理されず生涯を無国籍で通すこととなり[11]、その上、1944 年から終戦まで[12]「敵性外国人」として軽井沢に幽閉された事実は、雄弁に当時の状況や意識を物語

---

9) 麻生久はこの件に対して事件直後に「今度の震災は、其災害が深刻であつた丶め、今までは様々なもので其表面を蔽はれて、ぼんやりと見えてゐた日本の社會と云ふものが、突如として其表面に蔽はれてゐたベールを奪はれたので、忽ちにして本能その儘の生地を露出した今回あらゆる方向に於て暴露された事件は決して偶然に突發したものではなくて、既に震災以前に於て社會の何處かに潜在してゐたのである」とその背景を分析している（麻生久「震災に現はれたる日本の社會」『新人』第 25 巻第 1 号、1924）。また、同様の指摘は増田幸一「雑記帳」『心理研究』第 142・143 号、1923、三宅雪嶺「震災關係の心理的現象」及び速水滉「流言蜚語の心理」『思想』第 25 号 11 月号、1923、等に見られる。
10) 沢田和彦『白系ロシア人と日本文化』成文社、2007、1 頁。
11) 1925 年に日ソ基本条約が締結されたため、ソ連の国籍を希望していなかった白系ロシア人は日本において国籍を失うこととなった。
12) ナターシャ・スタルヒン『ロシアから来たエース—巨人軍 300 勝投手スタルヒンの栄光と苦悩—』PHP 文庫、1991、228 頁。

っている。そのような時期を経て、日本において経済的な安定を手に入れることができなかった、あるいは日本人と婚姻関係を持つことの無かった多くの白系ロシア人は次第に日本を離れていき、彼らの存在は徐々に目立たなくなっていった。

　それらの事例に代表されるような日本社会における対外国人意識は、アジア太平洋戦争が終結して多くの朝鮮人が帰国した後も継続し、日本在住を決めた多くの在日コリアンが自らの出自を隠すために日本式の通名を使用せざるを得ない状況を形成した。そして、欧米諸国とは異なり、地方に多くの余剰人口や季節労働者を抱えていた日本は移民労働力を用いることなく高度経済成長を遂行した経緯もあり、1980年代の東南アジアや南アジアからの超過滞在型の労働者や「興行ビザ」によるフィリピン人女性等の来日が増加するまで、彼らの存在を目に見えるものとして認識することは無かった。

　彼らの来日の背景には日本の経済発展や円高、あるいは従来移民を受け入れてきたヨーロッパが入国を制限し始めた状況があった。そして、日本国内の要因として、少子化や人口の都市への偏在、季節労働者の減少、ホワイトカラー志向の高まり等により、バブル期における地方の製造業界（主として労働集約型の分野）の需要増加に、下請けの中小企業が深刻な人手不足により対応できず、新たな労働力が求められたことが挙げられる。しかし、外国人労働者を超過滞在の状態で雇用することに対する罰則が1990年施行の改正入管法で厳格化されたため、雇用者の注目は「定住者」や「日本人の配偶者等」の資格で国内において自由に就労が可能となった日系南米人、あるいは従来の一企業が単独で受け入れる方式だけではなく、地元の協同組合等が窓口になる団体監理型の方式により中小零細企業でも受け入れが可能となった外国人研修生へと移っていくこととなった。

　また、1980年代後半から1990年代前半にかけて、東北地方等の農村地域における自治体主導の外国人花嫁の受け入れも目立った日本全体での国際結婚の増加、留学生の増加、ソ連解体に伴う北海道や日本海沿岸におけるロシア人船員の上陸者数の増加等、労働力だけに止まらない外国人をめぐる状況の変化も多く見られた。それは、同時に外国人の来日理由が多様化し、地域社会で生活する外国人の出身地域が限定されなくなった傾向を表してもいる。

そして、バブル経済が破たんした後も、安価な労働力である外国人労働者の数は増加を続け、関東北部や東海地方の太平洋側を中心に就労先を求めた日系南米人は家族で来日する傾向が見られるようになり、教育や医療等の様々な生活上の問題も表面化するようになってきた。それらの問題には彼らを受け入れた自治体や、現地の民間団体が独自に対応していたのであるが、規模の拡大と問題の共通性は日系南米人集住都市間の認識の共有をもたらし、2001年に静岡県浜松市において「外国人集住都市会議」が開催されるに至った。これは1970年代以降、広く引用されるようになったスイスの作家マックス・フリッシュの「労働者を呼んだのに、来たのは人間であった」との言[13]を引くまでもなく、外国人が単なる労働力ではないことを改めて関係者に認識させる契機ともなった。

　21世紀に入った後の、もう1つの傾向としては1993年に1年間の企業等における研修、ならびに学科試験に合格した研修生に、その後も同じ受け入れ先にて1年間（1997年からは2年間）労働者資格である「技能実習生」として日本における滞在を認めた入管法改正を利用して、研修生ならびに技能実習生（本書では、以降、便宜上彼らを「研修生」と総称する[14]）の数が年間1万人を超えるほどの大きな伸びを示したことが挙げられる[15]。そして、「研修」や「実習」という名目上、彼らの賃金は法的に地位の保障された日系南米人等よりも安価に抑えることができたため、従来日系南米人が就労していた工場等において、同じ業務を研修生に任せ、日系南米人を解雇する状況も各地で見られるようになってきた。また、労働力の確保が難しい地方都市の小規模の受け入れ先においては、法令の拡大解釈から研修の体を成していない事例も珍しくない。そうした状況が看過され続けたことで、研修生の需要は日本全体で増加し、

---

[13] 元々は「スイス経済は」という文言がついていたもの。

[14] 2010年7月の入管法改正に伴い、従来の研修生も当該技能等に習熟するため同一の機関との雇用契約の下で業務に従事する技能実習生に含まれることとなったが、本書で扱う資料や面接調査を行った段階では彼らは研修生と総称されることが一般的であったため、議論の混乱を避けるために本書では研修生の表記を用いる。

[15] 中でも、「技能実習移行申請者数」に関しては2000年度は16,107人であったが、2007年には63,747人とその数を大幅に伸ばした（財団法人　国際研修協力機構編『JITCO白書』2002年度版、及び2009年度版より）。

2000年以降毎年1万人近くの「研修」資格の入国者が増加していった。その一方で、彼らを安価な労働力と見る余り、適正な賃金を支払わなかったり、非常に劣悪な住環境しか提供しない等の問題も多く発生している[16]。

しかし、そうした状況も2008年秋のアメリカ発の金融危機に端を発する経済不況により、大きく様変わりした。2004年以降、製造業の人材派遣が認められたことにより、一層不安定な雇用状態にあった日系南米人の多くが職を失い、多くの日系南米人集住都市では大幅な人口減少が見られた。同じく地方の中小企業の貴重な働き手でもあった研修生も国が関与した制度を通じて来日したにもかかわらず、入国管理局の調べたところでは受け入れ企業の倒産や事業縮小のため2008年10月から3ヶ月の間ですら1,007人が帰国を余儀なくされていた[17]。つまり、外国人労働者を日本が受け入れるようになって約20年が過ぎてはいたものの、彼らの立場(あるいは、彼らに対する意識)は雇用の調整弁として位置づけられていることが、経済危機によって明らかになったのである。

その状況は「この20年間という期間が日本社会と外国人との関係に対して、どのようなものであったのか」あるいは「その関係を形作った意識はどのようにして生まれてしまったのか」との問いを、対外国人意識を研究してきた筆者に改めて突き付けた。そこで、以上の経緯の中で形成された関係機関の認識や日本社会全体の意識を以下に見ていくこととしたい。

第2節:外国人受け入れへ向けた関係機関の姿勢

1980年代半ば以降、外国人人口が拡大し、彼らの生活する地域も徐々に地方へ拡散していくに従い、その変化に対しどのように対応すべきかとの議論は活発なものとなっていった。そして、その議論は1988年の『雇用対策基本計

---

16) 研修生の置かれている状況に関しては、外国人研修生問題ネットワーク編『外国人研修生 時給300円の労働者―壊れる人権と労働基準―』明石書店、2006、外国人研修生権利ネットワーク編『外国人研修生 時給300円の労働者 2―使い捨てをゆるさない社会へ―』明石書店、2009、に詳しい。
17) 『毎日新聞』2009年4月7日(朝刊)。

画』（同年6月閣議決定）において「専門、技術的な能力や外国人ならではの能力に着目した人材の登用は、我が国経済社会の活性化、国際化に資するものであるので、受入れの範囲や基準を明確化しつつ、可能な限り受け入れる【中略】いわゆる単純労働者の受入れについては、諸外国の経験や労働市場を始めとする我が国の経済や社会に及ぼす影響等にかんがみ、十分慎重に対応する[18]」という政府方針が示されたことで、「いわゆる単純労働者」を求める現状との乖離は明確なものとなった。それを軸に、1990年代初頭「開国か、鎖国か」といった議論が行われたのであるが、実際には結論は出ず、政府の見解も変化することはなかった。

　しかし、21世紀に入り、外国人受け入れに関する議論は「開国か、鎖国か」といったようなものではなくなり、労働力不足のために本格的な移民政策に踏み出そうとするものと、従来の政府の方針通りに専門的技能を持つものの受け入れを重点的に目指すものとの論争が展開されている[19]。その中では、外国人が将来的に増加することに対して、量の大小はあれ、認知されているといえる。そのような状況に対して、政府や経済界も今後の対応を迫られ、見解及び提言を多く発表している。これらの文書は一定の支持や理解がなければ成立しないことから、同様の世論の表象と捉え、以下に見ていく。

第1項：政府内の受け入れ意識の相違

　政府が発表した代表的な見解の1つとして、内閣府から2005年に発行された『日本21世紀ビジョン』が挙げられる。その発行の目的は、構造改革により実現される日本の将来像を一層明確かつ体系的に示すことで、国民の間の認識の共有を図ることとされている。同書では、時代の潮流に乗り遅れればグローバル化に取り残されてしまい、少子高齢化が進むことを考えれば「頑なに外国人労働者を『高度な技術』に限定することは不可能であり、様々な社会的、制度的、政治的矛盾を引き起こす[20]」として、在留資格の大幅な拡大を支持している。そして、その前提となるのは、日本が「国民はもとより、世界中の人

---

18) 労働省編『雇用対策基本計画（第6次）』1988、22頁。
19) それまでの議論の流れは、井口泰『外国人労働者新時代』筑摩書房、2001、に詳しい。
20) 内閣府編『日本21世紀ビジョン』2005、239頁。

が訪れたい、働きたい、住んでみたいと思い、年齢・性別・国籍等によって差別されることのない『壁のない国』となる」という方針であるとしている。他にも、地方自治体に対して地域における多文化共生の推進を図る参考とするために2006年に総務省から発表された『多文化共生の推進に関する研究会報告書』の中では、「外国人住民もまた生活者であり、地域住民であることを認識し、地域社会の構成員として共に生きていくことができるようにするための条件整備を、国レベルでも本格的に検討すべき時期が来ている」と現状が分析されており、「国籍や民族等の異なる人々が、互いの文化的ちがいを認め合い、対等な関係を築こうとしながら、地域社会の構成員として共に生きていくこと」として、多文化共生が推進すべき目標として設定された。ここから、外国人施策が労働者問題というレベルに止まらず、外国人を生活者として捉えなければならないことを政府も認識し始めている傾向が見て取れる。これらの提言は従来の政府の方針からの転換を意味しているともいえるが、その言説の理念の高さの一方で、対外国人意識をめぐる状況は悪化さえしていることから、従来の方針とは逆の意味で現状との間に乖離がある。

　しかし、それだけが政府の見解ではない。厚生労働省の労働政策審議会は2006年に「雇用対策法及び地域雇用開発促進法の一部を改正する法律」の基本的方向性を示す建議として「人口減少下における雇用対策について」を発表している。同法における外国人雇用状況報告の義務化を定める背景として、同建議では「外国人労働者については、単純労働者は今後も受入れを認めないという方針は堅持しつつも、専門的・技術的分野の労働者、技能実習生、日系人等国内労働市場において影響が無視できない存在となりつつある」と現状を捉えている。また、時期は前後するが、1999年の労働省の『雇用対策基本計画』では日本の周辺国に潜在的流入圧力が存在するとして、「我が国の産業及び国民生活に与える影響その他の事情を勘案しつつ、雇用情勢の悪化等我が国の労働市場の状況を反映して的確かつ機動的に入国者数を調節できるような受入れ

21）上掲書、17頁。
22）総務省『多文化共生の推進に関する研究会報告書―地域における多文化共生の推進に向けて―』2006、2頁。
23）総務省（2006）、5頁。

の在り方についても検討する必要がある[24]」と述べられている。2008年秋のアメリカ発の不況と外国人解雇の流れ、及びそれに伴い行われた日系人帰国支援には積極的な姿勢を見るに、日本政府としての意見は省庁ごとに分かれながらも[25]、施策段階においては従来の方針が堅持されているといえよう。

第2項：経済界の受け入れ意識の相違

　経済界の見解としては、日本経済団体連合会（経団連）が『2009年度版経営労働政策委員会報告』の中で、現状に対し「人口減少社会が本格的に到来する中、中長期的に国の活力を保っていくためには、国内にある労働力を最大限活用していくことに加えて、海外からの人材を受入れることが避けて通れない課題である[26]」とし、「法制面や行政面の整備を含めた、総合的な『日本型移民政策』を本格的に検討すべき時期にきており、国民的な議論を早期に開始することが求められる[27]」と今後の方針を提起している。また、経団連が予測可能な10年後のあるべき姿を目標として2007年に示した『希望の国、日本』においては「有能な外国人材が、労働市場に多数参入し、生産性を高めるとともに、多様性のダイナミズムが発揮されている[28]」ことが将来像として掲げられている。

　経団連と共に「経済三団体」と称される経済同友会や日本商工会議所もそれぞれ提言を行っている。経済同友会は2006年に発表した報告書『人口減少社会にどう対応するか』の中で、外国人労働者の受け入れに言及しており、「外国から高度な技能・能力を持つ人材を受け入れることで、わが国産業の活性化

---

24) 労働省編『雇用対策基本計画（第9次）』1999、65-66頁。
25) 日系人離職者に対する帰国支援事業は厚生労働省が企画し、ハローワークが実施主体となり、2009年4月より行われた。同制度は再就職を断念し、帰国を決意した日系人に対し、当分の間、同様の身分に基づく在留資格による再度の入国を行わないことを条件に一定額の帰国支援金を支給した。支給額は本人1人当たり30万円、扶養家族については1人当たり20万円であった。これに対しては、国内外から「日系人を体よく追い払うための制度」「手切れ金」との批判も上がった。
26) 社団法人日本経済団体連合会編『2009年版　経営労働政策委員会報告』日本経団連出版、2008、52頁。
27) 上掲資料。
28) 社団法人日本経済団体連合会『希望の国、日本』日本経団連出版、2007、74頁。

や国際競争力の維持・強化に役立てるという発想は今後ますます重要になると考えられる」としており、一方、単純労働者に関しては不法就労の問題や、彼らが起こす犯罪とを関連して述べるに止まっている。

また、日本商工会議所が2008年に発表した要望書「外国人労働者の受け入れのあり方に関する要望」においては、「専門的・技術的分野における優れた知識・技能を有する外国人労働者については、引き続き積極的に受け入れるべき[30]」とし、労働力そのものについては環境整備、就業支援、少子化対策を行ったとしても「労働力不足に直面することは避けられない状況にあり、このため、わが国の労働力不足を補うべく、外国人を労働者として活用することを早急かつ前向きに検討し、抜本的な対策を講じる必要がある[31]」として、移民の受け入れについても言及している。

一方、日本労働組合総連合会（連合）は2004年に「連合の外国人労働者問題に関する当面の考え方」を発表し、その中で、日本人の雇用の階層化・二極化が進み、国内の雇用状況が改善されていない現状にもかかわらず、現在増加している外国人の多くは雇用の下層部分に組み込まれているという政府の従来までの方針と反対の事態が進行しており、将来的な国内雇用・労働条件への悪影響、あるいは社会的コスト増大等が懸念されることから、外国人受け入れに際しては短期的視野に立ってはならない、として「外国人の単純労働を可能とする在留資格、就労資格の緩和はおこなわない[32]」ことが連合の基本的な考え方であるとしている。また、その中で外国人労働者の人権を守るために、労働相談の実施、情報周知、資格外就労者の取り締まり強化、社会インフラが日本人と同様に使用できる体制作り等が求められるとしており、差別根絶のために相互理解を深める文化交流等を進めるとしている。

これらから、経済界においても、雇用者と労働者の立場の相違等によって外

---

29) 社団法人経済同友会『人口減少社会にどう対応するか―2050年までの日本を考える―』2006、12頁。
30) 日本商工会議所ホームページ内 http://www.jcci.or.jp/nissyo/iken/080619fw.pdf（2012年1月9日最終閲覧）。
31) 上掲資料。
32) 連合ホームページ内 http://www.jtuc-rengo.or.jp/roudou/gaikokujin/kangaekata.html（2012年1月9日最終閲覧）。

国人の単純労働に対する意見の相違が存在しており、政府同様、方針が定まっているとは言い難い状況が見て取れる。そして、政界、経済界においては外国人労働者が周囲に増加し、重要性も認識されはじめたことで、彼らを日本社会に多様性をもたらす存在と述べなければならないという認識は生まれたものの、大企業から中小零細企業まで、外国人労働者が不況を境に職を失った実態は、理念と現実の乖離が顕在化していることを示している。

第3節：全国的世論調査から見る現状

　政府や経済界における外国人をめぐる認識は、上記のように理想像を掲げつつも現状との間に乖離が存在する状況にある。では、市民レベルではいかなる認識がなされているのであろうか。そこで、内閣府による世論調査を軸に分析を進めていく。その調査は全て、層化二段無作為抽出法によって選出された全国の20歳以上の国民に対し、調査員による個別面接聴取法を用いて行われたものである。

第1項：外国人との接点増加と意識の変化

　2004年5月に行われた「外国人労働者の受入れに関する世論調査」を見てみると、外国人労働者の増加の印象について「感じる」とした人は51.0%であり、東京23区内と政令指定都市を合わせた大都市部ではその割合はより高く58.9%、東京23区内に限れば71.2%との結果が出た。一方、2005年2月に行われた「社会意識に関する世論調査」を見てみると、日本人が「国際的な視野」を身に付けているかとの質問に対し、「身に付けている」と答えた人は28.6%に止まっており、外国人の増加を感じつつも、それに適応する意識が十分には伴っていない状況にあることが見えてくる。また、「国際的な視野」を身に付けるための方策としては（複数回答可）、外国人との交流機会の提供を

---

33)「外国人労働者」ではなく、「外国人」の増加に対して言及したものとしては2000年12月の「社会意識に関する世論調査」がある。そこでは、外国人と実際に友人関係にあると答えた人が8.5%、友人になりたいと望む人が46.2%、友人になりたいと思わない人は38.6%であったが、10年以上前の調査であることから、本書では参考とするに止める。

挙げた人が48.0%と最も多く、様々な場での外国の文化や歴史についての教育の充実を挙げた人が35.5%とそれに続いた。

次に、日本社会が外国人を受け入れる条件として何を求めているのか、という点について見ていく。先に挙げた2004年5月の「外国人労働者の受入れに関する世論調査」において、外国人労働者を受け入れるにあたり、最も重要なものを聞いた質問では日本語能力が最も多く35.2%、日本文化への理解が32.7%と続き、前述の政府の外国人受け入れの基本方針である専門的な技術、技能、知識は19.7%とそれほど高くはなかった。また、日本人が余り就業していない業種に外国人が就業することに対する考えでは、容認あるいはやむを得ないとした人が59.5%、その考え方自体が良くないとする人が32.6%であった。これらから、現在日本社会において外国人が増加している背景についての認知はある程度存在しており、彼らを受け入れるにあたっては業種よりも自らの周囲の生活が円滑に運ぶことが望まれていると見ることができる。

そのような中で生じる外国人への生活上の差別に対する認識を2007年6月に行われた「人権擁護に関する世論調査」から見ていく。「外国人は、生活上のいろいろな面で差別されていると言われていますが、外国人の人権擁護について、あなたの意見は次のどちらに近いですか」との質問に対して、「日本人と同じように人権を守るべきだ」とした人が59.3%（2003年の前回調査：54.0%）、「日本人と同じような権利を持っていなくても仕方がない」とした人が25.1%（前回調査：21.8%）であり、2003年の調査と比べ「わからない」と「どちらともいえない」との回答を合計した人が8.6%ほど減少したことで双方の回答の数値が上昇するという傾向が見られた。この傾向が生まれた理由は明示されてはいないが、外国人及び彼らに関する情報が増えるに従い、対外国人意識が悪化傾向を示しながら、彼らを肯定的に捉える層と否定的に捉える層とに二分化してきている状況が見えてくる。

そして、2007年の同調査では「日本人と同じような権利を持っていなくても仕方がない」と回答した割合は過去最も高い値となり、最も低い値を示したのが1988年の調査の16.7%であったことを考えるならば、外国人が差別や不利益を被ることに対して容認してしまう傾向が年々強まっていることが分か

る。また、この回答を地域別で見てみると、外国人労働者を最も多く見かける東京23区では後者の値が30.5%と、政令指定都市、人口10万人以上の中都市、人口10万人以下の小都市、町村の全ての区分の中で最も高くなっていることが分かった。この結果に対して、法務省・文部科学省発行の『人権教育・啓発白書　平成20年版』では結果を伝えるに止まり、その要因に関する記述はなく、結果が公表された翌日の主要新聞各紙もその問題を取り上げてはいなかった。しかし、「日本人と同じように人権は守るべきだ」とした人が過去最低（当時）を記録した2003年の調査の際には、平成15年版の同白書にて「最近の外国人犯罪がマスコミに多く報道されること等が何らかの形で影響したものであると推測している[35]」とされており、発表翌日の新聞各紙も、朝日新聞は法務省人権局の談話として「身近に外国人が増えたことや、外国人犯罪の報道が多いこと[36]」を、読売新聞は内閣府、毎日新聞は法務省の談話として「外国人犯罪の増加[37]」を外国人に対する人権意識低下の原因ではないかと報道している。確かに、何を人権意識低下の要因と見なすかについては、調査においてその要因を聞いた質問が無いことから、厳密な分析は不可能であるが、外国人犯罪が一つのキーワードとなっていることは間違いない。

第2項：外国人犯罪報道の意識への影響

　その外国人犯罪に対する見方について、2006年12月に行われた「治安に関する世論調査」を見ていく。その調査で、この10年間で日本の治安が悪くなったと思うと回答した84.3%の人にその原因を聞いたところ、「来日外国人による犯罪が増えたから」が55.1%と「地域社会の連帯意識が希薄となったから」（49.0%）、「青少年の教育が不十分だから」（48.1%）、「様々な情報が氾濫し、それが容易に手に入るようになったから」（43.8%）等を抑え、最も多くの回答を集めた。そして、その回答をした人の中でも、東京23区内の回答は

34）外国人が不利益な取扱いを受けることに対しても、「差別だ」とする人が1997年には39.9％であったのに対して、2007年には31.7％と減少する等、外国人の人権問題を問題視しなくなる傾向がある。
35）法務省・文部科学省『人権教育・啓発白書　平成15年版』2004、18頁。
36）『朝日新聞』2003年4月13日（朝刊）。
37）『読売新聞』『毎日新聞』2003年4月13日（朝刊）。

60.4%と最も高い値を示していた。また、治安や犯罪に関する情報源を聞いた質問ではテレビ・ラジオが95.5%、新聞が81.1%と、過半数にも届かなかった他の手段[38]に比べ、マスメディアからのものが極めて高い値を示していた(マスメディアの影響に関しては明確な地域差は見られなかった)。この世論調査の結果に対しては、警察教養誌である『警察公論』の中でも「刑法犯全体の認知件数は、平成15年以降減少に転じ[39]」ているにもかかわらず、「『体感治安』に対する評価は依然として厳しい[40]」との見方がなされているように、実態よりも印象が強いものである。

　では、外国人犯罪の実態を『警察白書　平成19年度版』に掲載されているデータから見てみる。1997年から2006年にかけて、外国人の入国者数は1.7倍の伸びを見せているが、その間の外国人の刑法犯検挙人員[41]の伸びは1.5倍であった。また、同期間における日本全体の刑法犯検挙人員に占める外国人の割合は1.7%から2.1%に増加しているが、その増加率は入国者数の伸びに比べ緩やかである。そして、日本全体の刑法犯検挙人員は大きな人口増加が無かったにもかかわらず、1.2倍増加している。これらのデータから、この10年で入国する外国人が増加し、それに伴い犯罪を犯す人数も増加したものの、外国人全体の割合で見れば危険性は低下しており、その一方で日本社会全体で見てみると犯罪に対する危険がやや高まっていることが分かる。確かに、外国人による犯罪数は増加しているのであるが、それは人口が多い地域であれば、その分、犯罪数も増加するといった単純な問題なのである。ここから、外国人に対する

---

38) 他には「家族や友人との会話等」が38.4%、「自治体や自治会の広報」が25.8%、「インターネット」が21.6%の回答を集めたが、過半数に届くものはなく、上記の二つの数値が突出している。

39) 山口好弘「『体感治安』に対する評価は依然として厳しいものに―『治安に関する世論調査』の概要―」『警察公論』第62巻第7号、2007、53頁。

40) 同上。

41) 日本社会における外国人と犯罪の関係を考える際には、日本人にはほとんど適用されることがなく、近年厳格化が進む入管法違反を含む特別法犯ではなく、同一条件である刑法犯のデータを扱うことが適切と考えた。また、検挙人員ではなく検挙件数を扱う場合、組織犯罪や単独犯による複数の犯行が件数を押し上げる可能性があり、外国人個人が日本人個人に比べ犯罪を犯しやすい傾向を持つのか否かの判定が本書の検証点であることから、検挙人員を扱うこととした。

反感や外国人犯罪が必要以上に注目される要因として、日本人の主たる犯罪に関する情報源であるマスメディアの報道姿勢に問題がある可能性が高いことが見えてくる。実際の報道姿勢を見ても、これまでの「人権擁護に関する世論調査」において、外国人に対する人権侵害を容認しないとする立場をとる人が最も多かった1988年の時点では、山本薫子の調査によれば朝日新聞において「外国人犯罪」との用語が使用されたのは年間を通じて1回であったのに対して、翌年以降徐々にその使用数は増え始め、1997年に100回であったことをピークとして、2005年の時点でも50回を数えたように、1988年当時に比べ、その印象が強まったことが指摘されている。[42]

一方で、その改善方法に関して、2007年の「人権擁護に関する世論調査」の「人権啓発を推進するために、どのような啓発活動が効果的と思うか」との質問（複数回答可）を見てみると、「テレビ・ラジオ」が69.8%、「新聞・雑誌・週刊誌」が47.0%、「講演会や研修会」が32.6%、「広報紙等」が32.4%、「自由な意見の交換ができる会合」が28.1%との回答が見られた。つまり、意識改善に対しては、マスメディアに高い期待が寄せられているのである。しかし、現状を見るにマスメディアは対外国人意識に対して改善の方向というより、むしろ悪化の方向に導いているという点は否定できない。換言すれば、これらの世論調査から日本社会においては、先に挙げた関係機関の提言と同様に、何をすれば良いのか、あるいはどのように彼らを捉えるべきなのか、という理念的な部分は認識されつつも、周囲に外国人が増えるに従い、意識が悪化するという傾向が見て取れるのである。

第4節：地域特性から見る先行研究の検証

前節で見られた周囲における外国人増加と意識悪化との関係は、筆者の群馬県における実体験を通じても、一定の理解はできる見方である。そして、近年の周囲に生活する外国人の増加が、従来彼らの労働力等をそれほど必要としなかった地域の一部で目立ってきていることを考えれば、当該地域の意識を検証

---

42) 山本薫子「滞在外国人をめぐる表象と「外国人犯罪」報道」『やまぐち地域社会研究』第4号、2007、39頁。

していくことに対して、本書の主たる意義を見つけることができよう。そこで、本節では対外国人意識に関する先行研究を都市の規模に注目して分類し、特性及びその限界を検証していきたい。また、これまで様々な分野において対外国人意識に関する研究が多くなされてきたが、本書では1990年以降の日本における事例を社会学の観点から検証したものに対象を限定する。

　しかし、まずはその前提として1990年以前の状況を知るために、古城利明らにより世界システムあるいは世界社会に対する日本人諸階層の認識を探るべく、1986年に東京23区、横浜市、大阪市において行われた調査をまとめた『世界社会のイメージと現実』を取り上げたい。同書においては、当時の大都市と地方における国際経験は大都市に偏っており、大都市における外国人との付き合いは「多くの場合は一時的ないしは部分的なものであり、それが日常生活のなかで占める比重はそれほど大きくなく、世界を見る眼を決定的に変えるような体験には必ずしも結びついていない[43]」とされており、日本人と外国人の間には「軽いカルチャー・ショック[44]」はあるものの、「深刻な文化摩擦、民族対立まで発展してはいない[45]」状況が見られた。そして、アジア等からの労働者の流入により、従来あった教養的・啓発的な国際化のイメージとのギャップが大都市で顕著になってきていると分析されている。また、その意識を形成している情報源としては、「テレビ＞新聞≫雑誌＞ラジオ＞書籍＝職場＝家庭[46]」の順に重要度が変化している、との構造が示された。詳しくは後述するが、本書で扱う稚内市と旧新湊市地域における2007年の比較調査では、日常生活の中で外国人を見かける割合は大阪市を大幅に超えており、両地域において外国人との間に深刻な摩擦が生じていることを考えると、古城らの調査から20年ほどが経過した地方社会における外国人をめぐる状況は大きく変化している。

　そのような1990年直前の状況を踏まえた上で、先行事例の研究成果を整理していく。第一に、大都市における対外国人意識を検証した研究が挙げられる。

43）梶田孝道「国際経験―「国際化」の進展と新しい社会意識の醸成―」古城利明編『世界社会のイメージと現実』東京大学出版会、1990、141頁。
44）上掲書、142頁。
45）同上。
46）吉原功「国際インフォメーション」古城（1990）、167頁。

奥田道大・田嶋淳子らの池袋と新宿における一連の調査では、環太平洋圏のヒトの国際移動を実際に受け入れてきたのは「東京、大阪その他の大都市圏で、しかも 1960 年代の高度成長以降、二極分化の都心地と郊外地のはざまにあった大都市インナーエリアにほかならなかった」ことから、同地におけるアジア系外国人、及び在住の日本人住民（第 1 回の池袋調査のみ）の状況を分析している。その中で、池袋はかねてより地方の単身者を受け入れてきた背景から外国人を特別視することはなく、「地域生活をめぐるさまざまなトラブルを包摂しながら、地域社会の受容過程が着実に進んでいる」と結論付けられている。また、稲月正の大阪市生野区における調査は、日本都市社会内における最大のエスニック集団である定住コリアン社会と不可分の存在である日本社会の在日コリアン社会への意識や関係性を数量調査により検証したものであった。その中では、一般的に知られる個人的な接点が増えるに従い対外国人意識が良好なものとなる「接触仮説」や年齢が若くなるに従い意識が良好なものとなる「年齢仮説」が有意であったものの、親しい近隣数と異文化への寛容度・「在日」同化志向の間には有意な相関が見られないという結果が出ている。そこで稲月は、望ましい民族関係の形成にあたっては、「それが多文化志向的な方向を取るように持っていく必要がある」と単純な接触量増加だけではなく、活動の企画や支援が不可欠との注記を添えている。そして、松本康の東京都の 5 つの市区における調査では、ホワイトカラーの多い都市部地域、及び外国人との接触頻度が低い郊外地域では接触仮説が有意であったものの、ブルーカラー層が日本人、外国人共に相対的に多い都市的地域では外国人との接触があ

---

47) 奥田道大・田嶋淳子編『池袋のアジア系外国人―社会学的実態報告―』めこん、1991。奥田道大・田嶋淳子編『新宿のアジア系外国人―社会学的実態報告―』めこん、1993。奥田道大・田嶋淳子編『新版・池袋のアジア系外国人』明石書店、1995。奥田道大・鈴木久美子編『エスノポリス・新宿/池袋』ハーベスト社、2001。
48) 奥田ら（2001）、1 頁。
49) 奥田ら（1995）、15 頁。
50) 稲月正「日本人住民の民族関係意識と民族関係量」谷富夫編著『民族関係における結合と分離―社会的メカニズムを解明する―』ミネルヴァ書房、2002。
51) 上掲書、712 頁。
52) 松本康「外国人と暮らす―外国人に対する地域社会の寛容度―」松本康編著『東京で暮らす―都市社会構造と社会意識―』東京都立大学出版会、2004。

るにもかかわらず非寛容な態度が見られ、特定のエスニックグループ（ここではアジア系）が「都市下層に固定化され、社会経済的差別と民族的差別を複合的に生みだしてしまうのではないか」と懸念が表明されている。[53]

これらの大都市における先行研究では、外国人の国籍や経済状況の差異に基づく意識の相違や、接触仮説が必ずしも有意であるとは限らないことが指摘された。しかし、古城（1990）を含めたこれらの研究の前提として、地方から人口が流入してくる大都市が想定されている点が、本書の対象である今後外国人を受け入れていくであろう地方の小都市の場合と視点を異にしている。詳しくは後述するが、今後外国人を必要とする地域は少子高齢化が進行し、都市へ人口が流出するために外国人を必要としており、人の流動性は余り無く、地縁が重視される等の特徴を持っているために、上記の研究にも参考となる点は多いものの、分析をそのまま当てはめることは難しい。また、松本（2004）に見られるような東京都内における外国人の混在が本書の調査対象地である旧新湊市地域では単一の市町村レベルで起きており、同調査では個人レベルの接触頻度の測定や面接調査が行われず、本人も今後の課題として挙げていることを考慮すれば、その点を加味した本書の地方の小都市における調査結果は上記の研究成果とは異なる価値を持つものといえる。

第二に、群馬県東毛地区や東海地方の工業都市における日系南米人に対する意識に注目した研究が挙げられる。当初、同地の対外国人意識は、橋元秀一（1998）[54]や都築くるみ（1999）[55]では大泉町の外国人に対する行政の施策等の影響、喜多川豊宇（1997）[56]や糸井昌信（1992）[57]では東毛地区の進駐軍受け入れ経験や工場における人の還流等の影響により、比較的良好なものであるとの評価がな

---

53) 上掲書、216 頁。
54) 橋元秀一「地域における外国人労働者への対応と受容―群馬県大泉町と長野県上田市の事例を中心に―」『国学院経済学』第 46 巻第 3・4 号、1998。
55) 都築くるみ「外国人受け入れの責任主体に関する都市間比較―豊田市の事例を中心に、大泉町、浜松市との比較から―」『愛知学泉大学コミュニティ政策学部紀要』第 2 号、1999。
56) 喜多川豊宇「ブラジル・タウンの形成とディアスポラ―日系ブラジル人の定住化に関する 7 年継続大泉町調査―」『東洋大学社会学部紀要』34 巻 3 号、1997。
57) 糸井昌信「北関東における日系ブラジル人対策」『月刊自治フォーラム』第 391 号、1992。

されていた。そのような分析に対し、筆者と同様、同地域出身の小内透は「伝え聞く地元の人たちの声と調査報告で紹介される内容がかみ合っていないという感[59]」等を強く抱き、総合的なモノグラフである『日系ブラジル人の定住化と地域社会』を著した。同書においては同地の意識を「様々なトラブルがありつつも住民が外国人を受け入れているのは、『寛容』だからなのではなく、現実的な問題として、工業を基盤とした町の経済事情にとって必要な『労働力』だという認識があるから[60]」と述べられており、外国人（大企業の新来日本人社員も含め）を受け入れる意識は「強制的に」作られたとしている。その姿勢は以後の研究に一定の指針や影響を与えた。

また、それらの手法とは異なり地域を限定せず、日系ブラジル人の「顔の見えない定住化[61]」の背景を分析したものとして、梶田孝道・丹野清人・樋口直人による『顔の見えない定住化—日系ブラジル人と国家・市場・移民ネットワーク—』が挙げられる。同書では「移住過程における市場原理の貫徹が、地域社会との相克を生み出すもの[62]」であり、従来の研究は海外からの出稼ぎの特質を捉える分析枠組みが未開発のままであったとの問題意識をもって、市場原理の面に注目し現状の解明を試みている。そして、同書は 2008 年秋からの不況により明らかとなった日系ブラジル人をはじめとする非正規労働者の不安定な就労環境を明晰に分析しており、示唆に富んでいる。ただし、労働市場の特性に検証の主軸を置く余り、実際に日々日系ブラジル人と顔を合わせている地域社会や日本人住民の意識に対する分析は不十分であることは否めない。

これらの日系南米人に対する研究においては、「顔の見えない」という状態は 1 つの共有された概念となっており、その状態を日系南米人周辺に限定して

---

58) それら双方の影響が見られるものとしては、野山広「太田市・大泉町—わかりあいのまちづくりへ向けての胎動—」駒井洋・渡戸一郎編『自治体の外国人政策—内なる国際化への取り組み—』明石書店、1997。
59) 小内透・酒井恵真編『日系ブラジル人の定住化と地域社会』御茶の水書房、2001、ⅱ頁。
60) 上掲書、348 頁。
61) 梶田孝道・丹野清人・樋口直人『顔の見えない定住化—日系ブラジル人と国家・市場・移民ネットワーク—』名古屋大学出版会、2005、によれば、同書における「顔の見えない定住化」は「労働市場が要求する機能によって引き起こされる外部不経済の問題（57 頁）」とされており、日本人住民の意識に着目した言葉ではない点に注意が必要である。
62) 上掲書、297 頁。

検証が加えられている。しかし、本書で扱うロシア人船員、ロシア人船員を多く見かける地域周辺で生活する白人、中国人研修生、パキスタン人中古車業者、日系南米人それぞれが周囲の日本社会と「顔の見えない」状態に置かれていることを考えれば（先述の暴行流言の事例も加えれば、アジア系労働者もそれに含まれよう）、その問題を日系南米人集住地域のみで捉えることには限界がある。この背景には、対外国人意識を扱う際に、地域社会の現状ではなく、従来の外国人の社会生活を対象とする研究枠組みに従い外国人を分類し、研究の全体像構築のため、当該外国人に対する意識を検証するものが成果の多数を占めてきた点がある。もちろん、それにより詳細かつ総合的な分析が行われたという面もあるが、他の外国人への意識との関係が全くといって良いほど述べられていないため、地域の意識の一面を切り取るに止まっている。

　第三に、大都市と日系南米人集住都市等の地方都市を比較する研究が挙げられる。鐘ヶ江晴彦（2001）[63]は戦前から在日コリアンの集住地であり多様な外国人が居住している神奈川県川崎市と日系ブラジル人の集住地である三重県鈴鹿市の状況を比較している。しかし、その研究は状況を伝えるに止まり、新たな知見は余り見られなかった。その理由としては、鐘ヶ江の研究の動機設定が「学術研究としては従来あまりなされていない」[64]という点のみに止まり、両地域の比較検討に十分な意図が見られなかったため、個々のデータ以上の価値[65]をその調査に見出すことができなかったためではないかと筆者は考えている。また、鈴木江理子・渡戸一郎（2002）[66]では、大都市インナーエリアの東京都豊島区、国籍別割合が分散しておりインドシナ難民の受け入れ経験のある大都市郊外地域の神奈川県大和市、日系南米人と南アジア・中東出身者の多い工業都市である群馬県伊勢崎市が比較されている。この調査は数量比較から得た結果を分析するために他地域での調査から積極的に援用を行う点や、政策提言を志

---

63) 鐘ヶ江晴彦編『外国人労働者の人権と地域社会』明石書店、2001。
64) 鐘ヶ江（2001）、6頁。
65) 個々のエスニシティ別のイメージ調査や川崎市の外国人市民代表者会議の認知度の低さ等のデータには興味深いものがある。
66) 鈴木江理子・渡戸一郎『地域における多文化共生に関する基礎調査』フジタ未来経営研究所、2002。その後、鈴木江理子「多文化社会の課題—『心の壁』を超えるために—」毛受ら（2007）として調査内容が要約発展された形で出版されている。

向している点、及び政策提言の内容に本書と重複するところも多いものである。ただ、鈴木らが取り上げた地域はこれまで外国人が多く就業していた工業やサービス業が盛んな地域であり、本書で扱い今後外国人が増加すると想定される地域とは産業構造や人口動態等が異なっていることから、後述するように導かれる結論にも違いが見られる。他には、谷富夫・稲月正らの調査[67]が挙げられる。これは大阪府大阪市、福岡県北九州市という大都市と、台湾の板橋市、韓国の仁川市という海外の都市、静岡県浜松市、愛知県西尾市、長野県飯田市の日系南米人集中都市で同一の質問票を用いて行われたものである。現在、そのデータの一部を用いて刊行されている論考は稲月正（2006）[68]及び、山本かほり・松宮朝（2010）[69]があり、他に報告書として、山本かほりら（2007）[70]があるが、その全体像が示されたならば国際比較が行われる点で今後の研究の発展に寄与する可能性を持つものといえよう。

　これらの比較研究は従来からの単一地域内の同国籍（同出身地域）の外国人を対象としたものと異なり、日本社会全体の課題を捉える視点がある。ただ、それらに共通した課題として、「大都市の既成市街地や旧来型鉱工業都市を典型とする定住コリアン等の『オールドタイマー中心型』と大都市への集中と地方工業都市等へ分散する『ニューカマー中心型』に分類できる」と渡戸が示した従来からの研究の枠組みの中で検証を行うに止まり、これまでに外国人を受け入れてこなかった地域（過疎が進行しつつある地域、主たる基幹産業がない地域等。いわゆる「太平洋ベルト地帯」以外の地域）に今後起こりうる事態[71]に対しては、十分な知見を得るに至っていない点が挙げられる。確かに、これ

---

67) 谷富夫・稲月正「外国人労働者に対する意識の国際比較―日本（大阪・北九州）・韓国（仁川）・台湾（板橋）―」日本社会学会第78回大会報告資料、2005。
68) 稲月正「北九州市と板橋市（台湾）における外国人労働者の受け入れについての意識―受け入れの『好ましさ』とその規定要因―」『社会分析』第33号、2006。
69) 山本かほり・松宮朝「外国籍住民集住都市における日本人住民の外国人意識―愛知県西尾市、静岡県旧浜松市、長野県飯田市調査から―」『日本都市社会学会年報』第28号、2010。
70) 山本かほり編『外国籍住民の増加と地域再編―東海地方を事例として―』（研究課題番号16530334）研究成果報告書』2007。
71) 渡戸一郎「多文化都市のポテンシャルと諸課題」端信行・中牧弘允・NIRA編『都市空間を創造する―越境時代の文化都市論―』日本経済評論社、2006、89頁。

までの研究は、調査対象地に対し、「多くの地域社会がやがて抱えざるをえない問題を先取りする形で検討する意義」をもって検証を行ってきた。しかし、本書に示すように地方社会においては新たな状況が生まれており、従来の枠組みを出発点とするだけでは問題の分析や解決に限界が生まれる可能性が高まっている。

第四に、地方の港湾都市におけるロシア人船員を主な対象とする短期滞在の外国人に対する研究が挙げられる。赤羽恒雄ら（2003）[73]では北海道や新潟県において調査を行い、ロシア人船員だけではなく日本に居住しているロシア人を含め、彼らが同地において、「ヨーロッパ人コミュニティでは最大規模を誇っている」[74]点に注目し、現状を分析している。しかし、赤羽による調査で使用されたアンケートは札幌市、稚内市、新潟市で行われたのであるが、母集団が新潟市の64人が最大（稚内市では28人）という規模の限定されたものであった。また、インタビューを行った後にアンケートを行うという手法が採用され、外国人との接点の多い行政等の関係者、及び地域住民と同程度の接点しか持たない場合が多い地元大学生を主とした母集団とする調査を基に、若者の意識が特に悪化しているという分析を行う等、結論の有効性が確保されているとは言い難いものであった。また、それ以外には小林（2005）や小林（2007）[75]があるが、後述するように、そこで行われたアンケート調査は1つの学校の生徒と同居者を母集団としたものであり、構成比が市内の人口比とは異なり、他の調査との比較が困難なものである。つまり、ロシア人船員に対する意識に関する研究は、これまで全市的な規模での調査が行われてはいない不十分な状態にある。

---

72) 小内ら（2001）、9頁。
73) Tsuneo Akaha and Anna Vassilieva, "Russian Migrants in Niigata and Hokkaido: A Research Update", Tsuneo Akaha (ed.) *Human Flows across National Borders in Northeast Asia, Seminar Proceedings, United Nations University, Tokyo, Japan, 20-21 November 2002*, Monterey Institute of International Studies, 2003. あるいは、赤羽恒雄、アンナ・ワシリエバ「ロシア人の現代日本におけるプレゼンス：北海道、新潟の事例研究」赤羽恒雄、アンナ・ワシリエバ編『国境を越える人々―北東アジアにおける人口移動―』国際書院、2006。
74) 赤羽ら（2006）、122頁。
75) 小林真生「ロシア人船員に対する日本の地域社会の意識とその対応策」『ユーラシア研究』第33号、2005、及び「対外国人意識改善に向けた行政施策の課題」『社会学評論』第58巻第2号、2007。

その意味で、本書や小林（2008）[76]に収められている 2007 年の稚内市におけるアンケート調査は日本で初めて人口比に基づいてロシア人船員の上陸者数が多い地域における意識を分析したものである。

　これまで挙げた従来の対外国人意識研究は、以下の二つの点で共通の限界を有している。第一に、現在、人口減少や少子高齢化に直面し、新たな労働力として外国人を想定せざるを得ない地方の小都市に焦点を当てた研究がなされていないことである。確かに、かつて地方における国際化は、外国人が周囲でほとんど目認できないこともあり、1980 年代以前の日本の大都市がそうであったようにイメージの中で捉えられていたものであった[77]。しかし、現在、地方の小都市においても国際化はイメージによるものではなく、日常生活を通じて実感されるものに変わってきている。これは、見方を変えれば、かつては大都市だけに起きるものと思われていたグローバル化の影響が、地方の小都市の住民にとっても実感を持つものへと変わったことを意味している。本書ではそうした変化を踏まえ、地方の小都市における実態を探っていく。

　第二の限界は、研究対象地域において検証が行われる外国人が単一の国籍や地域の出身者に限定されていることである。これまで大都市を除き、外国人が混在する状況は、「多文化共生」という言葉が一般的になりながらも、十分に想定されては来なかった。しかし、現在、その状況は大きく変化しており、将来的に本書で取り上げるような事例が全国で発生することは容易に想像できる。そこで、外国人が混在する地方の小都市の事例を比較検討することで、これまでの研究に欠けていた部分を補完しつつ、新たな視角を示していきたい。

第 5 節：本書の検証課題

　本書では以上のような日本社会における課題、及び先行研究における限界をふまえ、地方社会における対外国人意識の状況を探るため、外国人が混在する

---

76) 小林真生「地方の港湾都市におけるロシア人船員に対する意識の特性―北海道稚内市の事例を中心として―」『アジア遊学』第 117 号、2008。
77) もちろん、ここには「見えないもの」にさせられてきた在日コリアンの存在があることも忘れてはならない。

地方の小都市の事例を軸に検証を加えていく。人口5万人以下の地方の小都市に関しては、これまで研究の面だけでなく、全国的な行政施策策定の面でも十分な検証が加えられてきたとは言い難い。また、そうした特徴を有する地方の小都市においては、日系南米人等が急増した地域のように、全国レベルでの報道等がなされたり、注目が集まることは余り無かった。しかし、後述するように今回扱う地域の外国人との接触量は大都市を超え、著名な日系南米人集住都市と同程度にあることや、それらの地域と似通った事例が見られること、そして、筆者が北海道の港湾都市や日本海沿岸地域で調査を進める際に、似通った特徴を持つ地域が少なくなかったことを考えれば、本書が新たな幾つかの視角を提起できるのではないかと考えている。

　その上で、本書では以下の4つの検証課題を設定し、議論を進めていきたい。第一に、同じ地域で生活しているものの、文化的背景や就業形態等が異なる外国人に対する意識の共通性に注目することである。従来、対外国人意識を学術的に扱う際には、外国人の置かれた状況や制度的区分に拠って検証が行われてきた。しかし、日本社会の実態を見てみれば、同一地域で生活する外国人に共通して入店拒否や入居拒否、あるいは似通った流言が発生する等の状況が見られることから、「外国人」全体としてホスト社会との間に起こりがちな問題があるのではないかと筆者は考えている。確かに、学術の世界の議論が他の社会集団に先行することは一般的な傾向であるものの、「地域社会の実態を検証する際に、地域社会と異なる認識や基準をもって枠組みを設定することは果たして適切なのか」との危惧が筆者にはあった。市民の間に厳密な区分も無く、地方自治体の行政施策もそれに倣っている「外国人」というものに対する十分な検証が存在しなければ、それぞれの国籍に分けられた対外国人意識に関する研究や行政への示唆も実態と乖離するものになりかねない。

　第二に、地方の小都市における対外国人意識の特性を見出すことである。ただし、その際には特性ばかりでなく、常に他地域との共通性にも注目していきたい。なぜなら、従来、大都市に対しては、その流動性等から外国人に寛容であるとの見方があったが、前述の内閣府による世論調査を見ればその図式は単純には当てはまらず、「日本社会全体として外国人との接点が多くなるに従い、意識の悪化が発生するのではないか」との懸念に立てば、日本全体を常に視野

に入れつつ問題を捉える必要性があると考えたためである。

　第三に、前掲の諸提言にあったような理念と現実が乖離してしまった背景を探ることである。従来に比べ、「何をすれば良いか」という認識が広まったにもかかわらず、それと実際の行動とを結びつける際の障害となっているものが何であるのかを知らなければ、この問題が従来と同様に解決がなされないまま状況が推移する危険がある。詰まるところ、日本が2008年からの不況を脱したとしても、再度従来と同様の人材獲得競争を繰り返すならば、現在の問題もまた繰り返される可能性が高い。問題が以前より可視化した状況にあるからこそ、それに取り組む必要がある。

　第四に、それらの課題に対して、行政や民間団体は全国レベルや地域レベルでどのように対応しているのか、そして今後どのような方針をもって対応していくべきなのかを検討していくことである。確かに、本書で主として扱う対外国人意識が個人の中で形成されていくには、それぞれ異なる背景がある。しかし、心理的摩擦や偏見等を背景とする事例が全国的に発生している以上、筆者はそれを個人や家庭環境だけではなく、その社会を形作る施策のレベルで解決すべき問題と考え、上記の方針を採る。つまり、本書は社会学的な観点をもって対外国人意識、及びその背景等を分析しつつ、それを受けて政策提言を行う形の政策志向性の強い研究である。

第6節：本書の研究方法と構成

第1項：研究方法

　こうした研究課題に対応するため、本書ではロシア人船員が多く上陸し、水産加工場を中心に多くの中国人研修生が暮らす北海道稚内市と、ロシア人船員が多く上陸し、彼らに対して中古車を販売するパキスタン人中古車業者が多数の店舗を構え、地元企業において多くの日系ブラジル人や中国人研修生が業務に就いている富山県旧新湊市地域を主要な調査地とした。両地域を選択したのは、①外国人が混在している地方の小都市であること、②ロシア人船員の存在が共通しており双方の比較が可能なこと、③1990年以降に外国人との接触が

急増したため、他の日系南米人集住地域等と比較が可能なことが挙げられる。また、両地域は港町であるために、開放的な気質があり、これまで対外国人意識の研究対象とされてきた地方の工業都市に比べ海外出身者を受け入れやすい土壌があるのではないか、との指摘を筆者は度々受けてきた。確かに、横浜市や神戸市のような大都市で、外国人居住者の存在が1世紀近く前から珍しくなかった港町の場合にはそうした傾向もあるかもしれない。ただし、稚内港は1990年代まで国際港とはいえず、伏木富山港でも1990年代以前の主要な上陸者であったソ連人は社会主義国の国民であった影響から自由な行動が制限されていた。そして、後述するような1990年代以降の外国人への拒否反応からも、両地域において港町であることに由来する肯定的な影響はほとんど見られない。

そして、両地域の意識を検証するため、本書ではまず一次資料調査を行い、その上でアンケート調査と面接調査を併用する形を採った。これには本書の調査対象者が地域在住の日本人住民であることと非常に強い関連がある。筆者自らの研究の出発点でもあり、先の小内（2001）でも触れた群馬県太田市・大泉町における住民の声とそれまでの調査結果が合致しなかった状況に本調査が陥らないことは、地域の意識を検証する上で常に留意すべき点であった。しかしながら、これまで筆者に居住経験の無い両地域は容易に住民の「本音」を聞き出し難い場所である。そのため、筆者個人の調査に基づく本書では複数の手法を併用することで、すくい上げられない情報を最小限に抑えるよう努めたのである。

一次資料調査では、都道府県レベルで最も多く発行されている地方紙社説と関連する市議会議事録を使用した。その使用理由としては、第一に、同一の資料を通じて地域に外国人が増加した1990年代以降の変化を追うことで、地域の概要が掴めること。第二の理由としては、現在日本全体で見られる対外国人意識の悪化と理念の定着という意識の二分化が県レベル・市町村レベルでも起きているのかを検討できることであった。つまり、新聞においては、通常、社説部分で理念的な提起がなされているため、県レベルで最も購読されている新聞を分析に用いることで、認識や理念の変化を掴むことができると考えたのである。また、市議会議事録では主に議員より外国人への非難、あるいは行政の外国人施策の不十分さに対する発言がなされ、それに行政が答えるという形式

が採られることから、それらは意識の二分化を捉える上で有効な資料であると考えた。

　アンケート調査では、稚内市の高等学校における生徒と同居者を対象とした託送調査法に基づくものと、稚内市と旧新湊市地域において選挙人名簿より無作為抽出した市民への郵送調査の二つを使用した。特に後者に関しては、これまでの他の研究者による対外国人意識調査と同一の質問を設けるなどして、本書の研究対象地と大都市や日系南米人集住都市との間の比較を行い、その特性を探った。これは日本社会における対外国人意識の共通性を発見しようとする試みでもあった。

　面接調査では、両地域におけるアンケート調査の回答者の中から、男女比、年齢比、言説の特徴に基づいて筆者が選定した住民に対して行った。この調査では、アンケート調査では十分に検証ができない混在する外国人それぞれに対する意識の相違点を意識しつつ質問を設定し、面接を進めた。そして、調査と住民意識の不一致を防ぐために、筆者が重視したのは、調査以外の会話の中にこれまで筆者が見聞きした地元の情報を入れるなどして、地域ならではの事情を聞き出すよう努めた点であった。

　これらの調査の内容や細かい設定に関しては、本書の中で資料を用いて分析を開始する前にそれぞれ詳述するため、個別に参照していただきたい。

第2項：構成

　本書の構成としては、この序章において本書で扱う問題を明確にした上で、第1章において検証対象となる稚内市、及び旧新湊市地域の歴史的経緯を含めた概要を説明し、日本の地方社会全体が抱える問題を整理する。そして、第2章においては稚内市の対外国人意識に関する事例を取り扱う。そこでは、まず『北海道新聞』の社説分析を行い北海道全体の意識の現状を認識した上で、稚内市議会の議事録を中心とした公式文書の分析、及び筆者が2002年に同市の高等学校において2回にわたり行ったアンケート調査の分析から稚内市の意識の特徴を探る。第3章においては旧新湊市地域の事例を検証するための前提として『北日本新聞』の社説分析を行い富山県全体の意識の現状を認識した上で、周辺自治体である高岡市、富山市、旧小杉町の議会議事録を分析する。それら

を受けて、周辺自治体の状況が混在している旧新湊市の議会議事録を中心に分析を進め、同地の意識の特徴を探る。

　第4章においては、稚内市と旧新湊市地域で行ったアンケート調査の分析を行い、第5章では第4章で扱ったアンケートの自由回答欄や回答者に対する面接調査の分析を用い、それぞれの外国人に対する意識や状況の特性を探る。第6章では、筆者が行った調査結果と前掲の政府の世論調査との比較から全国的な対外国人意識の共通性を導き出し、その上で全国レベルでの行政の施策や民間団体の活動の課題を検証し、今後の採るべき対応を提起する。最後に、終章として、本書全体の検証課題を整理し、日本の地域社会が個人的な交流や対話の機会創出という根本的な課題を解消できず、新たな変化に対応できなかった背景についてまとめる。

第7節：本書の限界

　このような視角をもって分析を行っていく本書であるが、幾つかの限界も存在している。第一に、本書では資料やアンケート調査、あるいはアンケート調査を基にした面接調査を用いて分析を進めているものの、住民の家庭生活が意識に与える影響に関しては十分な検証がなされているとはいえない点である。その不備については2つの要因がある。まず、本書で検証する地域は先行研究の蓄積が筆者によるものが主であり、他の在日コリアンや日系南米人集住地のように全体像が既に明確となっている訳ではないため、ここでは地域の概要を正確に捉えることが優先されたということである。次に、その点を調査するためには詳細な調査票、あるいは継続した面接調査が必要となるが、前者の場合、記述が多量となるために回収率が下がり、調査の信頼性を低下させてしまうことが予想され、後者の場合、本調査が筆者個人で行ったものであることから、予算・人員の面で不可能なためである。

　第二の限界としては、個々の外国人の詳細な背景（個人史、経済活動、国籍による主張の相違等）に対する分析が聞き取り調査や資料の分析以上には行うことができなかった点が挙げられる。ここにも個人で行う調査の限界がある。本来であれば、小内（2001）のようなモノグラフの形式をもって現状を多角的

に見ることが望まれるところであるが、同書に関しては8人の共著であり、数年にわたって大学の担当ゼミの学生の調査協力があったことを考えれば、この課題の解決は次の機会を待つこととしたい。

　第三の限界としては、調査対象地域において従来から存在する在日コリアンに対する意識との連続性の検証が行えなかったことが挙げられる。現地で面接調査を行った際に、しばしば在日コリアンの存在と近年急増した外国人との関連について語る調査対象者（主として50歳代以降の年齢層）が見られた。その内容としては、1980年代以降に増加した外国人労働者が以前の在日コリアンと同様に、いわゆる「3K（キツイ、汚い、危険）」の職場にいることや、差別を受けていることに関して共通していると捉える傾向、及び彼らに対する同情の声等が挙げられた。そして、外国人との交流活動等を行う人の中には当時の記憶を現在の活動動機の1つとしている人も少なくなかった[78]。確かに、これらの言説の中にも在日コリアンが置かれていた状況に対する理解不足や偏見等が見られる場合があり、分析が必要な点も多いのであるが、半世紀以上の経緯と現状を合わせて検証するためには分析をより詳細なものとする必要がある。しかし、本書では現状を正確に理解すること無しに過去からの連続性を分析することは、双方への検証を不十分なものとする危険があると考え、今回は本章で全体の概要との関連を述べるに止め、1990年以降の状況を分析することに主眼を置いた。この点は筆者の将来的な研究上の課題である。

78）日本のNGOの先駆者の1人とされ、「シャンティ国際ボランティア会」立ち上げの中心人物である有馬実成も、終戦直前に朝鮮人が空襲の犠牲になった際に、遺体の扱いが日本人と異なっていることを目撃した経験が、活動家としての原体験の1つとなっている（大菅俊幸『泥の菩薩―NGOに生きた仏教者、有馬実成―』大法輪閣、2006、16頁。）。

第 1 章
産業の展開から見る地方の小都市の特性

第1章　産業の展開から見る地方の小都市の特性

　この章では本書の調査対象となる北海道稚内市と富山県旧新湊市地域が持つ産業面を中心とした歴史的経緯を見ていく。中でも両地域の外国人受け入れの背景、及び近年地方社会全体で顕著な人口減少の過程を見ることで、日本の地方の小都市が抱えている特性を概観していく。

第1節：港湾都市としての稚内市の特性

第1項：稚内市の概要

　稚内市は日本の最北端に位置する自治体であり、北海道の中では旭川市以北（約260km）で最大の人口 39,831 人[1]を有している。北海道内の公共交通手段としては札幌市からJRで1日3本の特急が運行し（所要時間、約5時間）、新千歳空港から日中に1日2便が運航するという状況にあり、市民は周辺の都市へ通勤することは無く、ほぼ市内で社会生活が完結する状態にある。

　また、同市には北海道の出先機関である宗谷支庁が置かれ、稚内市、猿払村、浜頓別町、中頓別町、枝幸町、豊富町、礼文町、利尻町、利尻富士町の9自治体を管轄しているように周囲の自治体の政治経済の中心となっている。しかし、近年は同地域全体として札幌市や旭川市、あるいは道外への人口流出が進んでいる。その主たる背景には後述する就業先消失に伴う労働人口の流出と、低人口密度の状態の中に残された高齢者の生活環境が悪化したことが挙げられる[2]。そのような中で、地域の中核産業である水産関連業界の労働力不足を補てんするために、近年では中国人研修生が注目を集めるようになっている。

---

1) 稚内市『稚内市統計書　平成20年版』2009。
2) 人口減少の詳細は、佐藤信「人口流出と「二つの過疎」」神沼公三郎・奥田仁・佐藤信・前田憲編著『北海道北部の地域社会―分析と提言―』筑摩書房、2008、参照のこと。

第2項：稚内市の産業界の構造の変化

(1) 1990年以前の状況

　現在、確かに、稚内市は過疎傾向にある。ただ、同地は日本の最北端という立地から周辺各国、中でもロシアとの関係に絡んだ幾つかの産業を中心に発展し、人々を引きつけてきたという歴史的経緯を有している。その関係の深さは観光地である同市のどの土産物店でもロシアのマトリョーシカ（木製の入れ子構造の民芸品）が販売されていることに象徴されよう。

　歴史的に稚内が注目されたのは、1805年に長崎にて江戸幕府との通商を求めたロシア帝国の外交官レザノフがロシアへの帰途、北海道や樺太（現在のサハリン）を測量する中で、ノシャップ岬（現在の稚内市街地近郊の岬）において、アイヌを含む地元民や役人等と交流したことにさかのぼる。その翌年から、帰属が明確でなかった樺太において、ロシアはしばしば地元の松前藩兵や樺太アイヌとの間で小規模の紛争を繰り返した。そのため、稚内は日本側の樺太への中継拠点に位置づけられ、東北諸藩の藩兵も沿岸警備に動員されるなどして警護が固められることとなった。そして、その後も1825年に日本の沿岸に接近する外国船は見つけ次第に砲撃し、追い返すことを定めた異国船打払令が制定されるに至り、ロシアをはじめとした西洋諸国との緊張は高まり続けた。

　その懸案は時代が明治へと移った後も継続したことから、1875年に明治政府は樺太千島交換条約を締結し、稚内はロシアと国境を接する時代を迎えた。その後、日露戦争の講和条約として1905年に締結されたポーツマス条約により日本は樺太の北緯50度以南を領有することとなり、樺太を重点的に開発するとの政府の意向から、稚内はその中継地として役割を高め、稚内～大泊（現在のコルサコフ）間には「稚泊航路」として知られた定期航路が1911年に設置され、旭川～稚内間の鉄道も1922年に開通するといった同地の経済上の重要性及び利便性は高まっていった。そして、それに伴い地域の産業構造も変化し、従来の沿岸漁業から遠洋漁業への転換や、他地域に比べて遅れていた農業や酪農業の発展が見られた。[3]

---

3) 稚内市史編さん委員会編『稚内市史　第2巻』稚内市、1999、186-192頁。

そして、終戦後、稚内には2つの大きな変化が訪れる。まず、サハリンより5,000人近い引揚げ者を受け入れることとなり、その人口増が市制施行の契機となったことである[4]。このような背景により、現在の稚内市にはサハリンに対し「自分の故郷と感じる」といった特別な感情を抱く高齢者も多く、後の友好都市関係の拡大や定期航路再開を大きく後押しすることとなった。

終戦によって起きたもう1つの大きな変化として、米軍の駐留が挙げられる。当時の冷戦状況はソ連との国境に当たる稚内市の地理的重要性を高めた。そして、1,500人を超える軍人とその家族の経済活動は稚内市経済に大きな影響力を与え続けたのである。具体的には、第一に、駐屯地周辺の飲食店、基地に食料や電化製品等を卸す業者や基地の事務員、庶務関係者等の雇用が創出されたこと。第二に、本州の米軍基地からの連絡機往来の必要もあり推進された軍民共用の空港設置や空港から基地までの市街地を横断する幹線道路整備、市と共同での上水道設置といったインフラ整備が行われたこと等が挙げられる。また、経済的な側面だけでなく、米軍関係者の駐留は多くの市民にとって初めての大掛かりな異文化接触経験でもあった。駐留当初より宗谷支庁に渉外係が置かれる等の対応が採られ、米軍も地域社会との交流に積極的で[5]、その関係は『稚内市史　第2巻』に「約二十七年間の駐留期間を通じて、駐留軍と地元市民との関係はおおむね友好的であった」[6]と記載されている。その事実は現在でも市の中心部の小中学校で行われていた米軍との交流会や基地開放日の話、あるいは飲食店での個人的な交流談等が40歳代以降の人からしばしば好意的に語られることからも推察できる。また、稚内市において他地域のように米軍に対し、大きな反発が広がらなかった背景としては、上記のような交流はもちろんのことながら、晴れた日にはサハリンが望める稚内市の立地により市民に米軍の必要性が強く認識されたことや、サハリンからの引き揚げの際に行われた軍事行動によってソ連に対する反感が強まったこと、あるいは米軍自体も冷戦の最前線にいるとの緊張感や飲食街に監視員を常駐させる等の対応から比較的規

---

4) 上掲書、213頁。
5) 小中学校での交流ばかりでなく、米軍は毎年の歳末助け合い運動に大口の拠金を行ったり、社会福祉施設の慰問も欠かさず行われた。
6) 稚内市史編さん委員会編（1999）、698-699頁。

律が保たれていたことが大きかった。

　1972年に米軍駐屯基地が自衛隊基地へと転用された後も、同基地がレーダー施設を有するという軍事上の理由により基地の半径約2キロ以内でソ連人に対する行動制限が行われ、1970年代より活発になったサハリン地域との交流事業に大きな障害が発生していた（1993年に行動制限は撤廃）。そして、戦前稚内と定期航路で結ばれていたサハリンのコルサコフ市も軍港であるため外国人に対して開放されていなかったというように、当時は稚内市において冷戦がアメリカとの新たな交流を生み、ソ連との交流を阻害するという構図が生まれていた。

　ただ、当時の稚内市経済にとって米軍基地の存在は大きなものであったが、当時から現在に至るまで、市の基幹産業となっているのは水産関連業である。それは1950年の市の産業別就業人口において水産業就業者の割合が25.0%[7]であったことからも分かる。戦後は漁業形態の変化もあって沿岸の昆布、海苔、貝類等の養殖業を営む人も増えたが、当時の水産業の柱となったのは沖合漁業であった。沖合漁業に関しては厳密な定義は無いものの、遠洋漁業と沿岸漁業との中間に当たるものとされ、中型の漁船で、日帰り以上の行程で操業する手法であり、近海漁業とも呼ばれている。戦後の目覚ましい動力漁船の性能の向上や大型化、200海里（約370km）の排他的経済水域設定前でありソ連の領海である12海里（約22km）外なら自由に漁獲できた状況を背景に、稚内市の底引き網漁業は隆盛を極めた。そして、稚内港に何重にも停泊していた最新機器を搭載した底引き漁船は同市の象徴であり、その記憶は多くの世代に共有されている。その好況に沸いた稚内市は多くの周辺地域の住民をも引きつけ、1964年には現在までで最多の58,223人の人口を擁することとなった。

　そして、その後も底引き網漁業の漁獲高は上がり続け、稚内港は1976年には水揚げ量で全国第2位、水揚げ金額で第9位[8]と日本の代表的な漁港の一つとなっていた。しかし、1977年3月からアメリカとソ連が200海里を排他的経済水域に設定したことにより、ソ連沖での操業を行っていた稚内漁業は大きな打撃を受け、市の推計によれば1977年には生産額は31％減少し、漁業者は

7）上掲書、232頁。
8）上掲書、457頁。

同年だけで 76 億円の直接損失を計上した[9]。ただ、元来の漁獲高が大きかったこともあり、従来のような大幅な発展はなかったものの、沖合漁業は一定の規模を維持していた。

そのような状況を決定的に悪化させたのが 1986 年の日ソ漁業交渉である。同年 4 月の妥結内容は前年の漁獲割当（60 万トン）からの 75％削減、第三海区の着底禁止、第五海区の閉鎖というもので、稚内港でも半数以上の在籍船を調整のために減らす必要に迫られた[10]。そこに、1977 年の米軍基地の完全撤退、1989 年の国鉄民営化に伴う大幅な合理化等の要因も重なり[11]、それまで増減はありつつも 5 万人を超えていた市の人口は 1989 年に 5 万人を割り込んだ。そして、その減少傾向は現在までも続き、2008 年には 4 万人を割り込むこととなったのである。

(2) 1990 年以降の状況

前述のような退潮傾向にあった稚内市経済であったが、それに一定の歯止めをかけたのがロシアからのカニの輸入であった。ソ連においてペレストロイカが始まって以降、稚内市をはじめ日本海沿岸の港湾都市における対岸貿易は徐々に活発になりつつあったが、1991 年のソ連解体に伴う経済体制の変化や、1990 年代初頭に日本が好景気の中にあったことは、それを後押しした。中でも、高級食材であるタラバガニやズワイガニの需要が高まったことにより、それらの輸入は各地で盛んなものになっていく。

そして、稚内市がカニ輸入を進めるようになった固有の要因として、以下の 3 点が挙げられる。第一に、地理的要因である。ロシアからカニを輸入するためには近接地であることはもちろんであるが、冬季に港が流氷に覆われないことも、安定した運搬のためには重要となる。カニの輸入港としてはオホーツク海側の紋別市も知られた存在であり、港湾も整備され、大型船舶も入港可能に

---

9) 上掲書、462 頁。
10) 上掲書、463 頁。
11) 鉄道の最北端に当たる稚内市には工務所も置かれていたが、多くの職員が異動の対象となり（家族を含めると数百人が転出した）、オホーツク海側を走行していた天北線も廃線となった。

なっているが、冬季には流氷が着岸することも珍しくないため休港期間が長くなり、上陸者数等では稚内港の方が多い状況が続いた。

　第二に、歴史的要因が挙げられる。稚内市は冷戦期よりソ連との緊密な関係作りを志向してきた。ベトナム戦争もあり東西間の緊張も高まっていた1972年にあっても、終戦まで定期船が通っていたネベリスク市（旧名：本斗町）と友好都市関係を結んでおり、200海里が設定された後の1980年代半ばには、ソ連の魚介類を稚内港に直接水揚げする形での輸入方法を模索し始める等、稚内市は道内でもサハリン交流の先進地域として知られていた。そのような稚内市の姿勢に対しては、道内から「ソ連にすり寄りすぎる」との批判もあり、「同じ国境のマチ、根室がまずソ連に向かって『領土返還』を叫ぶのとは対照的ないき方だ」[12]とも評されていた。しかし、それに対し当時の浜森辰雄市長は「近隣と仲良くやろうというだけのことだ。好きな表現ではないが、反ソばかりじゃ食っていけない」[13]との立場を示していた。もちろん、この背景には沖合漁業の不振を穴埋めするとの意味あいがあったものの、その後も1991年にコルサコフ市、2001年には州都であるユジノサハリンスク市との友好都市関係を拡大させる等、サハリンの政治・経済の様々な関係者に稚内市の存在をアピールし続けたことは、カニの輸入ばかりでなく、後述するサハリンの天然ガス開発基地の一つとしての稚内港の価値を高めることにも繋がっていった。

　第三の要因として、カニが観光資源として注目されたことが挙げられる。稚内市での主要な産業としては、水産関連業、酪農業、及び日本の最北端に位置する立地を生かした観光業が挙げられるが、同地では1980年代から年間100万人の観光客訪問が目標とされてきた（1995年に達成）。その目標達成のために稚内市の観光業界は、バブル景気に伴うレジャー志向、グルメ志向の高まりに目をつけ、安定して確保できるロシアからのカニを「観光の目玉」として位置づけ、カニは稚内観光の際の食事や土産に欠かせないものとなっていった。

　そのようにして稚内港はカニ輸入の一大拠点として著名な存在になっていったのであるが、それは同時にカニを運搬するために上陸するロシア人船員が市内に短期滞在の資格とはいえ、増加することを意味してもいた。彼らは入管法

---

12) 北海道新聞社編『北の隣人―日ソ国交回復30年―』北海道新聞社、21頁。
13) 上掲書、22頁。

第16条に定められている特例上陸の中の1つである「乗員上陸」の資格により、休養、船中での必要品の買い物等の目的をもって上陸している。稚内港では1990年には3,602人であった上陸者数は1997年には78,291人と大幅な伸びを示した。詳しい状況は次章で述べていくが、米軍基地が撤退してから15年近く市街地等で外国人を見かけることのなかった稚内市民にとって、港の周辺地域の飲食店、銭湯・サウナ、各種量販店、コンビニエンス・ストア等で見かける彼らの姿は当初新鮮なものに映った。しかしながら、その後頻発するトラブルにより、市民の彼らに対する意識は徐々に否定的なものに変わっていき、入店拒否等の対応をとる商業施設も見られるようになっていく。また、そのような反発はあったものの、彼らの物品購入等は新たな経済効果を稚内市にもたらすこととなり、船員らが多く上陸した日の賑わいを往時の底引き網船の水揚げが行われた日の様子に譬える人も少なくない。ただ、近年ではカニの輸入が活発になってからの雄雌の区別無く行われた乱獲による漁獲量の減少、ロシアの国境警備の厳格化、ロシア側の韓国市場への進出等の要因も重なり、稚内港の船員の上陸者数は減少を続けている。

　また、前述のように200海里の排他的経済水域に関する規定が厳しくなり稚内市における沖合漁業が徐々に衰退していく一方で、ホタテ・ウニ・昆布等の養殖業、ニシン・サンマ・サメ・サケ・マス・天然昆布といった近海魚等を対象とする沿岸漁業は発展していった。この背景には200海里の設定に影響されることのなかった業態、200海里設定による魚価の高騰、沿岸漁業の見直し論の台頭といった要因がある。これらの形態の漁業の発展に伴い、それらの魚介類を加工（ホタテの冷凍加工やサケフレーク製造等）する工場は200海里設定

---

14) 法務大臣官房司法法制調査部編『出入国管理統計年報　平成2年版』1991、より。以下特例上陸者数を記載する場合はそれぞれの年度の同一資料を使用することとし、個別の注記は省略する。また、平成13年度以降は、編集元が「法務省大臣官房司法法制部」に変更された。
15) 稚内市にも少なからぬ在日コリアンは生活しているが、可視化される存在ではなかったため、多くの稚内市民にとって彼らは「外国人」とは認識されていない。
16) 卵を抱えた雌カニが珍味として提供されることも多く、稚カニが十分な個体数を確保できていない。その上、当時から成長が十分でないカニも底引き船により多く捕獲されていた。その状況は関係者の間で将来的な資源枯渇に繋がると懸念されていたものの、放置された。

で大幅に喪失したスケトウダラ等の加工業からの主な転換先となっていった。

　ただ、そのような水産加工業の展開は見られたものの、急速な人口減少の流れを止めるには至らず、稚内市からは多くの若年層人口が流出していった。そして、就業環境の厳しさから水産加工業を敬遠する流れや、それまで就業していた層の年齢による退職と相まって、同業種では労働力が不足していった。そこで、不足した労働力を確保するために外国人研修生の受け入れが始まることとなる。当初、稚内市に隣接し、ホタテの生産量が日本一である猿払村において中国からの研修生の受け入れが2001年より始められたのであるが、彼らの勤務態度等の評判を聞いた稚内市内の工場においても、時を置かず多くの中国人研修生を受け入れるようになった。2008年時点では、外国人研修生受け入れの窓口である財団法人国際研修協力機構（JITCO）や市役所からは守秘義務の関係から個別の受け入れ先を聞くことはできなかったが、筆者が個人的な交渉の後、市内のある大手企業で話を聞いたところ、担当者は「それぞれの組合や工場はお互い緊密に連絡をとっていないから、正確な数字は分からないけど、市内で研修生を受け入れていない企業はほとんどないのではないかな」との見方を示すほど、彼らの存在は定着してきている。しかし、市民との接点は出勤・帰宅時の周辺住民との挨拶や職場での会話等が主であり、ロシア人船員のような問題は起きていないものの、同地における研修生はある意味で「見えない」存在となっている。その一方で、閉じられている分野であるため例外もあるかもしれないが、稚内市の特徴として、近年話題にのぼるような研修生に対する法令を無視した扱いが行われているとの話は漁業関係者、水産加工業者、民間団体等から聞かれることはない。また、2008年秋以降の不況の影響による研修の打ち切りも2009年4月の時点では行われなかった。ちなみに、稚内市においては稚内市商工会議所が主体となり、行政からの援助を受ける形で、サハリン州より毎年数人の企業や行政幹部を企業研修生として招く事例があり、友好都市交流に伴う相互関係向上の基盤の1つとなっているが、それに関しては本書では扱わないこととする。[17]

---

17) サハリンからの研修生の場合、入国から出国までの様々な活動（研修内容や文化交流、市長との面談等）が地元紙でしばしば報道されるように注目を集めている。しかし、中国人研修生に関しては、同様の報道はほとんど見られない。

また、稚内市のもう1つの主要産業である酪農業であるが、1960年代より牛乳生産に力を入れ始め、1970年には49トンであった年間の生乳出荷量は1996年には326トンを記録するに至り[18]、経営規模の拡大が続いている。そして、1990年代に入り、肉牛の生産にも力を入れ、宗谷岬近くの丘陵地帯等に拠点を置き、「宗谷黒牛」ブランドとして生産拡大を目指している。酪農業でも数名の研修生の受け入れは行われているがこちらも本書では扱わない。

　以上のように稚内市の歴史を概観してみると、同市の政治や経済の状況が常にロシアと海の影響を受けてきたことが分かる。そして、中でも水産関連業は同市においては不可欠の位置を占めており、外国人の増加とも深く関係している。この状況は前章で述べた群馬県の東毛地区の製造業の位置づけに近いものがある。しかし、太田市や大泉町が平成21年度も地方交付税の不交付団体であり、人口減少も起きていない状況とは異なり[19]、稚内市においては基幹産業は存在しながらも、全国的な大都市への人口集中傾向の煽りを受けている状況がある。もちろん、これには沖合漁業の退潮等、1980年代から稚内市の主要産業が低迷期に陥ったこともあるが、地方における医療や介護を巡る状況の悪化、工業等の新たな雇用を創出できない状況の影響も大きい。

第2節：日本の経済成長と対をなす旧新湊市地域の発展

第1項：旧新湊市地域の概要

　旧新湊市地域は富山県の中核に当たる富山市と高岡市の間に位置しており、2005年に射水市に合併された自治体である。そして、射水市に合併した自治体（小杉町、大門町、下村、大島町）の中では最多の人口36,547人[20]を有していた。それだけの人口を有した背景には、富山県内経済の大動脈である国道8

18）稚内市史編さん委員会編（1999）、501頁。
19）両地域においては若年層の人口流出は起きており、製造業界の人材不足は顕著であるが、関連企業は日系南米人ばかりでなく期間工、人材派遣も用いていることから、人口は微増を続けている。また、平成22年度より太田市は交付団体となった。
20）富山県『平成16年　富山県統計年鑑』2005。また、以後、富山県の自治体の人口等を扱う場合は、注記の無い限り記載年度の上記資料によるものとする。

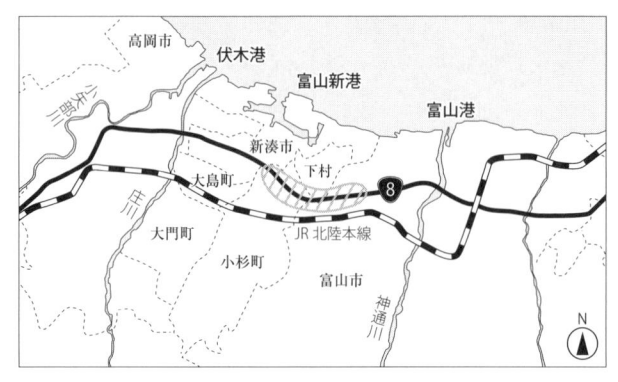

図1 伏木富山港周辺地図

※上記の網掛け部分はロシア向け中古車販売店集中エリア （2004年1月5日付、『北日本新聞』連載「アジアの十字路」に掲載の地図を基に加筆）

号線等を用いた自動車による移動が便利であったことや、高岡市とは第三セクターの万葉線で結ばれており、コミュニティバスとJRを利用することで富山市や高岡市に30分程度で到着が可能となる立地の良さもあった。そのため、かつての新湊市は半農半漁の町であったが、現在は両市のベッドタウンとしての要素も強まっている。ただし、人口は最盛期の1955年の48,794人から徐々に減少してきている。

　同地の主たる産業としては、市内に位置する富山新港を活かしたアルミ製業や木材・木製品生産、あるいは農業と漁業が混在しており、稚内市の水産関連業のように明確な基幹産業は存在していない。しかしながら、同港に上陸するロシア人船員や、同港に隣接する大規模工場の関連中小企業における日系ブラジル人や中国人研修生の存在は目立つものがあり、国道8号線沿いにはパキスタン人の中古車業者が多く店を構えているように、人口規模や主だった産業が無い特性から連想される地方の小都市の姿とは、隔たりのある地域である。

第2項：旧新湊市地域の産業界の構造の変化

(1) 1990年以前の状況

　旧新湊市地域においても、稚内市同様、海が地域の発展に寄与してきた。た

だ、1962年の富山新港建設起工以前はいわゆる「潟」が形成されていたに過ぎず、大規模な船舶の往来は余り無く、隣接する高岡市の伏木港が往来の拠点となっていた。その中で、1920年には伏木港からウラジオストクへの定期便の運航が始まったことが地域における対岸貿易の第一歩となる。これは1918年のシベリア出兵の影響から始まった面が大きかったため、日本軍の撤兵後はソ連方面への定期船を用いた貿易は徐々に衰退し、朝鮮半島への定期便に重点が置かれるようになった。しかし、1932年の満州国の成立が大きな転機となり、「伏木・ウラジオストク・北鮮間の定期航路」[21]が開設され、伏木港は大阪と満州国の貨物を結ぶ重要航路と位置づけられるようになる。その意味で、当時の伏木港は旧新湊市地域をはじめとする富山県とアジア経済を繋ぐ窓口となっていた。

　また、戦前の旧新湊市地域における漁業は沿岸漁業だけでなく、樺太、千島、沿海州に漁場を求めるといった活動がなされていた。しかし、これらの海運業や漁業における方針はアジア太平洋戦争の敗戦による満州国消滅や、ソ連との国交断絶もあり成立しなくなり、戦後、旧新湊市地域において海運業には注目が集まらず、ブリやイワシ等の定置網漁といった沿岸漁業が主軸をなすようになる。

　一方、近代以前より盛んであった農業に関しては、旧新湊市地域の地形が庄川・神通川が運んだ土砂で砂州ができ、放生津潟が形成されることで、低湿な水郷地帯が広がっていたため、地域内の排水が同地の課題であり続けた。そして、灌漑施設の不備によって度々発生する河川の氾濫は、同地の海に近い地形と相まって農地に塩害を引き起こしていた。そのため、湿田で稲作を行う労力が必要とされる割に米の収量が安定せず、裏作も行えず、湿田であるため家畜も使えない過酷な労働環境から必要な労働力が確保できない等の問題が生じ続けた。そこで、新湊市、富山市、高岡市、小杉町、大門町、大島町、下村の3市3町1村の13,116ヘクタール[22]の農地において、1964年に国営事業として同地域の乾田化事業が着工するようになる。また、その事業と並び、当時より始

---

21) 名称は当時のまま。朝鮮半島側で拠点港となったのは現在の朝鮮民主主義人民共和国の南東部に位置する雄基（ウンギ）あるいは清津（チョンジン）。
22) 新湊市史編さん委員会編『新湊市史　近現代』1992、375頁。

55

まった農業の機械化は同地の営農形態の変化や稲作の安定生産を実現することとなった。

　しかし、その水利事業が行われた背景には単なる湿田対策だけでなく、同地の地盤を大規模工場を建設できるレベルまでに安定させる必要が生じたという事情があった。それが、富山県射水郡枇杷首村（現在の射水市）出身の正力松太郎が社主であった読売新聞が1960年から「百万都市建設構想」を提唱し始めたことを契機として動き出した日本政府の「新産業都市建設構想」である。読売新聞が掲げた「百万都市建設構想」は元々、池田勇人内閣が1960年に発表した国民所得倍増計画の中核を担うものとして北九州から京浜を結ぶ「太平洋沿岸ベルト地帯構想」を掲げた際に、北陸地方がその構想から漏れ、今以上に地方と都市の経済格差が拡大することに危機感を持った正力をはじめとした地域選出の国会議員等が中央の動きに対抗して行ったキャンペーンであった。当時の地方社会は従来の農村社会の要素が未だ色濃く、ベビーブームによって生まれた世代の人口流出が始まる一方で、道路や上下水道、上記の灌漑施設等の様々なインフラ整備は遅れており、地域の中核をなす産業育成の面で国からの補助金を必要としていた。そのため、予算加配に関する要望、あるいは太平洋ベルト地帯への事業集積に対する不満は富山ばかりでなく、全国各地から噴出することとなった。

　そこで、政府は全国各地の開発拠点となる地域を選定し、その周辺に中規模、小規模の拠点を有機的に連結させることを意図した「全国総合開発計画」を提起した。そして、その中心となったのが、「新産業都市建設構想」であり、1962年に制定された同構想の推進法である「新産業都市建設促進法」はその法的根拠となった。同法第1条によると、その目的は「大都市における人口及び産業の過度の集中を防止し、並びに地域格差の是正を図るとともに、雇用の安定を図るため、産業の立地条件及び都市施設を整備することにより、その地方の開発発展の中核となるべき新産業都市の建設を促進し、もって国土の均衡ある開発発展及び国民経済の発展に資する」ことと明示されている。

　その構想に対して、ある程度整備された港湾（富山港、伏木港）や、豊富な

23）詳しくは『読売新聞』1960年2月10日（朝刊）。また、富山県内においては同年元旦に県内全戸にビラを配って周知を図る等、県内外における広報活動が行われた。

水資源（神通川、庄川）を有し、戦前から北陸地方の中では工業化も進んでいた富山市と高岡市は開発拠点としては、望ましいものと見なされ、その両市に挟まれ、富山新港の構想を持っていた新湊市は両市を有機的に繋ぐ中規模拠点となり得ると考えられた。そこで、現地にその拠点となる工場を誘致し、円滑な発展を目指すため、①軟弱な地盤の強化、②工場用地使用によって失われる米生産分を補てんする生産力の向上、③湿田で必要とされていた農家の二男三男等の労働力を工業分野へ転職させる機会の創出、を推進していくために、前述の水利事業が始まったのである。

しかし、計画に見られた想定は幾つかの点で困難に陥り、地域経済の負担を急増させることとなった。第一に、元々の産業基盤が無かったことで当初の予定に比べ、1970年までの時点では石油新規工場の進出は見送られ、鉄鋼工場の規模も大きく縮小、火力発電所の規模も半減という縮小傾向が見られたこと[24]。第二に、予想された余剰労働者が隣接する小杉町の太閤山団地や高岡市に居住することとなり、市自体の人口増や税収増に直結しなかったこと。第三に、用地買収や放生津潟で操業していた養殖業者・貯木業者の事業移転費用、埋め立て事業等で市の負担が当初の予定を超過したことである。

話は少し前後するが、新湊市の元々の財政基盤を見てみると、新産業都市建設構想が打ち出される以前の1953年、新湊市は周辺の海老江村、片口村、七美村、作道村、堀岡村、本江村と合併したのであるが、合併にかかる諸費用、市内の上水道整備、国からの補助金分配不足、市内の財源不足等の要因もあって、1956年に自治大臣が承認する財政再建団体の適用を受けることとなり、その状態が1962年まで続くほど財政状況は厳しかった。当時の状況は、新湊市を調査地として新産業都市建設構想の影響を検証した福武直（1965）から「そこには地域開発の拠点としての基盤らしきものはまったく存在していない」[25]「各種産業が混在する、逆にいうと特色のない町」[26]あるいは、「その産業基盤からいって全体として低調の一語につきる状態の町」[27]と評されるほどで

---

24) 上掲書、62頁。
25) 福武直編『地域開発の構想と現実 Ⅰ』東京大学出版会、1965、38頁。
26) 上掲書、41頁。
27) 上掲書、42頁。

あった。そこに、上記の負担増の要因が重なったことで、1970年代に工場経営や稲作生産等が軌道にのり、交通網が整備され伏木富山港一体が中京工業地帯の副次的な拠点と見なされるようになるまで、新湊市財政は逼迫した状況が続いた。ただし、その後は当初計画にあったような「百万都市の開発の中核」といったような劇的な発展はなかったものの、それらのコンビナートを中心に一定の経済的な発展は見られた。

　また、上記のような産業の中にあって新湊市の産業界において安定した地位を占めていたのが、ソ連からの北洋材を中心とした製材業であった。元々、新湊の木材業は江戸時代からの歴史がある。なぜなら、現在富山新港を形成している放生津潟は海水と真水が適度に混ざり、陸地のように虫害や風化、乾燥によるひび割れによる欠損が発生しにくいという特性があったためである。そして、従来より北陸地方の製材の一大拠点であった伏木港及び富山港は1954年のソ連との貿易開始により一層の注目を集めるようになった。木材は金属や機械等に比べて重量当たりの単価が安価であるため、送料が輸入価格に占める割合が大きく、ソ連の対岸に位置する富山県は北洋材輸入における立地面でも優位に立っていたのである。そのような中で、高度経済成長時代を迎え、従来ほどではなかったものの（かつては風呂を沸かすために安価な木材の需要が高かった）、架設・梱包用材として木材の輸入量は増大し、1975年の時点で伏木富山港は北洋材の輸入量の全国1位を占めるようになっていた。[28]

　一方、それだけの輸入があるということは上陸するソ連人船員も多いということであり、高岡市や伏木港にほど近い旧新湊市地域の住民に話を聞くと、1950年代から彼らの姿は珍しいものではなかった。しかし、彼らの行動形態は現在と異なっていた。当時は船に1人は共産党の幹部が常駐しており、船員が上陸する際には、その幹部が監視役を務めていて、集団で移動するソ連人、との印象を市民からは持たれていた。そして、そのような監視もあったため、現在とは違い船員が地域社会においてトラブルを起こすことは無かった。また、富山新港が完成した後も同港がチップ等の輸入基地となったことや、ソ連との間で1984年からコンテナ定期航路が開設されたことで、同地におけるロシア

28）新湊市史編さん委員会編（1992）、577-578頁。

第1章　産業の展開から見る地方の小都市の特性

表1　港別　特例上陸許可人員推移

年度	稚内港	伏木港	富山新港	富山港
1985	373	2,767	9,123	3,214
1990	3,602	3,579	12,963	3,748
1991	5,459	5,006	12,782	3,470
1992	15,465	3,032	10,496	3,599
1993	22,397	5,199	14,877	4,339
1994	36,586	4,874	14,431	4,694
1995	45,721	5,958	15,560	5,400
1996	52,620	7,326	15,910	6,400
1997	78,291	9,977	16,677	9,602
1998	63,039	11,946	13,205	9,301
1999	61,987	6,202	11,286	7,753
2000	58,723	5,892	10,481	8,084
2001	52,649	7,527	11,198	11,364
2002	31,268	8,820	10,540	12,896
2003	41,751		(34,862)	
2004	37,088		(29,411)	
2005	29,855		(28,388)	
2006	23,491		(25,518)	
2007	17,181		(27,107)	
2008	12,893		(26,153)	
2009	12,406		(11,970)	
2010	11,738		(9,539)	

＊2003年度以降は伏木富山港全体で集計されている。便宜上、富山新港の欄に括弧を付けて表示。

人の上陸は多かったが、元々富山新港自体が工場誘致のために広範囲にわたって埋め立てられた経緯から周辺に民家が少なく、市民から当時の船員らの印象は余り語られることはなかった。多くの市民にとっては、富山新港よりも従来から船員の上陸が見られ、住宅地にもほど近い伏木港に国際性を感じていたのである。

そのようにして、新産業都市建設計画や富山新港建設の影響を受けた新湊市であったが、同市の当時からの人口の推移を見てみると、1955年に48,794人であった人口も1990年には4万人を切り39,435人となり、前述のように合併

---

29) 新湊市史編さん委員会編（1992）、279頁。

直前には 36,547 人にまで減少している。また、1955 年から 1985 年までの人口構成では 14 歳以下は半分以下に落ち込み、65 歳以上の人口は 2 倍以上に増加するという傾向を見せていた。つまり、新湊市は少子高齢化と人口の流出という他の日本の地方都市と同様の人口推移を辿っていたのである。

(2) 1990 年以降の状況

　1990 年代初頭、新湊市をはじめ隣接する高岡市、富山市において起きた大きな変化は、ロシア人船員の存在が広く認知されたことであった。しかし、実際の上陸者数の推移を見てみると、前頁の表 1 のように 1985 年と 1991 年の間では、増加は確かにしているものの、稚内港の同様の数値が 10 倍以上増加しているのに比べると、それほどの違いは無かった。ただ、ソ連解体に伴う経済体制の変化や、共産党幹部の監視の目も無くなったことにより、個々人の経済活動が活発になり、その姿が目立つようになったことで、市民の印象が変化したのである。彼らの経済活動は小売店の販売増に止まらず、北洋材を運搬してきた船員たちが空間的に余裕のできた貨物船内に日本の中古車を搬入し、個人輸入するという形態のビジネスを始めたことに特徴があった。当時は、輸出貿易管理令により旅具通関扱いで 5 万円以内の中古車であれば、1 人につき 1 台が自由に持ち出し可能とされていたため、船員が副業として中古車を購入するケースが目立ったのである。当時はロシア極東の道路の舗装状況も芳しくなく、日本車に対する高評価もあり、中古車市場は活況を呈するようになった。中でも、ウラジオストクは中古車輸入の一大拠点となっていった[31]。

　一方、日本側としても当時はバブル景気の中にあったため、中古車業界では 5 万円以下の中古車の需要は部品用に止まり、自動車本体としてはほとんど無かった。その中で、廃車となりがちな在庫をさばくことができ、その後のアフターケアの心配も無いロシア向けの中古車輸出業は有益なビジネスであった。

---

30) 上掲書、727 頁。
31) ロシア向け中古車の需要は稚内市でも一時高まったものの、背後に大陸ロシア全体を市場とする極東地域を抱える伏木富山港周辺地域とは異なり、市場が人口 50 万人程度のサハリンに限定され、多くの中古車が集まる札幌・小樽方面からの輸出も目立ったため、それほど大規模な産業とはならなかった。

その後、1995 年には中古車に関する輸出貿易管理令の規制緩和が行われ、輸出申請書と登録抹消証明書、領収書を提出すれば 1 人につき 3 台まで（価格上限なし）持ち帰ることが可能となり、ロシア経済が上向いたこともあって、1997 年には伏木富山港全体で約 46,300 台が輸出され[32]、同年末には国道 8 号線沿いには 50 以上の中古車業者が出店する等活況を呈するようになった[33]。このように中古車ビジネスが拡大したことを受けて、1990 年代半ばより、1980 年代に来日し日本人の配偶者との婚姻を契機に安定した在留資格を得た層を中心としたパキスタン人が同地の中古車業に参入する傾向が強まった。日本とパキスタンとの間には、1970 年代からパキスタンへ中古車を輸出するためにパキスタン人業者が日本へ買い付けに訪れる形態も見られたが、日本国内でパキスタン人が事業を展開するようになったのは 1980 年代後半のことである[34]。当初、日本国内で様々な自営業あるいは工場労働者として就業していたパキスタン人であったが、景気悪化や都市部での中古車業市場の停滞、国内産業保護のためパキスタン政府によって 1994 年から行われた中古車輸入規制による他の販路開拓等の影響により、当時急速に需要が高まっていた富山県や新潟県のロシア向け中古車市場へ参入を始めるようになった。ただ、富山県の国道 8 号線周辺は農村地帯であり、2008 年 2 月 22 日に放送された NHK 富山放送局制作の番組名を借りれば「田んぼに外国ができた」といった状況が生まれ、地元社会との摩擦も増えていった。

また、ロシア人船員やパキスタン人中古車業者らの増加と時期を同じくして、製造業等の分野で日系ブラジル人や中国人研修生の存在も目立つようになっていく。ただ、彼らもまた地元社会との間に生活上のトラブルを発生させることとなった。

このような新湊市内における外国人の増加と先述の新産業都市建設構想は大きく関係している。第一に、新湊市では同構想以前から鉄鋼や合金は生産され

---

32) 『北日本新聞』1998 年 4 月 4 日（朝刊）。
33) 『北日本新聞』1997 年 12 月 16 日（朝刊）。
34) この経緯等は、福田友子「トランスナショナルな企業家たち―パキスタン人の中古車輸出業―」樋口直人・稲葉奈々子・丹野清人・福田友子・岡井宏文『国境を越える―滞日ムスリム移民の社会学―』青弓社、2007、に詳しい。

ていたものの、それらを加工する産業が存在していない状態にあったが、構想の実施を受けて富山新港の背後地には多くの関連企業が進出あるいは起業して、活況を呈するようになった点である。そのような中小企業に1990年代以降、他地域と同様の理由により、多くの日系南米人や中国人研修生が就業することになった。第二に、工業製品の原材料や完成品の運搬、及び計画の開発拠点でもあった富山市と高岡市を結ぶ交通環境向上のために、富山県を横断する国道8号線が整備された点である。1990年代以降、中古車運搬用の大型トレーラーが港と販売店の間を効率的に往来でき、他地域からの在庫を運搬・集積するのにも便利であったことから、多くの中古車業者が国道8号線沿いに店を構えることとなった。第三に、灌漑施設の整備により乾田化が達成され、稲作の生産性が増したものの、時を同じくして日本全体で米の在庫の増大が生じたため、国が減反政策を進めるようになり、農家の現金収入が減少した点である。その損失を補てんするため、8号線沿いや周辺道路沿いに土地を持つ農家は、パキスタン人中古車業者に事業用地を貸すようになった。

　その後も、新湊市の人口の減少に反比例する形で外国人は増加を続けた。一方で、ロシア人船員の上陸者数はやや減少傾向にあったが、これは作業上の効率化とも関係しており、貿易量が減った訳ではなかった。北洋材の輸入に関しては、伏木富山港は全国一の拠点であり続け、中古車の輸出でもそれは同様であった。特に、中古車輸出においては年間10万台を超える年も珍しくなく、2008年の輸出台数は167,299台と過去最多を誇っていた[35]。

　しかし、そのような状況も2008年秋以降の世界同時不況を契機に、大きく変化していく。射水市や高岡市でも人材派遣業者を仲介として各種中小企業に就業していた日系南米人の解雇が相次ぎ、中国人研修生の研修打ち切りも発生するようになった[36]。そして、その影響を最も強く受けたのが、パキスタン人中古車業者であった。なぜなら、①不況を契機としてロシア政府が自国の自動

35）伏木税関支署「ロシア向け中古乗用車の輸出（北陸3県比較）」2010年8月12日発表。
36）一部の集住地とは異なり、射水市では日系南米人の失業についての実態調査は行っておらず、中国人研修生の研修打ち切りにしても監理組合が結果を公表している訳でもなく、地元の民間団体や行政も正確な数字は知り得ていない。上記の実態は筆者の地域における関係者への聞き取り調査を総合したものである。

車産業保護のため、自動車の輸入関税を 2009 年 1 月より最大 2 倍に増加させたこと、②関税高騰の情報が事前に流れたことで、駆け込み購入が相次ぎ、ロシア国内で在庫過多が起きたこと[37]、③不況によるルーブル全面安が起き、中古車の取引はドル建てで行われているため、円高ドル安の傾向もあって、日本側の仕入れ価格には大きな変化は無かったもののロシア側にとっては一層負担が大きくなったこと、といった要因により、2009 年に入り中古車の売上が激減したのである。伏木富山港だけでも、ロシア向け中古車の輸出額は前年の 1 割以下に減少し、2 月の輸出台数に至っては前年度比の 3.8％（515 台）と 96％を超える減少を記録した[38]。ただ、伏木富山港一帯は巨大市場であったために多少の動きも見られたものの、他の日本海岸地域のロシア向け輸出業者に至っては、「ほぼゼロ」[39]という取引状況もあり、廃業あるいは生活費を抑えるため一時帰国を選択したパキスタン人も珍しくなかった。ただし、同地に愛着を感じ、離れ難い事情を持った多くのパキスタン人は富山に残ることを選択した[40]。

　このように、旧新湊市地域においては稚内市に比べて不況の影響が多方面に及び、外国人の生活をも直撃している。それは、ある意味で 2008 年以降の不況の外国人への影響を伝える報道の縮図ともいえる状況である。バブル景気後の不況においては賃金の安い外国人が重宝された状況もあり、当時は判然としなかったものの、その後、彼らの存在が多方面に及び、より大きな不況が襲ったことで、従来は表面上安定しているように見えた人材派遣業や研修生制度等が内包していた日本経済の綻びが明らかになった。そして、経済のグローバル化に伴い業績は拡大したものの、世界経済の影響を受けやすい中古車輸出業の

---

37) しかし、その在庫は冬の間に底をつき、ロシア側の輸入拠点であったウラジオストクでは以前、人口の 1 割に当たる 20 万人程度が関連業に就いていたとされるが、2009 年に入って半数近くが失業したとされている（『毎日新聞』2009 年 5 月 8 日（朝刊））。
38) 『毎日新聞　富山版』2009 年 4 月 10 日（朝刊）。
39) 『毎日新聞　秋田版』2009 年 5 月 11 日（朝刊）。
40) 彼らの選択理由の詳細や、2009 年以降の詳しい状況に関しては、小林真生「不況が明らかにしたパキスタン人中古車業者の実相—富山県国道 8 号線沿いを事例に—」駒井洋監修・明石純一編集『移民・ディアスポラ研究Ⅰ　移住労働と世界的経済危機』明石書店、2011. 参照のこと。

実態が地方の小都市においても可視化したのである。

第3節：両都市の特性

前節では、両地域の経済的な経緯を見る中で、外国人が増加してきた背景を見てきたが、本書の主題は対外国人意識であることを考えれば、日本人社会の特性も見ていく必要がある。そこで、これまで見てきた産業面等での変化が地域社会にどのような影響を与えたのかを、外国人に関する部分以外の点に注目して概観してみる。

第1項：稚内市における人口変動の影響

元々、北海道という土地は道南の松前・函館地方を除けば、主としてアイヌが居住していた地域であり、現在多数を占める本州、四国、九州の大都市圏以外からの移住者は明治期以降に開拓民として大挙して流入してきた経緯がある。その中で、稚内は樺太開発の中心となったことで大きく発展してきた。そして、アジア太平洋戦争後はサハリンからの引揚者を多く受け入れた経緯から、それほど旧来の居住層と新来者の間には大きな区別は生じておらず、町内会長、あるいは地元の商工会等の組織でも様々な背景を持った人が組織を主導している。[41]

また、人口減少を招いている医療や教育の問題から、企業や自治体の関係で転勤により稚内市へ来た人の中には単身赴任を選択し、家族を札幌市や旭川市等の道内の大都市に残す場合が少なくない。そして、市内の若年層には就職や進学に際して、札幌あるいは東京等を目指す傾向もある。そのため、市内の世帯人員の平均は2.1人[42]（2008年3月末時点）と、全国平均の2.4人を大きく下回り、東京都の平均の2.0人に近い状況となっている。このような人数の状況からは、一般的に想定される地方の小都市における家族的連帯といったものと

---

41) 在日コリアンと日本人住民との間には心理的障壁が無い訳ではないが、以前は北海道唯一の朝鮮人学校である札幌校へ稚内市から児童を下宿させた家庭には市から補助金が出る等、とりわけ差別が根強い地域という訳でもない。

42) 財団法人国土地理協会『住民基本台帳人口要覧（平成20年版）』2008、旧新湊市地域を除き、世帯人員平均を紹介する時は、この資料による。

の相違が見て取れる。ただし、札幌市を除く北海道全体でも同様の人口・平均世帯人員の減少は顕著な傾向であり、かつて炭鉱等で栄えた自治体では、その状況はより厳しく、歌志内市、三笠市、夕張市、赤平市、芦別市は日本で人口の少ない市の上位10市の中に入るほどである[43]。

第2項：旧新湊市地域に見る地方社会の類似点

　旧新湊市地域という地域特性を説明する前提として、差し当たって2つの富山県でよく聞かれる言葉を紹介する必要がある。それは「旅の人」と「呉東・呉西」である。まず、「旅の人」であるが、一般に2つの意味があるとされている。第一に、富山県外の出身者という意味であり、富山県に居住してから10年近く経っても「旅の人」と呼ばれることが珍しくない。第二に、県外から来て新たな知識や文化をもたらす客人という意味であり、丁寧にもてなすべき存在と捉えられる。筆者が調査等で地域の方と話をする際にはしばしば筆者に対して、その意味で用いられる。

　次に、「呉東・呉西」であるが、その分類は富山県の中央部に位置する呉羽丘陵の東側にあるか西側にあるかを指すものである。この表現は同丘陵が江戸時代に加賀藩と富山藩との境界であったことに由来し、大きく見れば呉東にあたる富山市側は関東圏、呉西にあたる射水市や高岡市側は関西圏に属するとされ、方言も微妙に異なっている。そして、それは単なる言葉だけの問題に止まらず、従来の市町村合併の基準ともなっており[44]、先述の新産業都市建設構想を進める際には、中心的な提唱者である正力松太郎の出身地（政治家でもあった彼の地盤でもある）の呉西地方に開発が偏っているとの批判が呉東地方で出る等、その対抗意識には強いものがある。

　この二つの言葉が今も頻繁に使用されている現状から、富山県がいわゆる「内と外」の意識が強く、その中でも細かい分類を求める状況が見えてくる。しかし、それは富山県に特徴的な状況とはいい切れない。例えば、群馬県東毛地区の事例を見てみると、小内（2001）によれば、地域住民の証言として「よ

---

43) 上掲書、16頁。
44) 1942年には地方自治体の施設・機能の活用や強化を目的として、新湊町は高岡市に編入合併された。

そから来た人は区長（筆者註：町内会長と同意）になんかなれない。地生えの人がなる」[45]、あるいは「戦前段階に流入してきた層に対してさえ、いまだに「新しく来た人」と表現する区長にも出会った」[46]との状況が紹介されており、筆者も同様の表現をしばしば耳にしてきた。この状況に対し、小内は純農村地帯が急激に工業化した場合、従来から居住している層を中心に伝統的な地域組織が実質的に機能し、新来層はその構成員となる構造があると指摘している[47]が、それと同様の特性を持つ地域が少なくないことが旧新湊市地域の状況を見ても分かる。

　また、地域の人口で見てみると、稚内市ほどの急激な増減を旧新湊市地域は経験していない。新産業都市建設構想により一定程度の開発はなされたが、当初予定されていたほどの変化はなく、典型的な特徴の無い地方都市という特徴は維持されていた。その一端を表しているのが、旧新湊市地域の世帯人員の平均である。その数は 3.0 人[48]（2008 年 3 月末）と全国平均を大きく上回り、東北地方、北陸地方の県の平均値に近い。いうなれば、「大きな特徴は無いものの、一定の発展を経た保守的傾向のある地方の小都市」というものが旧新湊市地域の日本社会における位置づけであろう。

第 4 節：人口減少と新たな社会創出の可能性

　そのような特性を持つ両地域であるが、そこには地方の小都市に広く見られる共通点もある。ここでは、人口減少を軸に日本全体を射程に入れて考えてみたい。

　現在の日本社会を見る際には、従来型の「都市―農村」という単純化された区分は崩壊しており、ベッドタウン、工業都市、あるいは旧新湊市地域のような産業混在型小都市等の様々な類型が誕生するように、それらを明確に区分す

---

45) 小内（2001）、165 頁。
46) 同上。
47) 小内（2001）162 頁。
48) 射水市市役所　市民・保険課提供資料より。

ることは困難になってきている[49]。しかしながら、それを人口の増減に絞って考えてみると、新たな区分が見えてくる。

　第一に、福岡、広島、大阪都市圏、名古屋都市圏、東京圏、仙台、札幌等の地方社会から人々を引きつけ、年々その人口規模を増やしている大都市地域が挙げられる。第二に、これまで日系南米人が増加したような工業都市が挙げられる。それらは地方社会の中では生産性の高い基幹産業を有しており、普通交付税の不交付団体という基準で見れば、2008年4月の時点で全市町村の約10％（1,788団体中177団体）がそれに当たっており、外国人集住都市会議会員自治体に限れば、その割合は50％を超えていた（28団体中15団体）[50]。つまり同地域では従来単純労働を担っていた若者や期間工の減少は見られるものの、過疎が進行している訳ではない地域であることが分かる。第三に、第一次ベビーブームによる人口増加を頂点として、以後人口減少（過疎）の進む地方の小都市、あるいは鉱業、繊維業、農業等に代わる新たな基幹産業を見つけられない人口減少の進む地域が挙げられる。小内透（2006）の分類に拠れば、2000年の時点で生産力が低く人口5万人以下の自治体の面積は日本の国土の35.6％に当たるとされており[51]、今後、新たな変化が求められる地域が多数に及ぶことが分かる。

　確かに、いわゆる「平成の大合併」によって小規模自治体の数は減少した。ただ、それによって多少の行政サービスの向上は見込まれるものの、大都市へ流出する人口を再び地元に引きつけるだけの雇用やサービスの創出ができるのか、と考えると厳しいというのが現実であろう。上記の分類を考えれば、それは日本の三分の一以上の地域で、労働や介護の分野において急激な外国人増加が起きる可能性が高いことを意味している。換言すれば、従来外国人を必要と

---

49) 小内透『調査と社会理論・研究報告書20　戦後日本の地域的不均等発展と地域社会類型の新段階』北海道大学大学院教育学研究科教育社会学研究室、2005、はそれらを18の類型に分類している。

50) ちなみに、静岡県袋井市は前年まで不交付団体であった。総務省公開資料「平成20年度普通交付税不交付団体一覧表」より。ただ、2010年には不交付団体数は75団体（2009年は152団体）と大きく減少した。

51) 小内透「地域社会の編成と再編―リージョンとコミュニティのマクロな構造―」似田貝香門監修『地域社会学講座　第1巻　地域社会学の視座と方法』東信堂、2006、102頁。

していた大都市や工業都市に期間工や派遣労働者を送り出していた地方の小都市においても、労働力不足が顕著になり始めたのである。

　その状況に対して、新たな摩擦の発生も懸念されるところである。しかし、見方を変えれば、それはこれまで余剰人口や地域社会に限界を感じた人々が流出していくことが目立ち、新たにヒトが流入することの少なかった地方社会が、新たに社会の一員となる外国人の様々な背景から、新たな価値観や文化を創出する可能性を高めていることでもある。外部からヒトや文化を受け入れ、新たな価値観を生み出す経験は、都市部では一般的なものであった。ただ、前章でも指摘したように、外国人の受け入れに伴う変容に関しては都市部も地方の小都市も諸問題には直面しつつも、新たな価値観の創出には至っていない。残すべき伝統と変化すべき部分とのバランスを保ちつつ、変化を受け入れていくということは現在、日本社会全体の課題ともなっている。

関連年表

年代	中央政府の動き	稚内市	旧新湊市地域
1950	外国人登録法制定（1952年）…指紋押捺制度導入	米軍駐留開始（1945年）	
			市人口最多を記録（1955年）
1960		市人口最多を記録（1964年）	新産業都市建設推進法施行（1962年）
1970		米軍駐留終了（1972年）サハリンと友好都市交流開始 200海里経済水域の設定開始（1977年）	富山新港開港（1968年）高岡市にて親善餅つき開始（1971年）
1980	出入国管理及び難民認定法施行（1982年）		
1985	超過滞在者の増加	日ソ漁業交渉で漁獲高大幅減（1986年）	
1990	改正入管法施行（1990年）…日系人・研修生増加、及び超過滞在者減少の契機	ロシア人船員上陸者数急増 ロシア人行動制限廃止（1993年）	市の人口4万人割れ（1990年）ロシア向け中古車輸出軌道に 日系南米人増加
1995		ロシア船の難破続発	パキスタン人中古車業者の進出開始。中国人研修生増加
	技能実習期間が2年に（1997年）	稚内港の特例上陸者数過去最高に。女性暴行流言発生（1997年）	防犯協会外国人部会の活動拡大
2000	小樽市入浴拒否訴訟開始、外国人集住都市会議開始（2001年）		コーラン破棄事件（2001年）
		中国人研修生の増加始まる 外規法厳格適用開始（2002年）	中古車業者と地域・行政・警察による取り組み開始（2003年）4自治体と射水市形成（2005年）
	総務省「多文化共生プラン」発表（2006年）		中古車業者規制署名行われる（2007年）
2010		市の人口4万人割れ（2008年）	中古車輸出量過去最多を記録（2008年）

第 2 章
稚内市における対外国人意識

第1節：『北海道新聞』に見る北海道における対外国人意識の概況

　ここで、稚内市の意識の状況を見る前に、北海道全体の対外国人意識の変遷を地元紙『北海道新聞』の社説の内容を中心に追っていく。同紙を選んだ理由としては、同紙が北海道で代表的な地方紙であること、及び同紙が日本ABC協会発行の『新聞発行社レポート　月別府県』において2006年から2007年までの各月を通じて道内の売上げが最も高かったためである。この選択理由は、後述する富山県の『北日本新聞』の場合においても同様である。また、分析対象期間であるが、本書の分析の起点である1990年から第4章で扱うアンケート調査実施前年の2007年までのものを時系列に沿って取り扱う。これは後述する稚内市の市議会議事録、及び次章の富山県の事例においても同様である。

第1項：1990年以前の概況

　北海道はロシア（ソ連）と国境を接し、1976年には函館空港にアメリカへの亡命を希望したソ連空軍中尉が戦闘機ミグ25にて着陸を行ったり、1983年の大韓航空機撃墜事件の際には稚内市に置かれている自衛隊基地がその様子をレーダーで捉える等、冷戦と直接向き合ってきた側面を持つ。また、根室市は北方領土返還関連施策を政策の柱の1つに掲げ半世紀を超える等、国家レベルの安全保障から地方政治に至るまで、ロシアと北海道との歴史的関係は複雑かつ深いものがあった。

　そのような背景を受けて、前述した1986年発行の『北の隣人』の中で行われた「北海道民のソ連観」と題された調査では、69.9％の人がソ連に関心を持っている一方で、78.7％の人がソ連に親しみを感じていないと答えていたように、関心と親近感とが必ずしも関連していなかったことが分かる。また、日本

---

1) 層化二段無作為抽出法によって100地点から1000人の成人男女を選び、面接調査を行った。回収率は78.3％。

とソ連の関係については 77.8％の人が良くないと答え、その理由として、「北方領土問題」「ソ連の軍事力の脅威」「政治体制の相違」「従来からの不信感」が挙げられていた。しかし、これらの調査には実際のソ連の国民との接点についての質問自体が無く、それは当時の両国が「近くて遠い国」という表現に極めて近い状況にあったことを表している。

第2項：1990年以降の概況

　しかし、1989年12月、マルタ島において冷戦の終結がアメリカ大統領ジョージ・ブッシュとソ連共産党書記長ミハイル・ゴルバチョフとの首脳会談で宣言されたことにより、その流れは変化を見せる。当時、北海道からサハリンへ渡るためには一度新潟まで出て、週1便の新潟～ハバロフスク間の航空便を利用するか、稚内もしくは小樽～ホルムスク間のフェリーをチャーターするより他なかったのであるが[2]、この状況に対して1991年5月30日の社説では「目と鼻の先の隣同士でありながら、このような状態にあるのは、極めて不自然で異常であると言わざるを得ない。両地域の間に足が無いのは、日ソ間に政治・領土問題が横たわっているうえに、これまで交通の需要が少なかったからである」と述べている。現在では、北海道～サハリン間のヒトの相互移動はサハリン沖開発等のビジネスから観光まで、活発なものであるが、その状況はこの20年ほどで急速に出来上がったことが当時の紙面からも見て取れる。また、1992年4月9日の社説では、北海道発行の『経済白書』における世論調査の中の「国際化・国際交流で重点を置くべき分野」を聞く質問において「国際航空路線・航路等交通ネットワークの拡大」というハード面の充実を求める回答が4割を超えていたものの、外国人の側から求められている「国際化に対応した人づくり」や「外国人にも住みやすい地域づくり」というソフト面や心理面の充実を挙げた人が共に2割にも満たなかったことに対して、「文化や習慣等心理面や精神面でのギャップを埋める努力、いわゆる内なる国際化に対する意識が低い」[3]、との指摘が行われたことが紹介されている。この背景には当時の北海道において、外国人は物資等の運搬者あるいは移動者と捉えられ、生活者

---

2) この状況は1994年の函館～ユジノサハリンスク間の国際定期空路開設まで続いた。
3) 北海道企画振興部編『経済白書　平成3年度版』北海道、1992、84頁。

としてのイメージを日本人住民が持ちえていなかったことがある。

　また、北海道内の冷戦終結後のソ連との関係、及びヒトの移動に関連するものとしては、「北方四島交流事業（以下、ビザなし交流）」が挙げられる。これは1991年にゴルバチョフ大統領の提案によって、日本の元島民の墓参以外に無かった住民間の接点や相互理解の拡大を意図して1992年から行われた交流事業であり、北方四島のロシア人住民と日本国民が旅券や査証無しで双方の居住地を行き来するというものである。1991年10月30日の社説においては、「根室海峡を挟んで、多かれ少なかれ冷戦という色眼鏡で相手を見るように仕向けられてきた両国住民が、その眼鏡を外す機会をつくる、それ以上を望むべきではなかろう」「制限は極力はずし、自由な往来に近づける発想がほしい。そこから出てくるさまざまな問題や行き違いを処理することによって、相互理解を深めていく。これこそがソ連への世論対策であろう」とその期待と意義が述べられていた。その後の交流に対しては四島のロシア側の行政府や一部有力者との交流に偏り過ぎているとの批判はあるものの、内閣府の援助等により、根室市における交流事業参加の規模や地域への影響は他の市町村レベルの姉妹都市交流と比べ大規模なものとなっており、その交流活動の場は全市に及んでいる。

　そして、1990年代半ばになると、北海道で生活する外国人に関する話題が社説上でも取り上げられるようになる。その端緒となった1995年11月3日の社説では、母親が外国出身の子どもが道内に増加している状況に触れる中で、フィリピン人と日本人の間に生まれたダブルの子どもが小学校で「ガイジン等と呼ばれ」「手の色が黒いから、汚いと言って遊んでくれない」といったいじめを受けており、その状況を子どもの親が札幌市内の集会にて伝えたことが紹介された。それを受けて同紙は「子供は、大人たちの日ごろの言動を映す鏡」であるとして、親を含めた大人に対して「自分たちと異なる肌の人、異なる言葉を話す人を積極的に受け入れ、その人が持っている文化を尊重する態度を、自分も身につけ、子供にもしっかり教えてほしい」と述べている。これは、裏を返せばあるべき姿勢を「大人が身につけておらず、子供にしっかり教えられ

4）『北海道新聞』1996年9月8日（朝刊）。

ていない」状況が北海道にあったといえる。そして、それから5年後の2001年1月14日の社説でも父親がアフリカ系、母親がアジア系の小学校1年の児童に対して、「黒い、汚いとクラスでいじめられ」「周囲の大人が教えたとしか思えない『戦災孤児！』という言葉までぶつけられた」事例が取り上げられたように、この問題に対して十分な解決や対処法が採られておらず、悪化さえしている状況が伝えられている。また、その社説の中では大阪府で活動する民間団体が「総合的学習の時間」の講師として招かれたことを紹介し、「国際交流のノウハウを持つNGOと地域の核になりえる学校との連携は、北海道でも十分に参考になる」として、今後の取り組みを提起している。このような外国人児童あるいはダブルの児童に対するいじめの実例は、2001年以降、筆者が調査で訪れた北海道の幾つかの自治体でも度々耳にし、保護者から直接話を聞いたこともあった。特に筆者の調査対象地であるロシア人船員の上陸数の多い地域では、親の仕事の関係で現地に在住するロシア人児童、あるいはロシア人と日本人のダブルの児童に対するものが目立ち、中には市に対し状況改善の要望書を提出したケースも見られた。しかし、それらに対して、その後も効果的な対策は余り見られず、状況が改善しているとは言い難い。

　このような状況は見方を変えれば、北海道そして日本の学校の多くが、異なる文化的背景を有する児童が持つ可能性を十分に生かせる環境を作ることができなかった帰結と見ることができる。日本の学校におけるいじめの意味として東京都立教育研究所の分類するところでは、①不適応状態のものが仲間をいじめるいじめ、②仲間同士の葛藤からくるいじめ、③仲間内で自分の優位性を誇示するいじめ、④仲間の結束を図るためのいじめ、⑤違和感からくるいじめ、⑥学級内の心情不安からくるいじめ、の6つに分けられるとしているが[5]、外国人児童やダブルの児童に対するいじめの背景としては、違和感が大きな要素を占めていることが想定される。そして、その違和感を生む要因としては、学校を含めた日本社会に従来ある同質性志向（同化志向とも言い換えられよう）が大きい。

　そして、上記の社説で述べられた事例からは、子どもの行動に対する家庭か

5）東京都立教育研究所『「いじめ問題」研究報告書―いじめ解決の方策を求めて―』1995、7頁。

らの影響の大きさも見えてくる。子どもを取り囲む様々な要素が意識を形成していることを考えれば、大人に対する啓発活動等の充実無しに、問題の根本的な改善は困難である。大人に対する意識改善に関しては、本書の主要な検討課題であるため、ここでは詳細な分析は行わないが、社説に見られた「子供は、大人たちの日ごろの言動を映す鏡」である、という指摘は家庭の影響力や親への啓発活動の重要性を示したものといえる。

　また、1990年代半ばよりサハリンに対する関心が北海道内で高まっていく。これは、1994年にサハリン大陸棚における石油・天然ガス開発事業（以下、サハリンプロジェクト）の生産分与協定がロシア連邦政府・サハリン州政府と開発当事者であるサハリンエナジーエンバストメント社の間で結ばれ、資源という側面から同地が注目されたことによるものである。最初にサハリンプロジェクトに関する社説が登場したのは1992年1月30日の「成功させたいサハリン沖開発」と題したものであり、「さまざまなサハリンへの投資と開発で本道とのヒト、モノ等の関係が将来、より太く、密接になる可能性が考えられる」とプロジェクトに対して期待が述べられていた。しかし、当時のロシアが政治経済上混乱した状況にあったことによる、プロジェクト実現の過程における行き違い、あるいは道内の多くの企業がサハリン進出に失敗した経緯等もあり、その期待は徐々に減退していった。しかし、プロジェクトが実際に進行し始め、ロシア国内も安定してきた1990年代半ばより、北海道におけるサハリンやロシア本土への関心は再度高まりを見せるようになった。それは、1978年に北海道の「第三期北海道総合開発計画」の中で発足した社団法人北方圏センターの変化に代表されよう。同センターは、北海道と同じような積雪寒冷の気候風土の中で長い生活の歴史を持つアメリカ、カナダ、北欧諸国との交流を通じて、北国の風土に根ざした地域づくりを進めるとの意図の下、北方圏交流を主軸としたシンクタンク機能、データバンク機能、交流拠点機能、民間団体への資金援助機能等を持った国際交流団体として活動を続けてきた。その一方で、同センターは北方圏という名目を冠しながらも発足以降は、冷戦の影響もあり、ロシアを交流の視角から外さざるを得なかった。しかし、体制変容やロシアに関する上記活動への要請の高まりから、1995年に定款の一部変更を行い、活動の拡大を図るようになり、現在では従来活動を行っていた国々と同様あるいは、

それ以上の重点をロシアやサハリンに置くようになっている。

　そのような期待の高まりの中で、1997年9月に堀達也知事がサハリン州を訪れ、経済協力プログラムに調印した際、州知事と年に最低1回は行き来して会合を持ちたいとの提案をしたことは、北海道とサハリンの関係強化を印象づけた。このような道としての活動に対し、1997年9月6日の社説では「これまで地理的に極めて近い関係にありながら、互いに『情報過疎地』の側面があった点を考えると評価できる。今後はいっそう連絡体制を密にして、必要十分な情報を共有していくことが望まれる」と述べ、これまで見られた経済上のトラブルや水産分野の密漁や乱獲、北方領土等の問題に触れながらも、現在の良好な流れや文書を「リップサービスに終わらせず着実に実績を積み重ねていく必要がある」と期待が示されていた。これは北海道とサハリンが以前までの表面的な文書上に止まる関係から、政治経済上の多方面にわたる重要案件を取り扱う関係への変化を志向する認識が存在していたことを示している。その重要性の高まりは1998年だけで4回[6]もサハリンに関する社説が掲載されたことに表れている。そして、それ以降も年に1～2回はサハリンに関する社説が掲載され続けていることは、道民にとってもサハリンの重要性に対する認知が広まったと想定することができる。

　そして、サハリンや大陸ロシアとの関係が深まるに連れて、北海道の多くの港町においてはロシア人船員の上陸数が1997、1998年をピークとして上昇を続け、それに伴い、船員が引き起こすトラブルも増加することとなった。その背景にはロシアと日本双方の問題がある。ロシア側の問題としては、ソ連解体後の社会的な混乱と日本市場の需要の高まりから、船員職の就業審査が杜撰になり、大多数を占める普通の就業者に加え、素行の悪い人間が一部就業する傾向が見られ、彼らがしばしば寄港地において問題を発生させる場合があったことである。また、ロシア国内の行政等の組織系統も不完全であったことから、日本からの要請を受けての注意喚起が船員まで十分に伝わらなかったために状況を改善できなかった事情もある。一方で、日本側も日本の習慣等を船員に十分に伝える機会やノウハウ、組織が確立できていなかったことがあり、トラブ

---

6) 1998年3月2日「実利の時代迎えたサハリン交流」、5月26日「サハリン関係強化の牽引役を」、8月26日「実のあるサハリン『提携』めざせ」、11月23日「サハリンと隣人関係を」。

ルの発生を防ぐことができなかった。そして、他の外国人に関係する事例でも見られるように、一部の船員が起こしたトラブルがロシア人船員全体の問題と捉えられる傾向が強まり、船員の上陸数が増加することに比例して住民の不安も高まっていったのである。

　そのような中で、全国的にも注目された小樽市の一部温泉による入浴拒否の問題が発生した。社説では1998年8月2日に初めて外国人入浴拒否問題に関する記述が登場する。そこで紹介された入浴施設は、1年半ほど前から注意事項をロシア語で提示してきたものの、浴場での飲酒・遊泳、泥酔状態での長湯等を行う状態が改善されなかったとして、一律にロシア人の入浴拒否を決めた。社説の中では、彼らのマナーに対する非難が述べられ、後述する稚内市の入浴施設が外国人だけを別の風呂に通していることに対して「トラブルを防ぐ知恵であることは確かだ」と一定の理解を示しつつ、「ただ、一概にロシア人を閉め出すような風潮が強まるのも好ましくない。ロシア人全てのマナーが悪いのではない。悪評を買っているのは漁船員等ごく一部のロシア人のようだ」と、入浴施設側の行動にも歯止めをかけるよう求め、「ロシア人との交流は増える一方だ。ロシア人を排除するのでなく、互いの習慣や伝統を認め合い、尊重することが大切だ。共存はそこから芽生える。ロシア人入浴お断りを、日本人とロシア人が文字通り、裸のつきあいができるように変える契機としたい」と、その後の入浴施設、あるいは社会全体への期待をもって社説を締めている。

　しかし、その後も入浴拒否を行う入浴施設は多く、その対象はロシア人から外国人全般に広がる傾向が見え始め、黒髪の黄色人種以外の客に対して、たとえその人が日本国籍を持っていても肌の色が異なれば、入浴を拒否する姿勢を見せる入浴施設も現れるようになった。その状況に対し、2000年2月2日の

---

7) 有道出人によれば、入浴拒否を行っていた施設間や利用者の間でロシア人船員には「感染病」の危険があるとの根拠のない流言も広がっていた（有道出人『ジャパニーズ・オンリー―小樽温泉入浴拒否問題と人種差別―』明石書店、2003、34頁）。
8) 一部入浴施設では、白人、黒人、及び中東、東南アジアに典型的な肌の色を持つ人は全て入浴を拒否された。また、番台通過後もその人が中国人、あるいは韓国人で日本人ではないと分かると入浴が拒否された。それに対する入浴施設側の論理としては、「ロシア人等の特定の国籍を指定すると、その方が差別となるため、一律に『外国人』を拒否している」というものであった（有道（2003）、28頁）。

社説では、海外で日本人だから入浴や入店を断られたら、という仮定を挙げ、「相手の置かれた立場に自分を置いて考えることは人が付き合う上での原則だ」と述べ、同じ北海道の登別温泉が東南アジアからの観光客に上手くマナーを伝えていることを取り上げ、店舗及び行政に対して「手をこまねいていては、波紋が広がるばかりだ」と、一層の事態改善に向けた取り組みを求めている。この時期、国内のマスメディアばかりでなく、海外の新聞等でも入浴拒否の問題が取り上げられたこともあり、小樽市は対応を迫られ、民間を含めた国際交流関連団体連絡会議の開催、ロシア人船員への入浴方法に関するパンフレットの配布、入浴施設に対してマナー周知のためのチラシやポスターの配布、大学を含めた市内全ての教育機関における文書配布、回覧板等を活用して啓発活動を行うといった対策が講じられた。しかし、これらの対策は小樽市では行われたものの、他の同様の問題に直面している自治体に共通して行われることはなかった。

　また、小樽市の事件に類似したものとして、北海道紋別市のバー等の飲食店において、ロシア人船員が日本の習慣（お通しや、時にはキープしたボトルを店員が飲むこと等）を知らなかったことから起きた反発、あるいは女性一人が経営する店舗を売春業と勘違いしたトラブルが増えたために、1996年から紋別市飲食店組合加盟の半分に当たる約100店の店舗が玄関にロシア語で「日本人専用の店」と書かれた看板を設置するという状況が発生したことが挙げられる。[9] このような一部のトラブルからロシア人あるいは外国人（肌の色が違う人）を拒否する対応は小樽市の入浴施設の採った手法に類似しているといえるが、同様の問題ある手法が北海道という同一地域内で行われており、日本各地で様々な外国人に対しても見られるということは、[10] これが局地的な問題では

---

9) その後、マスメディアの報道、市の呼びかけ、1人の法務省人権局職員が自費で掲示店舗を訪ねて説得に当たったことを受けて、2008年時点で外部に看板を掲示しているのは20〜30店舗ほどに減少した。

10) 訴訟にまで発展した場合でも、1998年にアナ・ボルツ氏が静岡県浜松市内の宝石店でブラジル人であることを理由に入店を断られた事例や、2004年にスティーブ・マクガワン氏が大阪府大東市内の眼鏡店で黒人であることを理由に入店を断られた事例、2005年に在日コリアンである康由美氏が大阪市において韓国籍であることを理由にマンションへの入居を断られた事例が挙げられる。外国人であることによるマンション等での入居拒否に関しては、条例で禁じられている川崎市のような場合を除けば全国的に見られる傾向といえる。

なく、日本社会全体の問題であることを示している。この状況に対し、2000年8月21日の社説では、日本が今後迎えるであろう多民族や異文化との共存社会に「対応する準備が整っているかとなるとおよそ心もとない」とし、「閉鎖的な環境を変えていくには、子供のころから肌の色や文化の違う人たちが身近にいることを実感していくしかあるまい。『国際交流』の在り方についても、発想の転換が求められよう。海外の都市や学校との姉妹提携、交換留学等に偏り、私たちと共に暮らす国内の外国人への視点はすっぽり抜け落ちていたのではないだろうか」と、外国人との接触が公式な場での表面的なものから生活に密着したものへと変化していることに気付き、新たな社会に対応する必要性が語られている。

　また、2001年2月3日の社説では入浴拒否問題を社会全体の問題と捉える理由として、「かつて外国人を拒否していた入浴施設の多くが『受け入れると他の日本人客が逃げる』ということを理由に挙げてきた」ことに注目し、内なる国際化や外国人に対する偏見を見直す契機としたいと述べられている。しかし、2003年9月8日の『北海道新聞』（朝刊）の伝えたところでは、小樽市の一部入浴施設と同様に「ロシア人船員の入浴マナーの悪さが原因で日本人の客足が落ちたため」、紋別市の第三セクターが所有し、地元の民間会社が運営する入浴施設でロシア人の入浴を断っている事例が伝えられた[11]。そして、記事の中で同施設の総支配人は「マナーを守る常連のロシア人もいて心苦しいが、営業上の死活問題。やむを得ない措置」であるとしている。この論法は小樽市の入浴施設における外国人の入浴拒否の理由と同様のものであり、問題が拡大していることが見えてくる。このような人種差別意識を表出するような行動が行政も関係する公的な場で行われてしまうことは、その背景となる意識の啓発も重要であるが、限界もあるため、そのような行動に対する法的な規制が求められるところである[12]。

---

11) 直接の原因としては、同年夏に紋別港近くでロシア海軍の演習があり、マナーを知らない一部の船員が同施設でトラブルを起こしたことが契機となり、一律に白人男性の入浴を拒否していた。その後、「ロシア人船員」の入浴拒否との方針に変わり、現在では入浴拒否は行われていない。
12) 入店拒否の問題も抱えていた紋別市は同施設が入浴拒否を行う以前に2001年以降二度、ロシア人船員、中国人・日系南米人研修生、日本人住民の間で交流活動を行ってもいた。

そして、小樽市の入浴拒否問題が世間で知られるようになった理由は、施設によって行われた行為そのものだけでなく、2001 年に入浴を拒否された外国出身者 3 名が原告となり入浴施設と共に、その施設に対して行為を是正させ、再度の事件防止のために人種差別撤廃条約に基づく条例制定といった措置を採らなかった小樽市の不作為に対しても損害賠償請求を行ったためでもあった。この事例は法学界でも注目を集め、多くの研究成果が刊行された[13]。その点に関する判決では、同条約は個別の市民の権利に対応した関係での義務を負わせるものではなく、締約国の義務は政治的責務であって、立法義務はないとし小樽市に対する訴えは棄却された[14]。この裁判の経過に対し、2004 年 9 月 17 日の社説では、「人種差別をなくすため国や自治体が、早く国内法や条例をつくる必要があることを強調したい」として、「法整備の遅れが、小樽に限らず全国各地で、浴場や飲食店等の『外国人お断り』をめぐってトラブルを引き起こす背景にもなっているのだ。このまま、同じような裁判を延々と繰り返していいのか。被害に遭った原告に、さらに大きな負担を強いるのは社会正義に反しよう」と述べられている。このような社説が度々掲載されたことで、北海道内における外国人に対する偏見の撤廃や法律や条例の必要性について、一定の理解が深まったと見ることができる。しかし、その一方で、筆者が調査を進める中で、原告らの裁判に訴える手法や、日本の法律に対して外国人[15]が変更を求めることに拒否反応を示すような言動を聞く機会も珍しくはなかったことを注記しなければならない。

　また、2006 年 5 月 24 日の社説では北方領土とのビザなし交流が 15 年を迎えたことに関する話題が取り上げられた。その中で、前年までの 14 年間で日本からのべ 7,262 人、北方領土からのべ 5,718 人が交流事業に参加したことが

---

[13] 阿部浩己「外国人の入店拒否と人種差別撤廃条約の私人間適用」『ジュリスト』1188 号、2000、佐藤文夫「公衆浴場入浴拒否と人種差別」『ジュリスト』1246 号、2003、小畑郁「国際人権規約―日本国憲法体系の下での人権条約の適用―」『ジュリスト』1321 号、2006、松井芳郎編『判例国際法〔第 2 版〕』東信堂、2006、345-347 頁、等。

[14] 2002 年 11 月 11 日、札幌地裁にて。その後、2004 年 9 月 16 日、札幌高裁の控訴審判決で原判決を相当とし、2005 年 4 月 7 日に最高裁で上告が棄却されるという経緯を辿った。

[15] 原告の 1 人、有道出人はアメリカから日本に帰化しているが、聞き取りを行った際には地域住民が彼を指して「外国人」という見方をした場合が多かった。

紹介され、「元島民の中には『友人も増え、雰囲気はずいぶんと良くなった』と実感している人も少なくない。今回の訪問でも、家庭訪問や対話集会で交流を深めた」と述べているように、ヒトの交流という面では大きな効果があったことを示している。前年の 2005 年 11 月 22 日の社説でも「日ロ間の最大課題である北方領土問題」という記述が見られたことに代表されるように、ビザなし交流開始後から領土問題に関する議論には大きな進展はなかった。それにもかかわらず、上記のような発言が住民から出たこと、黒岩幸子（1999）[16]や北海道新聞情報研究所（2001）[17]、あるいは、筆者が 2003 年に根室市において行った面接調査でも根室港に多く上陸するロシア人船員に対して他地域ほど明らかな差別的発言や行動が余り見られなかったことは、実際の交流が領土交渉が停滞した中でも大規模のまま継続して行われた成果を示している。確かに、交流事業が行われた理由は領土問題という別のところにあったものの、市内の学校が持ちまわりで 4 島の住民との間で交流活動を行う等、様々な年代層が交流経験を持ったことで、住民の理解が深まった事例と見ることができる。

　その他の外国人と北海道に関する記述としては、外国人研修生の話題が挙げられる。北海道においては、一次産業が盛んであり、日本の他の地域に比べると同産業を進める資源（土地あるいは海産物）が豊富であるものの、後継者や労働力が不足していることから近年、外国人研修生に対する需要が高まっている。特に、猿払村が 2004 年に、枝幸町・浜頓別町が 2005 年に、紋別市・湧別町・滝上町・興部町・雄武町が 2006 年に「外国人研修生受入れ特区」として認定される等、水産加工業が盛んな自治体において関心が高まっている。その一方で、2004 年に室蘭市の縫製会社が、2006 年に美瑛町の農産加工会社が労働基準法や入管法違反を行ったとして摘発され、北海道各地で研修生の失踪が増える[18]といった問題も表面化してきてもいる。これに対し、2006 年 10 月 20 日の社説では、そのような問題の背景には制度に対する理解不足があるとして、「受け入れ側は研修生・実習生を『安価な労働力』ととらえがちだ。外国人は

16）黒岩幸子「根室に見る北方領土問題（下）」『総合政策』第 1 巻第 2 号、1999。
17）北海道新聞情報研究所『道内港湾都市とロシアの経済交流』北海道新聞情報研究所、2001。
18）『北海道新聞』2006 年 10 月 27 日（朝刊）。

『日本でカネを稼ぎたい』と希望してやって来ることが多い。双方の利害が一致している側面は否定できないとはいえ、受け入れ側は取り決めときちんとした計画に基づいて研修、実習を進める義務がある」と述べ、外国人研修生を受け入れるホスト社会の意識向上の必要性を指摘している。また、同紙において、ある網走管内の水産加工業者が「日本人の働き手がいないから制度を苦肉の策として外国人を雇ってきた。安い給料で働いてくれる研修・実習生がいなければ工場がつぶれるだけだ[19]」と述べているように、他地域同様、北海道においても現実と制度との間の乖離が進んでいる状況が見えてくる。

　ここまで見てきたように、北海道においてはロシアに対する関心や経済上の必要性の認知は高まっており、多くの分野で外国人の力を必要としながらも、それに伴い周囲に増加した外国人に対しては入浴・入店拒否の問題、あるいは外国人（あるいはダブル）児童に対するいじめの問題に代表されるような否定的な態度がしばしば見える。そして、それらに対しては道内の主要メディアである『北海道新聞』も提言は行っていたものの、それに見合うような十分かつ広域的な対策が採られてこなかったため、入浴・入店拒否が北海道全域の問題となってしまった状況がある。確かに、入浴拒否問題が起きた小樽市での事後の諸活動や、根室市におけるビザなし交流は一定の効果を示している。しかし、それらはいずれも局所的に行われたものであり、問題の拡散を防ぎきれなかったことは、一市町村に止まる対応の限界を表している。

　また、近年では研修生の問題も浮上する等、新たな状況も生まれている。しかし、研修生に対しては社説や記事の中にも地域で暮らす生活者として見る視点は無く、地域との接点が少ないために、法を逸脱した受け入れ先から研修生が受ける被害が表に出難いという問題を抱えている。これは各地で入店拒否や入浴拒否の措置が採られた際に、ロシア人船員の多くからは「飲んで騒ぐ船員はごく一部[20]」という意見があったにもかかわらず、彼らに意見を表出する機会がなかったために裁判になった小樽市の事例のみが注目され、全道的に発生してしまった問題の解決という視点が生まれなかった構造と、同じ根源を持つ

---

19) 同上。
20) 『北海道新聞』1999年10月6日（朝刊）。また、筆者による調査でも同様の発言は多く聞かれた。

ものである。

第 2 節：稚内市の議会議事録に見る対外国人意識

　先述のような意識は北海道全体に共通するものがあるといえるが、以降はそのような意識をより強く表象する地域として、稚内市を取り上げる。その理由としては、第一に稚内市はカニ等の水産物を運ぶロシア人の上陸数が北海道で最も多い時期が続き[21]、人口も 4 万人程度と少ないために、小樽市と比べロシア人船員との接触頻度が高いこと、第二に、市の人口流出も進んでいることから、水産加工工場を中心として市内で生活する研修生が 200 人程度にのぼり、市民にも一定の認知があること、第三にビザなし交流ほどではないものの、以前から姉妹都市交流に積極的であり、関係者の往来が盛んな地域であることが挙げられる。これらから、稚内市が北海道全体の対外国人意識に関する問題を地方都市レベルで検証する場合に適した自治体と考えた。

　では、ここで稚内市民の意識を概観するために、市内で生活する外国人に対する意識、あるいは特徴的な動向に関する市議会における発言を時系列に整理し、必要に応じて筆者が行ったインタビュー調査の内容や地元紙の言説も併せて検証を試みたい。もちろん、市議会議員の発言が全ての状況を表しているものではないが、市民に選出され、市民の要望を引き上げる場である市議会における彼らの言説は、市民の意識傾向を摑む上では有効であろう。また、外国人に関する市議会の発言の特徴として、会派の公式見解という意味合いの強い代表質問で語られたものが少ないこと、同一会派内でも意見を異にする発言が見られたこと、中央の政局変動や個別の事情による会派の分裂に伴うそれぞれの影響を勘案しなければならないこと等を考慮するならば、所属会派に拠る分析を行うことは困難であった。そして、外国人に関する発言が個人的信条あるい

---

21) 稚内港におけるロシア人の全特例上陸者に占める比率は 95％程度（『日刊宗谷』2008 年 7 月 25 日）であり、2000 年以降の『出入国管理統計年報』を見ると、稚内港における特例上陸者数は 2007 年までは常に道内で最多であり、2008 年に小樽港、2009 年に紋別港にそれぞれ 1 年のみ抜かれたものの、2010 年には再度北海道で最多の上陸者数を記録している。

は選出地域・支援団体に拠っている場合が多く見られたため、本書では所属会派に関しては参考として議員名の後に当時の名称を表記し、代表質問か一般質問かを区別するに止めた。この視点は次章の伏木富山港周辺地域の場合も同様である。

　1990年代当初より、『北海道新聞』にもあったようにロシア人の上陸が増加し、自治体交流も盛んとなったが、そこで問題となったのは稚内市内におけるロシア人の行動制限であった。この点に関しては平成2年第1回定例会（第2日目）において小林侃四郎議員（自民クラブ）が代表質問として、今後サハリンとの間にウニの買付け、船舶の修理、ホテルの建設、他の近隣自治体との広域的交流等が必要とされるとしながら、「これらの実現には日本国内でまず解決すべき点があります。その第1は当市における外国人の行動制限の緩和であります」と述べ、同会期の浜森辰雄市長による市政執行方針においても「国際交流を阻害しているソ連人の行動制限区域の緩和につきましては、ようやく外務省にも歩み寄りの姿勢がみられ、必ずや近い将来に解消できるものと確信をいたしております」と述べていた。また、平成3年第7回定例会（第2日目）においても高橋忠議員（日本共産党）が一般質問として「サハリンとの親善交流を本物にするために、1つの障害であるソ連人の稚内での行動制限があり、これをとり払うことが強く求められております」と述べる等、この問題に対しての関心や撤廃への要求は高かったことが分かる。見方を変えれば、当時、稚内市においてロシア人が自由に行動することや、彼らそのものに対して否定的に捉える人が少なかったことも表している。このような意識は当時、地元紙のコラムでも港周辺で見かけるロシア人船員に対して、「我われが乗り捨てるようなクルマを、大切に使おうとするソ連の漁船員にかえって親しみがわいて来る[22]」として、彼らの行動を好意的に捉える記述があったことからも見て取れる。

　また、自治体交流に関しても平成2年第5回定例会（第2日目）において越後谷亮一議員（公明党）は『北海道新聞』にサハリンと北海道を結ぶ航路の候補に稚内市ではなく、小樽市が本命として上げられた記事に対して危惧を表明

---

22)『日刊宗谷』1990年2月28日。

している[23]。その中で、「稚内市は長い歴史の中に着実に交流の実績を積み重ね、北海道・サハリン交流に対して大きく貢献をしたことは、万人の認めるところであります。本道とサハリン航路の開設、ソ連極東・第2シベリア鉄道・サハリン・ワニノ・ヨーロッパをつなぐ経済交流の本命は稚内港であるとの認識は、既成の事実として稚内市民が信じて疑わないところであります」として、稚内市のこれまでの対ソ連交流の実績が市民全体に認知されていることを示唆している。そして、その発言に対し、浜森辰雄市長も「過去に連絡船というものは大正時代の初期から稚内と大泊、そして稚内と本斗へ2つの連絡船が通っていたということなので、この近代社会になって昔に逆戻りして、1昼夜半かけなければ目的地に着かないということであるならば、【中略】北海道は無視されるということに私はなると思います。そんな意味で私は誰がなんといってもこの問題には積極的な説得を行い、運輸省の理解やその他の理解を得て、定期航路というのは稚内を中心として行くということを貫き通したいと考えております」と、歴史的経緯を踏まえ、決意を語っていた。これからも、1990年代当初から、稚内市においてロシア（サハリン）との自治体交流については、従来の経緯を踏まえた上で、肯定的に捉えられていたことが分かる。

　その後、1990年には年間3,602人であった稚内港の特例上陸者数が1992年には15,465人と年々増加するに従い、それらの大多数を占めるロシア人船員の起こす不法行為等のトラブルも増えていった。その問題について、平成4年第1回定例会（第3日目）において越後谷亮一議員（公明党）は代表質問として、「最近サハリンとの貿易も活発になるにつれて、稚内にも多数のロシア人が目につくようになりました。サハリン交流のためには大変喜ばしい事ではありますが、その一方で非常に残念なことに一部の心無いロシア人が中古品及びその部品欲しさに無断で許可なく私有地に立入り持ち去る事が頻繁に起こるようになったそうであります」と述べ、その対応として中古品販売を行う施設が必要であると訴えた。それに対する敦賀一夫市長の答弁としては既存のロシア人向けの商店や休憩所から意見を聞くと述べるに止まり、具体的な対策を行うことはなかったが、この質問以降、ロシア人船員と不法行為が市議会の場にお

---

23) 最終的には1995年に稚内～コルサコフ間、小樽～コルサコフ間の定期航路が同時に開通することとなった。

いても関連づけて述べられるようになっていく。それは地元紙の社説やコラムにおける言説でも同様であった。

　また、同年第3回定例会（第2日目）では熊谷博議員（民政クラブ）は一般質問として「新聞報道等で明らかなように最近ロシア人船員による不法行為が目立ってきた事は、市民生活の安定上問題であると言わざるを得ません。また、言葉上のトラブルが小売店・飲食店等で起きていると聞いております。国際交流を推進する一方、市民生活との融和協調を阻害するこうした問題を解決して行かなければならないと考えます」と船員の不法行為を指摘した。その一方で、熊谷議員は同じ質問の中で、当時稚内市が行っていたロシア語の市民講座に関して「申し込んでも定員がいっぱいで断られる。あるいは講座が週2回では少なすぎる」との市民の声も紹介している。当時は、この講座以外にも小学校でのボランティア授業、日ソ協会稚内支部や稚内日ロ経済交流協議会での講座が開かれ、どれも盛況であり[24]、船員とのトラブルは発生してきたものの、彼らと仕事あるいは日常を通じたコミュニケーションを取ろうとする意欲が市内で高まっていた。

　そして、同年12月定例会（第3日目）では小川文三議員（民政クラブ）が一般質問として、「稚内市は平成4年度約6,000万円の予算を投入しサハリン交流を推進して来ましたが、それらの費用はすべて結果的には外に向けた事業でありました」とし、稚内青年会議所が行ったアンケートでは約半数の回答者がロシア人に対して、違和感・嫌悪感があると答えていることに言及し、「もっと市民のサイドに顔を向けた施策を推進しなければ真の交流の心が成道されないものと考える」と発言している。そして、その背景には市民の間にロシア漁船がニセ札や拳銃を持ち込む危険を感じる風潮があることを伝えている。この質問に対して、敦賀一夫市長は同調査の中の「稚内市が国際化に向かうことに約72％が賛成であり、その交流相手としてサハリンと答えた人が63.4％、極東ロシアと答えた人が10.1％であり、ロシアに対しては73.5％の人が選択した」とのデータの存在を示し、単純に嫌悪感だけが高まっている訳ではないことを挙げつつも、市民の意識涵養に関する事業に対しては「私どものそういう

---

[24] それぞれの講座については『日刊宗谷』（順に）1991年6月14日、1991年6月15日、1993年1月9日。

ことは機会あるごとにやろうとは努力はします。ですけど、これという決定的なものは何かということになりますとなかなかそのようなものは現段階では即という訳にはいきません」と今後の課題と述べるに止まり、展望が述べられることはなかった。ここから、ロシア人に対する意識悪化を受けて、いわゆる「内なる国際化」に関する施策や姉妹都市交流のような従来型の国際交流への施策のあり方を改善すべきとの声が、当時徐々に出始めていたと見ることができる。また、地元紙の社説やコラムでもロシア人船員の引き起こすトラブルが良好な交流の妨げになるといった言説がその後も多く見られるようになり、その対策が望まれていたことも分かる。

その後、1993年12月よりロシア船の座礁が度々発生し、座礁船の放棄が行われそうになったことが問題となった[25]。そして、それらの座礁船放置に伴い、コンブ漁等の漁船が出港することができず、市の調べたところでは、コンブ、ウニ、ナマコを含め1,430万円の漁業被害があったと推計された[26]。また、事故当時、ゴムボートに乗って漂流中であったロシア人船員を救出した漁協組合員の漁場が被害を受けるという皮肉な結果もあり、反感は一層高まった。その事例に関して平成6年第2回定例会（第3日目）において葛西忠議員（民政クラブ）は代表質問の中で、「自分達の善意が自分達の漁場を奪う結果となっている事に漁民は強い不満と不信感を持っている」として、早期の解決を訴えた。また、この事例に関しては、葛西議員以外にも同年中に二度質問が行われ[27]、地元紙のコラムや社説においても同様の言説が度々載せられる[28]等、市内での反感が高まっていった。そして、同紙では年末に1994年を振り返る社説として「国際交流の光と影」と題し、「事故船の対応についてロシア人に対する地域住民の不信感がある。相互理解が交流の原点だけに、この不信感がつのれば水を差すことになってしまう。言葉の違いもあるが、街行くロシア人を避けて

---

25) 1993年12月に貨物船クワルツ号、1994年11月にエムベイ368号、1994年12月に貨物船イスカーチェリー4号が座礁。イスカーチェリー4号は即座に船主の責任で離礁作業が行われた。
26) 平成6年12月定例会（第3日目）石塚公次議員の質問に対する市長答弁より。
27) 平成6年12月定例会にて森三郎議員（公明）が第2日目に、石塚公次議員（民政クラブ）が第3日目に一般質問を行った。
28) 『日刊宗谷』1994年6月6日、7月8日、7月16日、8月19日、9月18日。

歩く地元民、交通ルールを無視しての通行にいらだちを感ずるマイカー。種々な国際交流へのカケ声も、実際には多くの地元民は、毎日の生活のなかで受け止める気持ちが薄いといってよいのでないか」と現状を伝えている。このように、1990年代中頃にはロシア人の引き起こしたトラブルから、ロシア人船員全体を避けるような風潮が出てきたことが見て取れる。

　1995年と1996年にわたって、サハリンプロジェクトに伴う支援基地としての稚内港の役割や入札の問題、あるいは天然ガスのパイプライン等の話題が市議会では取り上げられ、ロシア人船員の問題は議題にのぼらなかった。しかし、それは反感が収束したからではなく、変化がなかったためであった。そして、2011年現在までで最多の78,291人の上陸者を数えた1997年以降、彼らへの反感は一層高まりを見せる。平成9年第1回定例会において敦賀一夫市長の年頭の市政執行方針演説では、前年の稚内港の輸出入の実績が100億円を超えたことやロシア人船員の市内における購買力にも触れながら、「一方では万引き事件等も若干増えてきており、加えて、市内においても上陸したロシア人の入店を拒否するところも出てきております。【中略】こうしたことが大勢のロシア人に対する偏見の拡大に繋がったり、交流の促進を阻害する要因になることは、本市の究極像であります北方圏に開かれた国際都市づくりを進めるにあたって、極めてマイナスとなるものであります」として、彼らを受け入れるために「ロシアの風俗や習慣を知ること、さらには言葉の理解も大切であることから、今後において関係団体等とも良く協議を重ねて、マイナスとなる面の解消に努め」たいと述べている。ここで挙げられた対策は『北海道新聞』でも触れられていたものと近い。つまり、問題が発生してほどなくして、目指す方向性は示されていたのである。

　また、平成9年第5回定例会（第2日目）において斉藤信義議員（日本共産党）は一般質問として、前述の市長の発言を取り上げつつ、「今市民の中では、ロシア漁船員が犯したこれまでの犯罪は、自転車やタイヤ等の窃盗や万引きが主であった。しかし、最近ではそんな軽いものではないという怒りと何かをされるのではないかという不安に怯えています。その背景には飲食店での暴力事

---

29)『日刊宗谷』1994年12月27日。

件や婦女暴行事件の噂が広がり、末広地区（筆者註：ロシア漁船が主として利用する稚内港の東部周辺）の生徒の親は部活で遅くなる子供を毎日迎えに通っております。暗い時刻での女性のジョギングや新聞配達等の不安の声が出ています」として、市民の不安を訴えた。そして、「一方、犯人を断定できませんが、夜中に自転車の部品が外され解体され見るも無残な状態にされたり、昨日の地元新聞に底引船のブリッジ内が荒らされ、無線機等が盗まれる盗難事件が相次ぎ発生していると報道しているとおり、やり場のない怒りも広がっています」とする発言が続いた。そのように犯人が特定できていないにもかかわらず、ロシア人船員をよく見かける地域周辺の犯罪を、ロシア人が行ったとする見方が市議会という公の場で話されていることは、その反感の強さを示すものであろう。

　これは斉藤議員に限ったことではないが、ロシア人船員に対する不安を訴える議員による質問では、それらの問題に対するロシア人船員からの意見が聞かれることは無かった。ここから、不安が増大しながらコミュニケーションがとられないままに、彼らへの疑いが増していく構造が見えてくる。また、流言に関しては警察や市当局の調査により事実でないことが確認されたが、地元紙でもその話題が取り上げられる等[30]、大きな関心を集めた。

　流言研究においては心理学や社会学の分野で多くの蓄積があるが、流言がその対象に対する関心の高さと不安・不信感、及び不確定要素無しには発生しないという認識は共通している。本書の冒頭でも取り上げた1990年代初めに関東地方で発生した「外国人労働者暴行流言」に対して、廣井脩は「この手のデマは街角で外国人をちらほら見かける程度で起きやすい。コミュニケーション不在と、相手が何を考えているのかわからないという市民の不安が原因だ[31]」とし、「東南アジアや中近東の人々に対して多くの日本人がもつ、ある種の偏見や差別意識がまぎれもなく含まれていた[32]」とその背景を指摘している。稚内市における女性暴行流言の発生においても、コミュニケーションの不在と不安の存在は明らかであり、ロシア人に対し関東における外国人労働者と一部似

---

30)『日刊宗谷』1997年10月15日。
31)『朝日新聞』1992年7月4日（朝刊）。
32) 廣井脩『流言とデマの社会学』文藝春秋、2001、13頁。

通った偏見や差別意識が存在したと見ることができる。稚内市における流言の発生は、ロシア人に対する意識を考える上で極めて象徴的な出来事であった。

そして、同一質問内において斉藤議員は犯罪抑制のために、パトロール強化と並んで、「上陸した船員については夜は漁船に戻し、漁船を沖へ離して停泊させる等国際法上無理があっても国や道に働きかけ、外交を通じてロシアと交渉させること」を市に求めている。このような姿勢は、1990年代初めに外国人に対する行動制限の撤廃を市議会や地元紙が共に主張していたものとは逆の発想であり、この点からも意識の変化が伺える。また、同日行われた石塚公次議員（自民クラブ）の一般質問において、ロシア人の犯罪が「万引き・スリに加え、今まで見られなかったサギ行為・大麻所持・拳銃所持、果ては日本人に対する暴行事件と悪徳の様相を増しているといわれている」と述べられていたが、敦賀一夫市長の答弁として「悪質な風聞と思われる事件もあり、世間で言われているように全てがロシア人による犯罪であるとは言い難い面があります」として自制を求めたことは、強まる傾向のあった反感に対し、歯止めをかけようとする意識や発想が存在していたことを示している。

ロシア人船員による犯罪防止への対応として、1998年から度々、末広地区に交番の設置を求める質問も行われた。[33] 平成11年第5回定例会（第3日目）において鈴木茂行議員（公明党）も一般質問として、ロシアへの164億円の貿易額ばかりでなく、関連の消費等によって、約930人相当の就業者数を生んでいるとの試算を引きながら、「稚内市にとってはロシアとの貿易を始めとするすべての交流は、良きパートナーとして大切に育てていかなければならないことは当然ではありますが」と前置きしつつ、犯罪の増加による意識の悪化を指摘し、交番の設置を訴えた。そして、自転車の盗難事件を紹介し、「私の聞いている範囲でも1家で2・3台盗まれた、タイヤが市営住宅の物置から盗まれた、船舶機器が、磯船が、船外機が等々と、いつ何が盗まれるかわからない状況であります」として、団地や近隣の大型施設の盗難防止設備拡充の訴えや、公園

---

33) 鈴木議員以外にも、平成10年第1回定例会（第2日目）に越後谷亮一議員（公明）が代表質問として、平成10年第5回定例会（第3日目）に館農恒一議員（公明党）が一般質問として要望を行った。仮設交番が設置された後の平成13年第2回定例会においても越後谷亮一議員（公明党）が代表質問として、常設の交番とするよう求めた。

において飲酒している船員に対して、「恐ろしくて近寄れないし、何かあっても死角になっているため気づかないとの話も聞きます」として公園を改修するよう訴えた。これに対し、横田耕一市長は「市には団地入居者より盗難に係る被害報告や情報等が正式には、届けられていないのが現状」としながらも、質問内容については検討、あるいは要請を行い、代理店にも船員への啓発活動を依頼すると回答しており、概ね質問内容を受け容れている。つまり、ここからロシアとの交流を阻害する要因であるロシア人船員が引き起こすトラブルに対する懸念や対応の必要性は、市内において共有されていたことが見えてくる。

確かに、当時稚内市においてロシア人船員に対する意識は悪化していた。しかし、ロシアという国、あるいはサハリンという地域に対して稚内市民が拒否感を持っていた訳ではない。1999年12月より稚内市観光協会は冬季観光の柱として「サハリン村」（2000年から「サハリン館」に名称変更）という施設を建設した(34)。同施設は港近くに設置され、その中ではロシアをテーマにした舞踊ショーとショッピング・コーナー、食堂が併設されており、冬季のツアー客を主な対象にしていた。この事業に対しては市議会での関心も高く(35)、平成13年第6回定例会（第3日目）において館農恒一議員（公明党）は「宗谷は古くは宗谷アイヌと樺太アイヌの交易の場所と言われております。現在のサハリンとの関係は、相手の民族が変わってきただけであり、稚内の地理的位置からも切っても切れない関係があります。その点からもサハリン館【中略】にロシア風のアレンジがあっても良いのではないか」と、観光客の最も目につく部分に稚内とロシアをアピールするよう求めている。つまり、市民の悪化したロシア人船員への意識は長い文化交流の歴史を持つロシア、あるいはロシア文化には及んでいないことも分かる。

そして、2002年にそれまでのロシアとの経済交流の緊密化と船員への拒否感が従来とは異なる形で表れる出来事が起きた。同年4月、日本の水産庁はロ

---

34) 利益が上がらなくなったため、同施設は2005年に一旦閉館したが、2010年に再開した。
35) 上記の他にも、平成12年第2回定例会（第2日目）において中井淳之助（市民クラブ）が代表質問として、平成12年第4回定例会（第2日目）において館農恒一議員（公明党）が一般質問として、平成13年第6回定例会（第2日目）において三宮正人議員（市政クラブ）が一般質問としてサハリン村事業の収支や開催期間について質問を行った。

シアの漁船に対し、「外国人漁業の規制に関する法律（以下、外規法）」を厳格に適用し、日本に入港する運搬船が漁業設備や餌等を積載していた場合は漁船と見なし、ロシア政府が発行した貨物税関申告書を持たなければ入港を認めないことを決めた。これにより、これまでの稚内港を基点として活動し、日本の外海にて水産物を収穫し、偽装の疑いの強い「積み出し証明書（ポートクリアランス）」により再度寄港し、そのまま水揚げする形態を採ることが不可能となり、輸入額、船員の様々な経済活動が大幅に縮小することとなった。この時点における住民の意識の詳細は次節のアンケート調査にて分析を行うが、平成14年第6回定例会（第2日目）の岡本雄輔議員（政友会）による一般質問の中では「これまで10数年を擁して関係者の方々の努力と知恵で築き上げてきた経済活動に対して、水産庁が本年4月に突然、法によって規制を強化したことから、【中略】地域経済に大きな影響を及ぼしている」として、「現在地域の窮状を国や北海道はどのように考えているのか」と市内の苦境を訴えた。この件に関しては、地元紙でも同年4月から8月にかけて前年度に比べ40億円の経済効果の減少が見られたとの報道がなされ、当該記事には「痛い上陸船員消費」との見出しがつけられる[36]等、ロシア人船員の経済活動の重要性が再認識されることとなった。同紙においては、前年夏にロシア人業者が白人男性に射殺された事件[37]の影響を受けた同夏のコラムで、ある執筆者が夜夫婦で歩いていた時にロシア人が近づいて来た際、「気味が悪くなって急いで明るいバス通りに上がったが、悪い想像をすると被害を未然に避けたことにもなった気がする」[38]とすら書かれていたほど意識の悪化が見られたことを考えれば、外規法厳格適用後の経済的損失は"ロシア人には側にいて欲しくはないが、いなければ町が立ち行かない"という思いが明示された出来事であったと見ることができる。

---

36) 『日刊宗谷』2002年11月7日。また、同年7月18日の社説には、彼らの経済活動が「稚内港だけで三百億円の経済効果をみせている」との記載も見られ、そこからも稚内市内におけるロシア人の関係する水産関連業の重要性が見えてくる。
37) 2001年6月14日に貿易会社に勤めるロシア人男性が事務所にて射殺され、同所にいた外国人女性従業員も重傷を負った。彼女らの証言によれば犯人は「ロシア語を話す白人男性」とのことであったが、2011年現在も犯人は捕まっていない。
38) 『日刊宗谷』2001年8月17日。

確かに、外規法厳格適用による上陸数減少に伴い、犯罪やトラブルも減少し、その状況は地元紙で「治安面では大歓迎」と報じられるほどであった。しかし、2003 年に入るとロシア側も輸出体制を整え、船員の上陸数は増加に転じ、同時に船員が市内で起こす犯罪も増えていった。その状況に対して、平成 15 年第 8 回定例会（第 2 日目）において鈴木茂行議員（公明党）は一般質問として「いくら、日ロ友好、石油・天然ガス開発事業の後方支援基地を目指す本市といえども早急に何らかの手を打たなければならないと思います」として、「ペナルティーとして当分夜間から早朝にかけて船員が上陸できないような強行手段や監視カメラ設置等の対策を取るべきと考える」と私案を提起している。それに対し横田耕一市長は、これまで行ってきた対策が一定の成果を上げていることを述べつつも、「しかし、今なお残念ながら外国人の犯罪が発生しており、市民に不安を与えていることも十分に承知しています」と不安の存在を認め、対策として改正 SOLAS 条約に基づいた港湾整備（入港対象船の接岸岸壁指定、保税及び荷役業務エリアのフェンスによる完全隔離、出入り車輌及び人員の管理、夜間照明の設置、カメラ監視による 24 時間警備体制の確保等）を行うことでそれに充てたいとした。事実、その対応が採られた後は、船員の犯罪に関する市議会での質問は見られなくなった。

　そして、近年、北海道全体で外国人研修生が注目を集めているが、先述のように人口減少等で労働力確保の問題に直面している稚内市も同様の状況にある。稚内市においては 2006 年 3 月の時点で研修生と技能実習生を併せて（全て中国人）が 180 人以上が在留しており、人口の約 0.5％近くを占めている。平成 18 年第 6 回定例会（第 3 日目）において田代茂議員（市民共同）は一般質問として、稚内市内の水産加工場では高齢化が進み、従業員が 20 人以下の事業所に至っては 30 歳以下の日本人が 0 人であるとの調査結果を示し、「対策とし

39）『日刊宗谷』2002 年 6 月 20 日。
40）2001 年のアメリカでの 9.11 同時多発テロを契機に、国際海事機関の SOLAS 条約（海上における人命の安全のための国際条約）が改正された。改正条約が発効する 2004 年 7 月 1 日までに、国際航路に従事する旅客船と 500 トン以上の貨物船が使用する港湾施設は、国による港湾施設保安評価を受け、施設管理者による港湾施設の保安計画の策定と保安職員を配置することが必要とされた。
41）平成 18 年第 4 回定例会（第 3 日目）魚住彰議員（真正クラブ）の一般質問。

て外国人労働者に頼らざるを得ないかと認識せざるを得ません。【中略】高度人材受け入れが進まない一方で、研修・技能実習制度が地域の産業や日本人の雇用を支える実態があります。本市においても同様であります」として、制度を活用し、特区申請や条件緩和を含めた取り組みを市としても行うべきであると述べている。また、横田耕一市長もその質問に対し、「外国人研修・技能実習制度は、本市関係企業におきまして積極的に活用されております。その結果大きな効果が得られているものと判断しています」として、その効果を認め、外国人研修制度を労働力確保とする視点に関しては、問題視することはなかった。地元紙においても、水産加工場だけでなく酪農業への研修生の受け入れを検討していることを伝える記事の中に「各農家では労働力がぎりぎりとあって、中国人研修生の受け入れで労働力不足を補い、余裕を持ちたいという[42]」との記述も見られ、稚内市における研修生事業は技術移転よりも労働力確保という点に関心が偏っていることが分かる。また、同紙の2007年4月1日のコラムには隣接する浜頓別町や枝幸町の研修生が交流事業に参加していることが紹介されているが、稚内市においては受け入れ先の共同組合が異なるために同様の交流は余り活発には行われていない。言い換えるならば、技術移転の問題ばかりでなく、彼らを住民と見る意識も稚内市においては醸成されていないのである。

　これらの市議会における発言には、3つの傾向がある。第一に、ロシア人船員をトラブルの発生源として見る姿勢である。これは、市議会における要請のあった事項の実現状況によって見ることができる。ロシア人船員の起こす犯罪等への懸念から、末広地区における交番の設置は早期に実現したにもかかわらず、1990年初頭から要請があり、答弁等でも必要性が語られることもあった船員との交流や、習慣・言語を含めた文化に対する相互理解を促進させる施策は十分には実現されていない。また、船員の上陸者数増加が見られて以降続く一部の起こしたトラブルにより彼ら全体を疑いの目で見る姿勢が、公の場で語られるようになっていることからも、その強まりが見て取れる。第二に、外国人を同じ地域で暮らす生活者として捉える視点が希薄であることが挙げられる。

---

42)『日刊宗谷』2006年4月17日。

市議会の場においては、ロシア人船員や中国人研修生ら市内で生活する外国人の日常生活における要望等に関する発言は全く取り上げられることはなく、後述するように、それに対応する部署も市役所内には設置されていない。これは同時に、彼らとの対話が外国人の関係する職場レベルに限定されていることを表してもいる。第三に、サハリンとの経済交流や自治体交流に対する強い自負心が挙げられる。これは長年にわたる成果に支えられているものであり、サハリンの企業・行政幹部を招く研修生制度は全国的に見ても珍しいものである。しかし、その一方で、サハリンとの交流を継続して行ってきたという認識の強さが、国際交流あるいは異文化理解が稚内市から離れた地域で起きるものとする意識を強めてもいる。それは、市政運営の基本理念や基本方針等を条例として定めるものとして2007年に制定された「稚内市自治基本条例」の「国際交流の推進」に関する項目として「サハリン州をはじめとする海外の自治体や団体等と経済、教育、文化等の多様な分野での交流の推進」のみが挙げられ、地域の国際化や交流の推進という部分に対する記述がないことからも分かる。

第3節：接触量減少時における対外国人意識の変容

第1項：調査の背景と意義

　上記のように、1990年代以降の稚内市におけるロシア人船員に対する意識は良好なものとは言い難い。そこで2001年に調査を開始した筆者は、彼らに対する言説や流言等と、自らの出身地である群馬県太田市における日系南米人に対するものに共通性を感じ、アンケート調査による比較分析を企画した。しかし、それが個人の調査であったことで予算・人員の面で制限があり、筆者の研究実績等も無かったために、選挙人名簿や住民基本台帳のような市の人口比に準拠する資料を閲覧することは困難であった。そのため、筆者は2002年1月に両市のある高等学校に調査依頼を行い、市内から通学している生徒に調査票2枚を配布し、本人を含めた15歳以上の同居者に回答を依頼する託送調査

法によるアンケート調査を行った[43]。その分析結果として、両地域において外国人に定住傾向があるにしろ、短期滞在であるにしろ、交流が十分に伴わず、相互理解がないままにマスメディア等の影響を受け不安が高まる傾向が強いとの結論を導いた[44]。

しかし、その調査終了後の 2001 年 4 月より、先述した外規法の厳格適用が行われ、船員の上陸数は前年の 52,629 人から 31,268 人まで急減し[45]、稚内市において、それを経済的な打撃と捉える見方、あるいはトラブルの原因と見られていた船員の減少により犯罪も減るという期待感が、地元紙でも見受けられるようになった[46]。そこで、急激な外国人との接触量の減少が見られた場合、市民の意識にはどのような変化が見られるのかを調査するため、筆者は 2002 年 12 月に稚内市内の同一の高校において 1 月の調査と同様の方法でアンケート調査を行った[47]。また、稚内市の意識傾向が太田市と似通っていることを考慮すれば、本調査は 2008 年の不況以降の日系南米人の大量解雇に伴い、ブラジルに限っても 3 万人以上が帰国したような大規模な接触量の減少が起きた際[48]の地域社会における意識変容に、一定の示唆を与えるものになると思われる。また、2002 年当時は稚内市において中国人研修生が少なく、面接調査やアンケートの自由回答欄においてもその存在が確認できなかったことを勘案し、本

---

43) 協力校が特定されるため、回答者の学歴や年収等の詳しい属性に対する質問は行っていない。また、居住状況もそれぞれの生徒によって異なるため、回答者は保護者ではなく、任意の同居者としている。
44) この調査の内容は小林（2007）にて発表した。また、より詳しくは小林真生「日本の地域社会における対外国人意識に関する一考察―群馬県太田市と北海道稚内市の比較の中で―」早稲田大学大学院アジア太平洋研究科 2002 年度修士論文、を参照されたい。
45) また、2002 年 11 月 7 日の『日刊宗谷』によれば、同年 4 〜 8 月の稚内港における上陸数は 13,120 人であり、前年の同期間では 23,628 人と 45％程度減少していた。
46) 『日刊宗谷』2002 年 4 月 3 日の社説で経済上の懸念が表明されたのを最初に、多くの記事が掲載された。治安に関しては、前述の同年 6 月 20 日の記事の他にも、同年 9 月 10 日に上陸禁止処分を受けた船員も減り「市民にとっては、入港船が減ったことで犯罪が減り、治安が保たれているようだ」との記述が見られ、同年 10 月 16 日にも同様の記事が載った。
47) 12 月の調査票では、1 月の調査票から「外国人に対する意見や要望、及び苦情を表明する時、どの機関を利用しますか」と「自らが属する地方自治体（市町村レベル）の外国人施策をどう評価しますか」の質問を除き、同様の質問文を使用した。
48) 2009 年 5 月 31 日の『中国新聞』（朝刊）の記事における駐日ブラジル大使の発言より。

節の調査結果はロシア人船員に対する意識調査と捉えられる。

第 2 項：アンケート調査に見る意識の変化

(1) 母集団の概要

　この調査では担任教師が生徒に配布するという形態を採ったこともあり、2002 年 1 月の調査（以下、1 月調査）では 90.8% の回収率（回収標本数：109 人）、同年 12 月の調査（以下、12 月調査）では 93.6% の回収率（回収標本数：131 人）と、共に高い割合を示した。確かに、この調査の母集団は特定の年代に母集団が偏るという特徴があり、市内の人口比には準拠してはいないものの、高い回収率を考慮すれば、市民の意識の一端を表象しているといえよう。

　1 月調査の男女構成比は男性 40 人（37.4%）、女性 67 人（62.6%）、無記入 2 人（年齢の無記入は 5 人）であり、12 月調査の男女構成比は男性 58 人（44.6%）、女性 72 人（55.4%）、無記入 1 人（年齢無記入も同一人物で 1 人）であった。

　男女別の年齢構成比は次ページの表 1、2 を参照していただきたい。1 月調査と 12 月調査で 30 歳代の人数に差が見られるのは、学校行事の関係もあり 1 月調査では 2 年生のクラスが、12 月調査では 1 年生のクラスが調査対象となり、両親の年齢がわずかに下がったためと思われる。また、女性の割合が高いのは、学校関係の書類に対し母親が対応する家庭が多いことが背景にあると思われる。

(2) アンケート調査に見る対外国人意識

　まず、接触頻度について見てみる。外国人と顔を合わせる機会を聞いた質問に対して、最も多かった回答は「街中や交通機関の中で見かける」と答えた人で、2 回の調査で共に 6 割程度であった。次に「職場や近所等身近なところで見かける」人が続き、12 月調査では 1 月調査より 9.1%（小数点第 2 位以下を四捨五入。以下同）減少し 20.5% であり、「ほとんど見かけない」と答えた人が 7.4% 増加して 10.2% となった。これから考えると、2002 年 4 月を挟んでロシア人を見かける割合が減少した傾向が見えてくる。また、「日常生活の中で外国人と付き合いがある」と回答した人が 1 月調査では 5.6%、12 月調査では 1.6% と、共に非常に低いという結果も見て取れた。

表1　1月調査：男女別年齢構成

	10歳代	20歳代	30歳代	40歳代	50歳代	合計
男性	28人	0人	0人	7人	5人	40人
女性	28人	1人	2人	27人	6人	64人

表2　12月調査：男女別年齢構成

	10歳代	20歳代	30歳代	40歳代	50歳代	合計
男性	26人	4人	5人	17人	6人	58人
女性	23人	1人	11人	26人	11人	72人

　これらの傾向は「最近身の回りに外国人が増加してきているか」及び「家族や友人との会話の中に知り合いの外国人の名前が出るか」との2つの質問において、より顕著なものとなる。前者の質問では、「大いに感じる」と回答した人は、12月調査では19.7％減少し23.3％であった。この減少幅は2つの調査の中で最も大きなものであった。そして、「あまり感じない」と回答した人が16.2％増加し30.2％であった。また、「ある程度感じる」と回答した人は共に35％程度、「ほとんど感じない」と回答した人は7.3％増加して10.1％であった。後者の質問では、「よくある」と回答した人は2回の調査を通じて12月調査の1人だけであり、「まったくない」と回答した人は共に8割弱であった。そして、「たまにある」と回答した人は5.5％減少し8.4％、「あまりない」と回答した人が8.0％増加し14.5％という結果が出た。つまり、これらから考えるに当時、ロシア人船員との接触は急激に減少したものの、それは表面的な変化であり、外国人を「ほとんど見かけない」と回答した人が1割以下に止まる稚内市において、地域社会とロシア人船員との個人的な交流は元より極めて少なかったのである。

　そして、周囲における外国人との交流の状況について質問したところ、「進んでいる」と回答した人は共に8％程度、「どちらとも言えない」と回答した人は共に34％程度と2回の調査でほとんど差は見られなかった。しかし、「進んでいない」と回答した人に関しては8.9％増加し23.7％、「わからない」と回答した人は9.0％減少し33.6％というように、周囲における交流に関しての評

価は下がっている。このように自らの周囲の交流に対して高く評価する人が1割に満たない状況は、稚内市が冷戦期から進めてきた姉妹都市交流を中心とする国際交流の形態と、市民の置かれている国際化の現状に乖離があることを市民が感じていると言い換えることができよう。

　また、外国人と意思の疎通を行う時に有効な方法を尋ねたところ、「相手の文化や言語を習得する」と答えた人が5.5％減少して11.6％、「お互いに文化や言語を習得し合う」が14.9％増加して59.7％、「相手がこの社会の文化や言語を習得する」が5.2％減少して18.6％、「何もしなくてよい」が4.2％減少して10.1％との結果が出た。つまり、交流は円滑に行われているとはいえないものの、7割近くの回答者が相手の文化に対して歩み寄った方がよいとの実感を持っているのである。先述の市議会議事録等の中でもロシア人船員に対してのものとは異なり、ロシア文化やロシア語に対しては肯定的に捉えている人が多かったことや、2009年現在まで稚内市において毎年ロシア相手のビジネスを手がける関係者を主な対象とするロシア語講座が継続して行われていることは、同市におけるロシアへの理解を助けるものであろう。

　外国人の位置づけについて質問したところ、「仕事や経済上のパートナー」との回答が5.9％増加し16.2％、「あまり関わり合いたくない存在」が8.3％減少し30.0％、「社会のパートナー」が共に10％程度、「やがて自国に帰っていく存在」が共に16％程度、「わからない」が共に26.2％という結果となった。ここから見える特徴としては、第一に、社会的なパートナー意識は変化が無かったが、経済上のパートナー意識は高まっており、外規法厳格適用後の報道等によりロシア人船員の経済的な重要性への認知が高まったことが推察される。しかし、これはロシア人船員との間に経済的な重要性が高まるだけでは、社会的なパートナー意識が高まるものではないことも示している。第二に、外国人とかかわり合うことに対する拒否感が低減した点が挙げられる。これは先の外国人との意思疎通方法についての質問においても、相互理解の重要性が認識されはじめた傾向と共通するものであろう。第三に、位置づけの中で最も高い割合を示しているものが「あまり関わり合いたくない存在」であったことが挙げられる。ロシア人船員の関係する経済活動が稚内市経済において重要な位置を占めてはいるものの、彼らをパートナーと位置づける人は、2つの回答を合わ

せても 3 割に満たないことは、稚内市経済界や行政の見るロシア（サハリン）と住民の見るロシア人との間に認識の差がある証左といえよう。

　そのような状況において回答者が外国人の増加についてどのように感じているのかを質問（複数回答可）したところ、「よいことだ」との回答が 3.0％増加し 3.9％、「自然なことだ」が 5.1％増加し 24.0％、「よい部分と悪い部分の両方がある」が共に 65％程度、「ばくぜんとした不安がある」が 4.8％増加して 17.1％、「不安がある」が 8.8％減少して 14.0％であった。ここから、外国人増加を肯定的に捉える割合が若干ながら増加していることと、外国人増加に対して何らかの不安を感じている人が 8 割を超えること（「よいことだ」あるいは「自然なことだ」のみを選択した人は 1 月調査では 18.3％、12 月調査では 14.5％であったため）が見えてくる。外国人の増加を肯定的に捉える傾向が見られた背景には、12 月調査の自由回答欄において「本年 4 月よりのロシア船員の減少は稚内経済に多大な損害を与えている」（40 歳代男性）との表現が幅広い年代層に見られたことから、ロシア人船員のもたらす様々な経済的要因の稚内市経済における多大な影響力を多くの回答者が再認識したことがあると考えられる。

　次に、先の質問で外国人増加に対して何らかの不安があると回答した人に具体的な不安要素について質問（複数回答可）したところ、「地域のルールを守らない集団が発生する」と回答した人が共に上記選択者の中で 56％程度、「治安・風紀の悪化」が 8.0％増加し 51.8％、「意思の疎通が困難である」が 6.4％増加し 27.7％、「なんとはなしに不安」が共に 16％程度、「見ず知らずの人が増える」が共に 7％程度という結果が出た。先述のように、船員の上陸者数減少に伴い犯罪数も減少にしているにもかかわらず、それを不安要素に挙げる人が増加している背景としては、マスメディアの影響が強いと思われる。それは「治安・風紀の悪化」を選択した人の中で、次に述べる対外国人意識形成要因でマスメディアを挙げた人が 1 月調査では全体の結果と比較して大きな違いは無かったのに対して、12 月調査の際には増加しているためである。[49] 外規法厳

---

49) 1 月調査では「治安・風紀の悪化」と回答した全体の割合と「マスメディアの影響」を選択した人の中での割合はほぼ同じ 43％程度であったが、12 月調査では全体の割合では 51.4％だったのに対し、「マスメディアの影響」と回答した人の中では 60.8％であった。

第 2 章　稚内市における対外国人意識

表3　1月調査：「自らの経験」の選択者と外国人増加に対する意識の相関

	よいことだ	自然なことだ	よい部分と悪い部分の両方がある	ばくぜんとした不安がある	不安がある
「自らの経験」選択者	0 0%	5 31.3%	9 56.3%	2 12.5%	2 12.5%
全体	1 0.9%	20 18.9%	68 64.2%	13 12.3%	22 22.8%

※セル内上部は該当人数、セル内下部は列内の比例分布。下行は外国人増加に対する意識の全体数と比率。また、複数回答可の設問同士の相関であるため、カイ2乗検定値は算出できない。表4についても、同。

表4　12月調査：「自らの経験」の選択者と外国人増加に対する意識の相関

	よいことだ	自然なことだ	よい部分と悪い部分の両方がある	ばくぜんとした不安がある	不安がある
「自らの経験」選択者	3 9.1%	6 18.2%	26 78.8%	6 18.2%	3 9.1%
全体	5 3.9%	31 24.0%	85 65.9%	22 17.1%	18 14.0%

格適用の決定がなされた4月以降の地元紙記事内容を見てみると、それまで話に聞く程度の記述であったロシア人によるカニの密漁や書類偽造の事実が公的に認められ、「サハリン州のカニ漁獲業界にはマフィアの暗躍も聞く」[50]といった記述がしばしば見られたことから、水産物輸入にかかわるロシア人全体に対して疑いの目が向けられた可能性は高い。

　対外国人意識の形成要因に関しての質問（複数回答可）では、マスメディアを挙げる人が共に71％程度、学校教育が共に16％程度とほぼ同様の割合を示した。その一方で、「自らの経験」との回答が10.3％増加し25.4％、「近所での評判」が9.3％減少し16.2％となった。「近所の評判」に関しては接触量が減少したため、話題に上る回数が減ったことが原因と思われるが、ロシア人船員との接触量が減少したにもかかわらず、「自らの経験」を挙げる人が増加するという一見矛盾するような傾向が12月調査では見られた。そして、表3、4を比

---

50)『日刊宗谷』2002年4月3日の社説「ロシア船の輸入は変わるか」より。

較すると分かるように、先に挙げた外国人増加に対する意識との相関において、「自らの経験」を選択した人の意識が1月調査に比べ悪化しているのである。1月調査ばかりでなく、その他の対外国人意識を調査した研究においても、個人的な経験で自らの意識形成を行ってきた人は外国人に対して、その背景を知ることから彼らの行動に理解を示す場合が多く、2002年1月に太田市において行った調査でも「自らの経験」を選択した人の外国人増加に対する意識は全体よりも良好なものであった。しかしながら、12月調査では一般に考えられている結果と矛盾が生じている。そして、その選択をした人の特性を1月調査との比較により詳しく見てみると、40歳代の増加が目立ち、外国人の増加に対し「地域のルールを守らない集団の増加」を懸念し、実際の接触経験は減少している傾向が見られた。そして、上記の回答傾向を示した別々の40歳代女性の自由回答欄には「昼から公園で酒を飲んでいて、そのままにしている」「信号無視等をする」との記載が見られた。

このような傾向を分析するために、本書ではアメリカの社会心理学者、E・アロンソンが発展させた「認知的不協和理論」を援用したい。彼の定義する認知的不協和とは「個人が心理的に相容れない二つの認知（考え、態度、信念、意見等）を同時に持っている緊張状態」[51]であり、その生起は不快なものなので、人びとはそれを低減するよう動機づけられるとされている。その低減の手法としては、「一方または両方の認知を変化させて、お互いに両立（協和）するようにするか、それとも、さらに認知を加えて、もとの認知の間のギャップに橋渡しをさせるか」[52]が選択される。言い換えるならば、「人間は、正しくありたいと動機づけられているというよりはむしろ、自分が正しいと（そして、自分が賢明で上品で善良であると）信じたいと動機づけられている」[53]ために、自分の考えに都合の良い情報のみを選択する傾向を持つのである。アロンソンは喫煙と肺癌発生率、人種差別問題、死刑の賛否等に明確な意見を持つ被験者を分析した事例を取り上げ、被験者が合理性によって物事を捉えるよりも、自

---

51) E・アロンソン著、古畑和孝監訳、岡隆・亀田達也訳『ザ・ソーシャル・アニマル（第6版）―人間行動の社会心理学的研究―』サイエンス社、1994、169頁。
52) 上掲書、170頁。
53) 上掲書、172頁。

らの考えに合致したもっともな情報や議論と、反対の立場の適切とはいえないものを比較検討の材料とする傾向が見られ、それにより自らの意見を強めるに至ったと報告している。

　ここで、その理論を12月調査において、「自らの経験」を対外国人意識形成要因としながらも、外国人増加に不安を感じている層に置き換えてみてみたい。稚内市においては1990年代からのロシア人船員増加とそれに伴う諸々のトラブル発生により、市民の間に不安が強まっていった。その不安はロシア人船員との交流が行われなかったことや、彼らに対する主たる情報源として適切な行政からの広報が不足したことにより、犯罪や目立った行動が注目されがちなマスメディアが発する情報あるいは近所での会話が情報の主流になる中で高まっていった。そして、彼らに対する意識は実体を伴わないまま女性暴行流言を生むほどに悪化した。そこに、外規法の厳格適用により急激にその不安の根拠の1つであった犯罪の発生数が減少し、適正な手続きを経た取引が行われ始めたとの情報も流れた。それは強い不安を感じていた市民に、ロシア人船員が安全な存在になりつつある、という新たな相容れない認知を発生させ、認知的不協和が生まれたと見ることができる。もちろん、全ての人が合理的でない行動をとる訳ではなく、先述のように外国人増加に対して肯定的に捉える層が増えたという傾向も見られた。しかし、理由無く偏見を持つことが誤りだと認知しつつも、強い不安を解消できない層は、自らの不安を正当化させるために、従来余り問題視せず、「これは外国人に限らず、日本人もやっている」（10歳代男性）という見方もある信号無視やゴミのポイ捨て等の行動を見かけた「経験」を、今まで以上に注目したのではないかと推察できる。そのため、学生よりも長く地域社会の中でロシア人の増加やそれに伴う不安の増加を非常に強く実感してきた40歳代の人の一部が、外国人との接触量が少なくなったにもかかわらず、「自らの経験」を対外国人意識の形成要因として選択し、外国人増加に対する意識が悪化するとの傾向を持ったのではないだろうか。

　ここから、当時の稚内市の状況に関して2つの傾向が分かる。第一に、トラブルの減少等の良い面での変化を受け入れ難くなる程の強い不安が存在していたことである。第二に、単に外国人の数が減り、トラブルが少なくなったというだけでは意識は単純に改善しないということである。この点に関しては、後

述する2007年に行った面接調査でも、2002年の調査以降、船員に対するテロ対策として港内での監視の目が厳しくなり、上陸数及び犯罪数も徐々に減少しつつあるとの情報が広く知られていたにもかかわらず、ロシア人船員が1990年代初頭に上陸し始めた頃に何度か発生した自転車の盗難等を挙げて彼らと距離を置こうとする発言が珍しくなかったことからも、その不協和低減のための反応は続いていると考えられる。つまり、現在でも地域住民の意識は大幅に改善されたとはいえない状態が続いているのである。また、この状況は日系南米人の大量帰国が目立ち、1月調査において似通った結果の見られた太田市において2008年末に筆者が行った聞き取り調査でも、帰国資金や生活資金に困った一部の外国人による強盗等の犯罪が強調されることで[55]、厳しい立場に置かれていた日系南米人を一層危険視する発言が多くの年代層から聞かれたことにも共通していよう。換言すれば、単純な接触量の減少やトラブルの軽減だけでは、外国人急増に伴い発生した不安の低減は十分には見られず、意識改善のためには単発に終わらず、広範にわたる啓発や交流等が必要なのである。

　これらの結果から分かるように、当時稚内市においては外国人との接触はあるけれども、個人的な交流はほとんど見られず、対外国人意識や施策に対する評価も低い状態にあった。そして、その背景には地元紙をはじめとするマスメディアの伝える犯罪情報や地域社会のマナーから逸脱する行動をとる外国人をたまに目にすることで、意識が決定されていく過程が見て取れた。また、その傾向は偏見の強さもあって一部に定着している状況もあった。多くの人が外国人を見かけることが珍しくなく、彼らの行う経済活動が地域経済に一定の貢献をしている稚内市において、彼らとの関係は同市の多くの行政文書に見られる

---

54) 不況発生直後は他地域にて解雇された日系南米人が職を求め東毛地区に集まる状況が見られたものの（『上毛新聞』2008年11月4日（朝刊））、同地域にも職は無かったため、同地を経由しての帰国という行動パターンが見られた。また、数年にわたり太田市で行われてきた民間の外国人医療相談会（超過滞在者も対象）でも、例年は50人程度が訪れていたものの、組織内外の活動に大きな変化は無かったにもかかわらず、2009年度の相談会では参加者は3分の1程度に減少していた。

55) 不況発生以後、近隣で発生した事件は数件程度で、日本人によるコンビニ強盗等も以前と変わらず発生しており、特別外国人による犯罪が増加した訳ではなかった。

「日ロ友好最先端都市[56]」という表現とは大きな隔たりがある。しかしながら、対外国人意識も単純に悪化しているだけでない。彼らの経済上の重要性への認知が広がることによって、相互に文化を学びあう必要性を感じている割合は増加しており、外国人が増加することに対して肯定的に見る割合も僅かながら上昇していた。それらを踏まえ、外国人との交流の程度に対して肯定的に評価する人が1割に満たなかったことを考えるならば、行政や企業の代表者だけによるものではなく、市民が分け隔て無く参加できる交流活動や異文化理解の対策が行われることとなれば、状況が好転する可能性が稚内市にはあるといえよう。

第3項：行政の対応

　このアンケート調査の結果を受けて、2003年8月当時、国際交流部門全般を担当していた稚内市企画調整部サハリン課交流係において聞き取り調査を行ったところ、担当者は不安の増加に対して、その背景に文化・習慣の違い、犯罪、視角的な問題があると捉えており、不安の存在自体は認知していた。ここで挙げられた「視角的な問題」とは、船員が仕事がら比較的大柄な男性が多く、粗暴な印象を持たれてしまうということである。確かに、自由回答欄においても、「3～4人のグループに近寄られるとこわいものがある」(50歳代女性)や「1人で帰ると、バス停にロシア人が2、3人いるから、何かこわい」(10歳代女性)といった記述も見られた。しかし、このような反応は稚内市に特有のものとは言い難く、1月調査で同時に行った太田市の自由回答欄や、後述するように他地域でも珍しいものではない。

　そして、それらの問題への対応策としては、船員に対する日本の習慣や情報の周知、犯罪減少への努力を挙げた。また、市民の意識に立ち入ることは困難であるとしながら、意識の改善は交流事業の中で取り組む課題の1つであるとしていた。しかし、稚内市では姉妹都市交流を行っていても、現実に目の前にいるロシア人船員との間に接点を作るという形式の交流事業は、現在まで行われてこなかった。つまり、行政としては船員との交流機会の少なさや市民の船

[56) 2003年に国際交流特区として認定（規制の特例措置が全国展開されたため、2006年に認定取り消し）された際に、当時の小泉純一郎首相より送られた文言で、現在も市役所の文章等の中で多く使用されている。

員に対する不安の存在に対する認識はあるものの、現状認識と施策の間に乖離が存在したままに状況が推移していたのである。

第4節：小括

　本章では新聞社説及び市議会議事録分析、アンケート調査を通じて1990年から近年までの北海道や稚内市の対外国人意識を見てきた。それらには共通して、外国人との間のトラブルや意識の悪化に対する認識があった。そして、お互いの文化や習慣を理解することの必要性に対しても、『北海道新聞』の社説や市議会における市長や担当者の答弁では方向性が度々示されており、アンケート調査では文化や習慣の相互理解に関して多くの人が支持していた。それにもかかわらず、相互理解を促進するような施策は十分には採られてはおらず、一部には新たな良好な変化すら受け入れ難いといった強い反感が存在しているというのが同地の状況であった。

　そして、稚内市の大きな課題でもあるロシア人船員に対する強い偏見は、一部のトラブルを見てロシア人船員全体を危険視するような傾向を持ち、小樽市や紋別市の事例、あるいは後述する稚内市における入浴施設を見ても分かるように、外国人全体への偏見に繋がる危険を常に孕んでいる。それら個々の事件はマスメディアの注目を集めたことから、表面上は解決したかに見えるが、ほぼ同様の基準によってなされている、外見がマジョリティと異なる人（あるいは、日本語以外の言語を話す人）に対する警察の過度の職務質問は現在も続いているように[57]、根本的な解決はなされていない。このように外見上マイノリティに当たる人を危険視する傾向が現在も存在していることは、今後一層の国際化が進展するであろう北海道をはじめとする地方社会の大きな課題である。それらの点から考えるに、北海道では（恐らく日本全体でも）外国人に対して、同じ地域に生活するパートナーという視点は存在していない。これは、近年増加傾向にある中国人研修生に対しても同様であろう。もちろん、問題に対する

---

57) 詳しい状況は、東京弁護士会 外国人の権利に関する委員会・関聡介「外国人に対する職務質問アンケート結果報告」外国人差別ウォッチ・ネットワーク編『外国人包囲網 PATR2 強化される管理システム』現代人文社、2008。

対応はそれぞれに異なる部分もあるが、偏見や外国人を疎外する姿勢が将来的に継続してしまう状態は日本人、外国人相互に望ましいものではない。その改善のために重要となるのは、対話を通じた交流の場の創出や継続した啓発情報の提供であることは本書の主要な提起でもある。しかし、それらの対策は度々新聞紙面や行政文書等でも語られながら、十分に行われてはきていない。その背景には、外国人との対話の不在がある。端的にいえば、社会の中に外国人が多く生活しているにもかかわらず、彼らの要望を聞く機会が無いために、改善の必要性に対する認識が社会全体に高まらず、彼らを身近ではない存在、あるいは海外から来るトラブルの原因とする見方が定着してしまっていることが、改善への努力を文書的なものに止まらせている。

　元来、外国人と個人的な接点のある人の意識は、よほど強い偏見が存在しなければ比較的良好なものであり、筆者がこれまで稚内市内においてサハリンと関係の深い職業に就いている関係者に聞き取り調査をした際にも、多くの人がロシア人船員に対する偏見の存在を憂慮しながらも、ロシア側の問題を指摘したように、冷静に現状を把握している場合が多かった。つまり、偏見の低減に努め、対話や交流の機会が拡充することで、多くの人が現状を客観視できるようになるのであり、見方を変えれば、行政や民間団体等の行う対策も、それらの施策が行われることで意識改善に繋がりやすくなるのである。

第 3 章
伏木富山港周辺地域における
対外国人意識

第3章　伏木富山港周辺地域における対外国人意識

　先に述べたように、本書で取り上げる富山県射水市をはじめとした伏木富山港周辺地域においては多様な文化的背景を持った外国人が多く生活している。伏木富山港とは西から、伏木港を抱える高岡市、富山新港を抱える射水市、富山港を抱える富山市を総称した経済圏全域を指し、国の特定重要港湾に指定されている[1]。そして、伏木富山港周辺地域は 2003 年度以降、国の統計資料でも単一地域として表記されているように、1 つの経済圏を形成しており、問題を共有する場合が多いという特徴から、本章では本書の主たる調査地である旧新湊市地域の周辺状況も含めた全体像を捉えるために、富山県全体の対外国人意識を地方紙の社説分析を軸に検討し、次に伏木富山港周辺地域内の個々の自治体における意識を議会議事録から検証するという構成を採る。

第 1 節：『北日本新聞』に見る富山県における対外国人意識の概況

　富山県における外国人との接触に関係する近代以降の 1990 年までの歴史を概観してみると、まず挙げられるのは 1920 年に伏木港からウラジオストクへの定期便の開設であるが、それは物資の輸出入や日本人の往来に主眼が置かれており、外国人との接触をそれほど増加させるものではなかった。他には、富山県から満州へ終戦時までに約 5,000 人の県民が移民として渡り[3]、ブラジルへ

---

1) 3 市は同一経済圏とされているため、通常、特例上陸資格で上陸した外国人は港を有する単一の市町村内でしか行動できないのであるが、伏木富山港においては 3 市の間を自由に通行できる。かつては、その 3 市は合併前は高岡市、新湊市、富山市であったが、中古車購入のため隣接する小杉町や下村に行くことも現実には可能であり、余り厳密には取り締まっていなかった。ここからも伏木富山港周辺地域が隣接する 1 つの経済圏を形成していることが見えてくる。

2) 法務大臣官房司法法制調査部編『出入国管理統計年報　平成 15 年版』2004、以降は 3 港別の統計は載せられていない。

3) 富山県編『富山県史　通史編Ⅵ　近代下』1984、785 頁。

も 1,110 人が移民している[4]。これらの状況を見ると、戦前の富山県は東京や大阪のように地方出身者や朝鮮人が多く就労するという形でヒトを受け入れてきた地域というよりも、日本の地方に典型的であったが、国内外に余剰人口を送り出す地域であった。そして、その傾向は 1980 年代まで継続した。

また、終戦後は米軍の進駐はあったものの、それほど大規模あるいは長期にわたるものではなく、目立ったのは日ソ国交正常化以降の対岸貿易に伴うソ連の船員の存在であった。ただ、彼らの存在も港周辺に限定されており、全市的な意識の変容をもたらす程のものではなかった。そのような時期を経て、1990年以降、様々な背景を持った外国人が伏木富山港周辺地域で生活するようになり、彼らの存在は徐々に市民に広く認知されるようになる。そこで、本節においては、富山県の状況を踏まえ、北海道の場合のように単に時系列順に 1990年からの社説の記述を取り上げるのではなく、扱う社説の内容を環日本海自治体交流、日系南米人、中国人研修生、ロシア人船員・パキスタン人中古車業者、に分類した上で、検証を加えていく。

第 1 項：環日本海自治体交流

1989 年、マルタ島において冷戦の終結が宣言されて以降、緊張した東西間の国際関係は徐々に協調の方向へと向かっていった。そして、それはソ連、中国、韓国、北朝鮮、日本に囲まれた日本海の多方面におけるヒトの流れにも影響を与えた。それ以前の日本海を挟んだ隣国の政治上の関係を、1990 年 3 月14 日の社説では「不幸な歴史的経緯や国情の違いなどから戦後、"近くて遠い国々"の時代が続いてきた」と捉え、富山県との関係も「対岸諸国との交流は民間レベルに負うところが多かった」として、民間の経済交流が一定の役割を果たしてきたと評価している。当時の富山県の経済界の活発な動きは、福井県、石川県、富山県の北陸 3 県、及び新潟県の中で 1990 年における海外への輸出額では富山県が全体の半分を占め、その大部分がソ連向けであった状況からも分かる[5]。

---

4) ブラジル日系人実態調査委員会編『ブラジルの日本移民　記述編』東京大学出版会、1964、232 頁。

5) 『北日本新聞』1991 年 1 月 3 日（朝刊）。

その後、1991年6月には富山県知事がソ連の沿海地方との間に友好提携を締結し、1992年8月には富山県、沿海地方、中国・遼寧省、韓国・江原道の代表者が富山市に集まった「環日本海知事サミット」が開催されたことから分かるように、徐々に行政間の環日本海交流が盛んになり、それぞれの事業が社説で取り上げられる[6]等、注目を集めた。そのような国際的な自治体間の交流に対しては、1991年1月3日には「日本海を友好と交流の海に」、1992年1月1日には「日本海時代を切り開こう」と題した社説が年頭に当たって掲載されていることに代表されるように、当時、注目が高まっていた。それらの事業に対しては1991年6月7日の社説において「日ソ政府レベルの関係改善は進んでいない。こうした中で、ソ連極東地域では地方レベルの交流に期待をつないでおり、日本でも地方自治体、民間レベルの動きが先行している」と評価されており、国だけに頼らない交流の端緒として、これらの事業が位置づけられていたことも見えてくる。

　また、環日本海自治体交流は環境面に関しても広がりを見せ、1992年10月に新潟市で環日本海環境協力会議が開催され、日本、中国、韓国、ロシア、モンゴルの各国の官民の代表者が集まり、日本海を挟んだ多方面にわたる協力関係が形成されるようになってきた。1997年3月16日の社説においては、同年1月の島根県沖で起きたロシア船ナホトカ号の重油流出汚染が日本海岸で広域に及んだことと併せ、環境問題が海や空を越えることを述べる中で、富山県が全国規模の環境協力に関する機関を持つ動きを見せていることに対して「地方発の国際的な環境協力を進める拠点となるよう、体制の整備と実績の積み重ねを望みたい」と期待が示[7]されている。このような環境と日本海をめぐる動きは新潟市をはじめとし、富山市、射水市、高岡市を含む日本海沿岸の港湾都市によって1970年に結成され、活動を継続してきている日ロ沿岸市長会（旧日ソ沿岸市長会）の会議の議題の中に、しばしば環境問題が取り上げられ、同会

---

6) 順に、1991年6月7日、1992年9月1日。また、1993年11月8日と13日には富山県宇奈月町に日ロ併せて21都道府県及び州の代表が集まった「日ロ極東知事会議」に関する社説が見られたように、このような会議は以後も高い頻度で行われた。

7) 同機関は1998年に「財団法人環日本海環境協力センター」として設立が許可され、現在も活動中である。

議の共同コミュニケにおいても日ロ両地域において等しい効力を持つものとして発表されていることからも見て取れる。[8]いうまでもないことではあるが、日本海における環境問題は富山県だけではなく、日本海全域の問題として広域的に捉えられていたのである。

そして、1998年10月には第5回目の「北東アジア地域自治体会議」が富山市で開催され、日本、中国、韓国、ロシア、モンゴルの24の自治体が集まった。この会議に対しては、同年5月11日の社説で「かつて、国際交流とは国と国の外交の一分野として、地域がかかわる部分は少なかった。しかし、冷戦構造が崩壊したこともあり、自治体同士が互いに協力しあうことが可能になった」と評価されており、冷戦終結後の富山県が「環日本海」という地域概念の下、沿岸諸国との関係を強めていこうとしている方針が、これら多くの会議を開催（あるいは参加）してきた経緯からも見て取れる。同種の意思の発露として、富山県が「日本海学」という構想を提唱し、富山県庁の国際交流を担当する国際・日本海政策課の中に日本海学推進機構という研究助成等を行う組織を作って周知に努めていることや、日本海学の構想が度々、社説で取り上げられていることからも[9]、県内における日本海を仲介とする交流への期待の高さが伺える。

その他にも、これまでの政治経済の問題を主に取り扱う形態の環日本海交流だけではなく、女性に目を向けたものとして、2001年10月に上記の会議の主体である北東アジア地域自治体連合の共同事業として「北東アジア21世紀女性会議」が富山市と宇奈月町で開催されている。この会議では、北朝鮮への参加要請が行われる等、富山県の志向する環日本海交流が地域的にも、視点の面でも広がりを見せつつあることが見えてくる。その会議に対しては2001年10月31日の社説において「一過性で終わらせては意味がない」と今後に対して

---

8) 詳しくは、1997年の第16回会議では「両地域間の環境保護協力」、1999年の第17回会議では「環境保護分野における相互協力の拡大」、2001年の第18回会議では「都市の環境保全への取り組み」、2003年の第19回会議では「環境保護分野における都市の取り組み」、2007年の第21回会議では「環境と調和したまちづくり」との議題で会議が進行され、コミュニケが発表されている。

9)「日本海学」をテーマとした社説は2000年7月11日、2001年3月30日、2002年12月24日、2005年5月11日に掲載されている。

期待を込めている。しかし、実際には、その後富山県が2回一般交流分科委員会を開催し、富山県以外の地域に女性会議の開催を提案するも、応ずる自治体はなく、以後の開催は見送られている。

このように富山県は日本海をロシアや東アジアを含めた北東アジアを繋ぐ柱として捉え、積極的に活動を行ってきており、1990年代初めより、その関係は多方面にわたっている。そして、伏木富山港の輸出入先としても沿岸諸国は非常に重要な位置を占めている。しかし、それらの自治体交流のパートナーの構成員であるロシア人や中国人は地域で生活しているものの、彼らとの間の接点は後述するように、県当局の関係者の思いに反してそれほど緊密なものではない。これは北海道や稚内市におけるサハリンとの交流にも共通して見られる傾向である。つまり、自治体交流に多少の概念的な広がりを持たせたとはいえ、代表者が限定される交流や対話だけでは地域住民が自治体交流のパートナーの国々や、それらと日本（あるいは富山県）を繋げる概念である環日本海や北東アジアという枠組みに対して一体感や親近感を持つことは難しいのである。後述していくように、現状では対外国人意識の悪化が進行しており、それは富山県が文書等に掲げているような理想や、自治体間の交流の成果を不完全なものにしてしまう危険性を持っている。

第2項：日系南米人

富山県におけるブラジル人の外国人登録者数は第4章で扱う調査の前年の2006年末の数値で見ると4,663人と、北海道、東北地方、北陸地方の中で最も多い。[10] 一般に日系南米人の問題でマスメディアや学術分野から取り上げられる東海地方や関東北部に比べると、その数はやや少ないものの、彼らの存在は珍しいものではない。

日本における日系南米人の増加過程の端緒となる1990年の入管法改正は、一般に日系人の日本における就労（当初の実態は規制厳格化により雇用が困難となった非正規滞在のアジアからの単純労働者の代替）を認めたものとして知

---

10) 法務省大臣官房司法法制部編『出入国管理統計年報　平成19年度版』2007、の「都道府県・国籍別　年末現在外国人登録人数」より。また、2010年末でも、富山県のブラジル人の外国人登録者数は同域内で最多である。

られているが、法改正が行われた翌日の 1990 年 6 月 2 日の社説では、法改正に対し「不法就労外国人をなくすことを最重点に外国人受け入れ問題にひとつの答えを出したものだ」と捉えるに止まり、日系人に関する記述はなされていなかった。つまり、それ以後の日系南米人の増加という現象は、当時富山県内においては、ほとんど予想されていなかったことが分かる。

　日系南米人に関する社説が初めて掲載されたのは、1994 年 6 月 14 日のことである。「外国人との共存時代がきた」と題されたその社説の中では、1990 年には 8 人であった高岡市のブラジル人の外国人登録者が 1994 年 1 月に 500 人を超え、同年 4 月末には 587 人となったように急激な伸びを見せたことに注目し、「人数が増えるにつれ、仕事や暮らし、子供の教育面などで問題点が出てきた」ことを取り上げている。その後の社説でも、不就学の問題が取り上げられているが[11]、このような状況は多くの先行研究[12]や日系南米人が多く暮らす自治体が集まった外国人集住都市会議の議題に共通しており、富山県内の問題に止まるものではない。また、1999 年 8 月 15 日に掲載された高岡市の使節団のブラジル訪問に関する特集記事の中で、3、4 年前に保育園で保護者会長を務めたある主婦が、保護者会におけるブラジル人の母親との関係に対して、本人を含め「言葉が通じず、ブラジルの人と地元の人との付き合いはほとんどなかった」状態にあり、「子供の親として普通に接したかった」と当時の感想を述べていた。この状況は、小内らによる大泉町の日本人小中学生の保護者に対する意識調査において、日本人と日系ブラジル人の保護者の間に分化が起きているとの指摘と同様のものであり、親同士の良好な関係の不在もまた、全国共通の課題といえる[13]。

　時期は少し前後するが、1994 年 7 月 31 日の社説では、高岡市内において日系南米人の借家への入居が「貸家の安全や衛生面の管理に不安」等を理由に、地元民によって拒否され、別の借家に入った事例が紹介された。そして、問題

---

11) 『北日本新聞』1998 年 11 月 6 日（朝刊）。
12) 小内透編『在日ブラジル人の教育と保育―群馬県太田・大泉地区を事例として―』明石書店、2003。あるいは宮島喬・太田晴雄編『外国人の子どもと日本の教育―不就学問題と多文化共生の課題―』東京大学出版会、2005。
13) 小内（2003）、55-56 頁。

への対応として当時より日系南米人受け入れの先進地域と見なされていた静岡県や愛知県の施策に倣うべきとの指摘がなされ、「日本語講座の充実や手引書の発行とともに大切なのは、日本人一人ひとりが外国人を特別視せず、さりげない愛情をもって接することである」と、受け入れ側の意識向上を求めていた。しかし、それは見方を変えれば外国人を特別視する姿勢が当時から存在していたことを示している。ただ、「先進地域」とされていた静岡県においても、2006年に同県袋井市において、ある日系ブラジル人家族が一戸建て住宅用の土地を購入しようとした際、不動産会社が近隣住民に「ブラジル人が土地を買う」と通知したところ、自治会の班長が3分の2の反対をもって受け入れない方針を決めたという事件が起きた。その後、土地購入が破談になったブラジル人が状況を法務局へ訴え、2007年6月に法務局は法的効力のない説示という形式で不動産業者と自治会班長に対し上記の行動が人権侵犯に当たるとして注意を与えたのであるが、結局、そのブラジル人家族は他所に土地を購入することとなった。そして、その説示を受けた後にも、ある地元自治会の女性が『朝日新聞』の取材に対し、「ブラジル人の事件が多く報道されていて、何か起きたら怖いというイメージがある」[14]と述べていたことは、このような問題がマスメディアも含めた社会全体が引き起こしたものである事実を示している。借家と土地の違いはあるが、10年以上前に高岡市で起きた事件が、外国人受け入れに「先進的」とされた静岡県内で繰り返されているように、入居拒否に関する問題は全国的に解決できているとはいえない。

そして、2004年3月23日の社説では、富山県内に、ブラジル、中国、韓国・朝鮮、フィリピン等様々な国籍や形態の労働者がいることを紹介し、「飲食店や工場で働く姿に違和感はなくなっている」として、外国人が周囲にいる状況に対して反発が無くなってきたことが紹介されている。確かに、他の日系南米人集住地域と同様、富山県においても徐々に日系南米人に対する「慣れ」は生まれてきている。しかし、日系南米人との接点が商店や職場上でのものだけではなく、日常生活の中で個人的付き合いに繋がる場面でも生まれ、彼らを受け入れる意識が高まったのかという視点に立つと、彼らとの関係が変化したとい

14）『朝日新聞』2007年6月28日（朝刊）。

う記述は社説内には見られなかった。

第3項：中国人研修生

　先に挙げた、1980年代からの人手不足により、外国人研修生制度は1990年に従来の企業単独型の研修生受け入れに加え、中小企業団体等を通じて中小企業等が研修生を受け入れる団体監理型の受け入れが認められるようになった。これに関連し、1991年4月11日の社説では「制度の趣旨からみて、人手不足対策であってはならない」と注意を促しながら、「単純就労の外国人労働者受け入れが禁じられているため、県内の経済団体が会員向けに外国人研修をしようとしている」と、当時の状況が危惧をもって伝えられている。そして、実際に富山県において団体監理型の研修生の受け入れが始まったのは1992年からのことであり、初めてその事業が行われたのは利賀村商工会と伝統工芸高岡銅器振興協同組合による中国人を対象としたものであった。そして、翌年には富山県商工会連合会、氷見商工会議所、婦中商工会が同事業に参入し、その後は、富山県商工会連合会が全体のまとめ役を担うようになった。このように単独の商工会ではなく、連合会が受け入れ窓口となる方法は当時「富山方式」と呼ばれ、高い評価を受けるようになった。[15]このように県商工会連合会が主導的役割を果たしていた背景には富山県と中国・遼寧省が1984年以来、友好県省を結んでいることが挙げられる。遼寧省も当時年間3万人規模の労働者海外派遣の意向を示しており、[16]双方の思惑が一致したことから、以後、富山県においては同省からの研修生は大きな割合を占めることとなる。

　本来、国際貢献の意味合いをもって始められ、その後も拡大を見せた研修生制度であったが、周辺の住民の反応、及び今後採るべき対応として、1996年5月6日の社説では「日本では生活習慣の違いから、研修生の住む周辺住民から苦情が出る等のケースもある。県民一人ひとりが国際交流の意味を考え、各種

---

15) 現在では同連合会に代わり、「中小企業事業協同組合」が受け入れ全体の9割近くを占めている。「事業協同組合」とは、中小企業等協同組合法による中小企業者の協同組合であり、組合員のための共同施設の設置、事業資金の貸し付け、福利厚生施設の設置等を行うものである。
16)『北日本新聞』1992年1月6日（朝刊）。

交流事業に参加するのも相互理解の糸口になるのではないだろうか」と本来の制度の目的に見合った指摘がなされている。ただ、ここに見られる受け入れの初期段階におけるトラブル発生防止のための対策が不十分であることは、制度が動き出してから現在まで解決できていない問題である。また、交流事業も整備されておらず、周辺住民の一部と受け入れ先の企業の従業員以外の日本人との接点が無い研修生がほとんどであるため、相互理解の進まない状況も変わらず続いてしまっている。その意味では、当時から現在まで、日本社会における研修生に対する認識も大きな変化のないまま推移してきている。

　21世紀に入って以降の研修生に関する記事や社説には、研修生の失踪に関するものが増加している。2006年9月25日の社説では研修生制度に対し、「本来、発展途上国への技術移転を目的にするにもかかわらず、事実上、単なる低賃金労働者と化している」との見方が示され、「あまりに劣悪な労働環境に耐えかねて逃走するなどの問題も起きている」として、その深刻さを指摘している。国際研修協力機構の富山駐在事務所によれば、管轄内では約2%程度が失踪したとしており[17]、失踪した研修生は県外に逃走し、行方が分からない場合が多いとされるが、その背景には、富山県において人手不足が深刻化している製造業を中核として、2002年度は513人であった技能実習移行申請者が2005年には1,000人と倍増したように[18]、労働力として研修生・技能実習生を捉える傾向が一層強まった風潮がある。また、彼らは他の同僚（日系南米人も含む）と同じ仕事をしていても、研修や実習の名目で来日していることから、十分な賃金が支払われないこともあり、それらを苦にして逃亡するケースも見られる。そのような失踪した研修生と関係することも多い富山県警も、同紙において「企業側が安価な労働力として研修制度を利用すれば、研修ではなく『出稼ぎ』になってしまう」[19]として、企業側の問題点を指摘している。これらから、研修生をめぐる状況は交流が行われないままに、制度そのものの問題による接点の不足から地域住民との間に距離が生まれ、中には孤立化する場合も少なくな

---

17) 2007年3月16日の同事務所における聞き取り調査より。
18) 国際研修協力機構富山駐在事務所が作成した、富山県主催「とやまの国際化を考える検討会」での配布資料。
19) 『北日本新聞』2003年7月15日（朝刊）。

い状態にあることが分かる。

第4項：ロシア人船員・パキスタン人中古車業者

　本項ではロシア人船員とパキスタン人中古車業者に関する記述をまとめて行う。これは互いの存在が唇歯輔車の関係にある両者を別々に表記するよりも、中古車売買のこれまでの経緯を軸として、両者に関する記載を時系列に追っていくことが有効と思われたためである。

　前述のように、1990年代初頭からロシアへの中古車輸出は5万円以下の自動車であれば、1人1台の持ち出しが可能であったことから、北洋材運搬船を活用する形で増加し始め、1992年以降は船員の副業という手法ばかりでなく、客船を利用した買い出しツアーを行う事例も見られるようになり、その規模、及び関係者の数は増していくこととなった。そのような中で、1993年6月7日の社説ではロシア人船員の起こす自転車の盗難、車のタイヤ等の部品の盗難、店舗や港での自動車放置が相次ぎ、関係機関に苦情が寄せられているとの状況が紹介され、「官民一体となった取り組みで対処することが大切だ」との見解が示された。その一方で、「輸出中古車は交流のあかし」であるとの認識を持ち、「県内中古車業者も金もうけ以外に、環日本海交流の一翼を担っているとの自覚が必要である」との意見が述べられている。ここから、トラブルに伴う地域の不満が出ていたものの、それは地域経済発展や環日本海交流の一部であるとの認識を持つべきとして、反感に自制を求めようとしていた新聞社の姿勢や、当時中古車販売は日本人業者が担っていたことから、問題を日本とロシアとの2国間関係で捉えていた状況が見て取れる。また、時期は少し前後するが、1992年4月14日の社説においては、先の社説で問題視された自転車の盗難に対して外国人には一切触れられることなく、富山市内で例年発生していることを取り上げ、「盗まれた自転車の回収に警察官が悲鳴をあげている」と状況を伝える記述が見られた。2007年に行った筆者の現地調査でも、自転車の盗難に対しロシア人船員によるものとする発言が目立ったが、その社説によれば自転車の盗難は外国人が増加した1990年以前より問題視されており、もちろん実際にロシア人船員による事件もあったものの、自転車の盗難に関しては必要以上に彼らに対して疑いの目が向けられていた可能性が高い。これは第2章の

稚内市議会でも、港周辺で起きた日本人が起こすことも多いトラブルが全てロシア人船員によるものと見られていた点と極めて類似した反応である。

　また、1990年代半ばまでは単発ではあるが、度々ロシア人船員との交流事業も行われていた[20]。例えば、富山港近くの岩瀬町では、先に挙げたような苦情はあったものの、1998年まで地元の協議会や小学校が中心となりサッカー大会や運動会にロシア人船員を招き、地域住民との交流が試みられていた[21]。しかし、市からの補助金の停止や、それに伴う船員への行事参加謝礼金の捻出が困難となったこと、通訳が不在の状況でロシア人船員との人間関係が個人的な訪問に発展することに対する不安の高まり等の要因により、交流を継続させる活力が減退していき、多くの試みと同様、同地における交流事業は中断することとなった。

　そして、1995年の中古車輸出の規制緩和（価格上限の撤廃・持ち出し台数は3台までに拡大）に伴い市場が活性化し、1990年代半ばより世界中に中古車販売のネットワークを有するパキスタン人が現金収入を求める地元農家の後押しもあり、続々と国道8号線のロシア人向け中古車業に参入するようになった。その一方で、高額化した中古車の密輸や盗難がしばしばマスメディアにより伝えられるようになる等、1990年代中頃は伏木富山港周辺地域における中古車ビジネスには大きな変化が表れた時期であった。

　そのようなロシア人船員とパキスタン人中古車業者が混在する状況を県内だけではなく、日本中で有名にしたのは2001年5月22日に起きた「コーラン破り捨て事件」であった。その事件は当初、個人的な諍いを契機にパキスタン人中古車業者に対する誹謗中傷や街宣活動等の迷惑行為を店舗の前で繰り返していた右翼団体が行ったものとの推測が流れていたが[22]、その後、パキスタン人男性との交際を反対された日本人中古車業者の娘が親を困らせるため、小杉町

---

20) 後述するように、高岡市の伏木港近くの幼稚園では30年以上にわたって船員との交流が続いたケースはあるものの、それ以外の船員との交流事業は継続したものは無いのが現状である。

21) 『北日本新聞』2004年2月12日（朝刊）。

22) 業者の多くがイスラム教徒であり、豚を嫌っていることを知っていた団体構成員が豚の頭部を店の前に放置する等の行為も行ったため、コーラン破り捨ても彼らによるものと思われたという経緯がある。

のモスクからコーラン等[23]を窃取し、接点のない店舗前に破り捨てたものと分かった。しかし、そのような事実関係よりも注目を集めたのは、コーランを破り捨てられたことに対して、パキスタン人をはじめとする大勢のイスラム教徒が富山県庁や外務省への陳情やデモを行い、その様子が全国ネットで放送されたことであった。また、その事件はイスラム教徒にとってのコーランの位置づけや日本におけるイスラム教徒の存在、あるいは伏木富山港周辺地域にパキスタン人コミュニティがあることを広く知らしめ、それに関連した雑誌記事も多く書かれた[24]。この件に関しては社説では取り上げられていないが、2004年に同紙にて富山県内の国際化を特集した全100回の連載記事「アジアの十字路」の中で、この事件が取り上げられた際には、「県庁などへ押しかけたイスラム教徒の激しい抗議は住民を驚かせた。しかし地元では集会もなく、トラブルはなかった[25]」と地域における印象が語られている。一方、2001年11月に富山地裁で行われたコーランを破り捨てた女性の裁判の際には、「事件発生当初、イスラム教徒らが県警本部や県庁に殺到したことから治安面の配慮[26]」がなされ、傍聴席前には8枚の防弾ガラスが設置され、初公判で判決（懲役1年、執行猶予3年）がいい渡されるという異例の速さで結審したことからも伺えるように、事件の与えた印象や懸念は半年が過ぎた後も強いものであった[27]。

その後の中古車業者周辺の問題として挙げられるのは、2003年7月26日、富山新港に停泊中のロシアの貨物船から複数のパキスタン人中古車業者の店舗から盗まれた車6台（その他に、他所からの盗難車1台と未通関の中古車26台）が発見され、船員が逮捕される事件が起きたことである。その背景には、港に入る際に全車両のチェックを行っていなかったことに加えて、ロシア国内での日本の中古車の需要が高まり、北洋材等の荷物を積まずに中古車買付けの

---

23) モスクに所蔵していた約30冊の中から、コーラン3冊とマホメッドの言葉を記したハディース1冊を窃取。2001年11月20日『北日本新聞』（朝刊）より。
24) 代表的なものとして、岡倉徹志「世界の潮―富山『コーラン』引き裂き事件の波紋―」『世界』2001年8月号、2001、や清野栄一「富山コーラン被り捨て事件の現場から―ロシア人とパキスタン人の国道八号線―」『中央公論』2001年9月号、2001、等。
25) 『北日本新聞』2004年1月11日（朝刊）。
26) 『北日本新聞』2001年11月20日（朝刊）。
27) ちなみに、裁判当日は富山県内のパキスタン人は誰も傍聴していなかった。

ためだけに入港する船が増加するほど事業規模が大きくなる[28]に従い、出港間際の積み込み作業が繁忙となり、それに紛れる形で盗難車を積載することが可能となっていた事情があった。

　このような形態で盗難車が密輸されることは、以前から疑いを持たれており、1998 年にも富山新港にてパキスタン人業者が警察に捜査を依頼し出港前に盗難車を取り戻した事件があったものの[29]、これ程の規模での事件は初めてであった。そのため危機感を持った当局は事件直後の 8 月 1 日より伏木港、富山新港、富山港の 3 港で、それまで複数箇所で行われていた積み出し岸壁をそれぞれ 1 箇所の専用エリアに限定し、岸壁入り口にゲートを設け、積荷を調べる検数員や船舶代理店の係員を常駐させ、書類に不備のある車両は搬入を認めない体制をとった[30]。この動きに対して 2002 年 8 月 11 日の社説では「岸壁の指定で積み込み作業まで時間がかかり、貨物船の着岸が順番待ちの状態になることも予想されるものの、不正を防止する目的であり、若干の効率の低下はやむを得ないことだろう」と評価している。そして、最後に「県内の三港が盗難車輸出の拠点となることがないよう監視態勢の維持、強化を図ってもらいたい」というような今後の健全な中古車輸出に期待が示されており、その事件に対するロシア人やパキスタン人に対する住民の不安は特に記載されていなかった。

　そのような盗難車密輸に対する地域住民の捉え方は、上記のように現地が犯行の拠点にならなければ大して問題にされず、やや距離を置いたものであったが、21 世紀に入って増加した中古車業者周辺の強盗事件は地域住民の反感を強めるものとなった。そのような事件は 2001 年 9 月や 2002 年 10 月にも起きていたのであるが、2003 年には事件が続発したことで注目の度合いが高まった。当時の事件の概要としては、2003 年 6 月 11 日にパキスタン人中古車販売業者がドルからの両替直後に売上金 750 万円を、6 月 19 日にはロシアから中古車の買い付けに来たロシア人業者が 5,000 ドルを、11 月 13 日には日本人両替商

---

28)『北日本新聞』2002 年 8 月 2 日（朝刊）によれば、2001 年にロシア人船員が携帯品として輸出（旅具通関）した中古車台数は 62,300 台にのぼり、1997 年からは 50％近く増加している。

29)『北日本新聞』1998 年 4 月 4 日（朝刊）。

30)『北日本新聞』2002 年 8 月 4 日（朝刊）。

従業員がドルと円併せて約3,500万円相当を、11月29日にはロシア人船員が12,000ドルを奪われたというものであった。このような事件が起きた背景には富山での中古車ビジネスにかかわる2つの理由がある。第一に、中古車販売が短期滞在のロシア人を主な顧客にしているため、その当時は信用取引ではなく全て現金（米ドル）で売買が行われ、価格の上限に関する規制の撤廃やロシアの好況によって扱う車種が高級化していく中で、中古車業者、買い付けを行うロシア人、日本人両替業者はそれぞれ多額の現金を持ち歩く必要があった点である。第二に、中古車業者は日本国内で中古車を買い付けるために日本円が必要であり、銀行での両替（当時の規定では1人1回につき500ドルが限度）[31]では取引額の多い店舗の需要を満たしきれないことから、民間の両替商を利用していたため、両替商の持ち歩く金額も上がっていった点が挙げられる。そして、それらの事件による対外国人意識への影響を見てみると、事件の容疑者が全て「白人男性グループ」であったとの証言が被害者よりなされたことで、ロシア人に対する疑いの目が当初は強まった。

　しかし、それよりも大きかったのは、年々増加を続けるパキスタン人中古車業者や事業形態に対する反感であった。このような事態に対し、2003年12月25日の社説では、犯罪が発生したことで「住民の不安が募るのももっともだ」として、上記の犯罪の背景を取り上げながら、「中古車ビジネスの環境が犯罪を誘発しているのではないか——という思いが住民に生じても無理からぬ側面がある」と住民の意識を紹介している。ここから、当時、住民の不安が本来は被害者であったパキスタン人中古車業者へと向けられるようになったことが分かる。このような強い不安が噴出した背景として、中古車の搬入出時における積みおろしの際の渋滞発生、農道への無断駐車、農地や農業用水への自動車オイルや店舗内での生活用水の排出による危惧等が以前から改善されなかったことに対する日本人住民からの不満が年々高まっていた点も考慮する必要がある。

　そのような反感を感じたパキスタン人中古車業者は2003年12月に小杉町の町長をはじめとする周辺住民との間で「富山パキスタン交流会」を共催し[32]、同月に富山県警の呼びかけで始まった「犯罪追放セーフティーゾーン緊急対策

31）『北日本新聞』2003年11月15日（朝刊）。
32）『北日本新聞』2003年12月26日（朝刊）、2004年1月19日（朝刊）。

会議」において防犯協会、自治会、地方議員、自治体関係者に混じって相互に意見を交換して、周囲との対話を重ねていった。その他にも、2004年3月からは違法駐車やゴミ捨ての禁止や防犯を訴えるために地域住民と合同でパトロールを行い、同年4月には住民の不安や不満を解消するためにパキスタン人有志が近隣の清掃、道端の花壇整備、あるいは自然災害発生時に被害者支援として炊き出しや募金等を行う「国際ウェルフェアクラブ富山」を立ち上げたことは、それまでに行われた会合を通じて相互の意思疎通が始まった成果でもあった[35]。そして、それらの活動の効果もあり、2004年、2005年と強盗等の凶悪事件は発生しなかった。

しかし、2006年3月に再度、中古車店舗において従業員が襲われる強盗事件が起き、それに加えて、被害者であるキルギス人従業員が超過滞在の状態にあったことが発覚したため、中古車業者関係団体の会長が「事件が減り、日本人の皆さんとも、うまくやっていた[36]」と感じていた状況に変化が生じる。事件直後、同紙でも近所の男性会社員の発言として、「『できればトラブルが起こるような商売の人には近くにいてほしくない』と本音を漏らした[37]」と報じられたことに、それは代表されよう。そして、2006年4月4日の社説では、これまでの取り組みを評価しつつも、同地が「県内の"治安のネック"地帯とされている」として、「住民の不安は払しょくされた訳ではない。今回の強盗事件では被害者の外国人従業員が不法滞在者だったことが分かるなど、警戒を緩めてはならないことを印象付けた」と述べ、同地の治安対策の強化を急ぐべき、としていた。また、同年11月に中古車の買い付けに来たロシア人に対する強盗事件が発生した際にも、その事件を伝える見出しに「またか」との言葉が使

---

33) 『北日本新聞』2004年6月20日（朝刊）。
34) 2007年7月28日の『朝日新聞』（夕刊）で紹介されたところでは、2007年の新潟県中越沖地震の際に新潟の業者と共同で義援金を寄付している。
35) それぞれの会合において、パキスタン人業者らと初めて会話をしたという地域住民も多く、パキスタン人業者も地域住民の不満を直接聞く機会は、それ以前にはほとんど無かったことが分かる。
36) 『北日本新聞』2006年3月30日（朝刊）。
37) 上掲資料。

用されたことは、住民の反感が度重なるものであった事実を示している。そして、同年12月3日の社説では「事件が起きた近辺の住民の不安は大きい。特に、同市内の国道8号線沿いには同種の中古車店が集中しており、『店の進出を放置したままでは、治安の回復はできない』という声が強くなっている」として、住民の中古車業者に対する意識を伝えている。

このように、パキスタン人中古車業者の周辺では、当時彼らへの住人の意識が一層悪化している状況があった。しかし、パキスタン人中古車業者らは警察を中心とする防犯の取り組みに対して自らも積極的に参加しており、治安対策の強化に関して地域の中古車販売業者からは「警察の取り締まりにより、安心して商売ができる」と歓迎する声が紙面でも紹介されている。また、筆者が同地で面接調査を行った際にも、彼らから同様の発言が多く聞かれた。一方、ロシア人の船員や中古車買い付け業者に対しては、強盗事件に関係した記事や社説において彼らに対する意識が語られることはなく、現状では事件発生の際には住民やメディアの注目が中古車業者に集まるという構図となっている。つまり、事件の被害者であり、適正に商売を行っている多くの中古車業者からすれば、治安対策の充実は適正な商売のために望ましいものと捉える立場をとっているにもかかわらず、彼らの存在は危険をもたらすものと地域では捉えられている状況があった。

第2節：伏木富山港周辺地域の議会議事録に見る対外国人意識

第1節で取り上げた富山県内における対外国人意識は、それぞれの外国人に対して好意的とはいえない状況にある。このような意識にはどのような背景があるのか、という部分を住民の立場により近い伏木富山港周辺の自治体の議会議事録から検証していきたい。また、議会議事録を分析する自治体は、高岡市、富山市、そして2005年に5つの自治体が合併して生まれた射水市に関してはパキスタン人中古車業者が多く店舗を構える国道8号線沿線に位置した旧小杉町、旧新湊市を順に取り上げることとする。同じく8号線の通る下村に関して

---

38)　見出し：「『またか』　不安募らす住民」『北日本新聞』2006年11月16日（朝刊）。
39)　『北日本新聞』2006年4月14日（夕刊）。

は、合併前の時点で人口が 2,019 人、外国人登録者が 4 人と少なく、議会議事録の内容も小杉町、新湊市で見られるものと同様であったため割愛した。

第 1 項：高岡市の事例

　高岡市は伏木富山港の西部に当たり、2006 年の時点で 180,046 人（福岡町と合併前の 2005 年の時点では 167,685 人、小杉町、新湊市の項では 2005 年の統計を使用）の県第二の人口を持つ地方都市である。市の基幹産業としては、江戸時代から続く銅器・漆器等の伝統産業や、それらの技術を活かして戦後盛んとなったアルミ産業・金属加工業、あるいは化学・パルプ工業等が挙げられる。そのような産業の関連中小企業を中心に外国人の就労が増え、2006 年末には 3,221 人の外国人登録者がおり、内訳ではブラジル（1,970 人）、中国（600 人）、フィリピン（287 人）、韓国又は朝鮮（111 人）等が多い[40]。

　また、伏木港は非鉄金属、木材、重油、石油製品等の外貿貨物を多く取り扱っている。同港の特例上陸者は 2004 年の時点で 9 割程度がロシア人であった[41]。歴史的な経緯としても、先述のように 1958 年からソ連との間に定期航路が存在し、1975 年には日本・ソ連極東各港との定期配船指定港となったことから、かねてより周辺地域では国際港というイメージがあり、海外の船員との間の接点も存在した。ただ、ソ連解体後は地域におけるトラブルが増加するに伴い、船員と市民との摩擦も生じるようになり、関係は良好なものとは言い難くなっている。

　そのような状況における市民の意識を中心に 1990 年からの高岡市の市議会議事録を見ていく。北関東や東海地方の幾つかの地方工業都市と同様、高岡市でも 1990 年の入管法改正を境として、日系南米人の就労が増加した。1990 年には 45 人であった市内のブラジル人人口は 1993 年には 518 人にまで増加し、外国人登録者数全体も 200 〜 300 人ほどの増加を年々見せるようになっていた。

---

40) 富山県『とやまの国際交流』第 41 号、2007。富山市の場合も同じ。小杉町と新湊市は合併前の数値として同書第 39 号、2005、の 2004 年 12 月末日のものを使用。また、以後、各自治体や県の外国人登録者数を記載する場合は全て記載年度の上記資料によるものとし、注記は省略する。
41) 上陸者に関する国別の統計は取っていないため、名古屋入国管理局富山出張所において 2005 年 5 月 20 日にインタビューを行い、概数として聞いた。以下同。

そのように現地に居住する外国人が目立ち始めた平成3年12月定例会（第3日目）において二上桂介議員（自民クラブ）は個別質問として、「国際化時代への対応と基盤整備」に対する市の方針を問う中で「最近は高岡市内でさえも外国の人をよく見かけるようになったと感じますし、外国の出来事もリアルタイムに私たちが知ることのできる時代であると実感できます。しかし一面では、私たち一人ひとりの個人的レベルにおける国際理解や外国の人との交流は十分になされていないのではないかという心配もあります」と当時の状況を説明している。また、同一会期内（第4日目）に松井喜一議員（自民クラブ）も個別質問として「本市を訪れ、また本市に在住する外国人の数も着実に増え、交流内容も多様化して」いるため、「『国際交流サロン』を設け、在住外国人の方も高岡市民の方も気軽にそこへやってきていただいて、語り合うことができる『ふだん着の交流』の場を提供したい【中略】一方、市民にとっては普段はなかなか外国の方に話しかけることは勇気が要るものでありますが、こうした場があれば、より気軽に話かけ、友達になることができると思う」との提案をしている。これらの発言から当時、外国人との接触量の増加と交流の不在が実感されていたことが伺える。そして、松井議員の発言に対して、佐藤孝志市長は「本市における外国人の一層の増加や市内のさまざまな国際交流活動の高まりに伴いまして、市民や外国人の交流サロン、情報提供などの場としての交流の拠点施設が将来的には確かに必要であると思いますので、今後の検討課題にさせていただきたい」と回答していた。

それから2年ほど経ち、一層の外国人増加が見られるようになった平成5年9月定例会（第3日目）では樋詰和子議員（公明党）が個別質問として「今や、外国人は一時的な労働者から隣り合って暮らす住民になりつつあり、従来の視点から、生活者、住民への発想の転換が求められております。新しい流れは、出稼ぎが長期化、定住化しているとともに、多国籍化、多業種化しているほか、雇用形態もさまざまです。今までの単身型から家族ぐるみなどもふえており、職業、住宅、医療、教育、コミュニケーションなどいろんな分野での対策も必要になってきました。しかし、職場を離れた地域での日本人社会とのコミュニ

42）高岡市議会では本書中の他の議会で「一般質問」としているものが「個別質問」と呼ばれている。「代表質問」の位置づけは通常通り。

ケーションはまだ少なく、日本人社会との間に人間関係の壁があると感じている人がまだ多いようです」と、状況の変化と交流に進展がないという矛盾を挙げ、彼らを受け入れる市の生活基盤の整備をはじめ、「外国人の日常的な交流の拠点となる地域国際センターを設けてはどうか」と提起した。それに対して、当時の助役は「高岡市国際交流協会とタイアップをして、近い将来、市及び協会の活動がより活発になるような場、すなわち、外国人の方々が自由に集まり、交流の拠点となるような施設をつくってまいりたい」と回答しており、前述の松井議員と同様のやり取りが行われた。このような要請により、翌年の1994年4月に高岡市国際交流センターが開設され、現在まで国際交流活動、情報提供の場や相談窓口、インターネットをはじめ雑誌等の情報サービス、外国語講座といった事業を展開してきている。しかし、その施設を活用する人が限られていることから、当初予想されただけの効果は生んでいない。確かに、そのような施設を設置することによって行政の意志を発信する効果もあるが、それに関する広報の充実や、その施設が民間団体や町内会等の仲立ちとなるような活動を行っていくことで市民への認知を深めていく必要があることを、この事例は示している。また、樋詰議員は同じ質問の中でロシア人の受け入れ状況に関しても、ロシア客船入港の際、「高岡市としても歓迎の式典が晴れやかに行われ、国際交流の幕あけと喜んでおりました。しかし、翌日の新聞報道によると、『ロシア人の中古車購買ツアー』とあり、驚きました。また、伏木地区の方が、盗難防止の自衛策を講じておられることを聞いて、改めて国により考え方、習慣の違いが大きいことを考えさせられました。【中略】ロシア人船員らが携帯品として持ち帰る中古車は、平成4年には1万台を突破していることなどから、路上放置など違法行為も横行しており、富山県対露車両管理協会が設置され、対策を検討されて」いることを挙げている。ここから、90年代半ばに差し掛かり、中古車輸出が盛んとなりつつも、外国人に対する心理的障壁が高まってきたことが伺える。それは1994年2月に万引き被害を憂慮した市内の3店舗がロシア語で「立ち入り禁止」の張り紙をしたところ、伏木商店連盟の要請があり撤去した事例からも明らかである。このような入店拒否は先述の北海道

---

43)『北日本新聞』1994年2月16日（朝刊）。

の事例でもしばしば見られ、これが組織立った行動ではないことを考えれば、短期滞在型の外国人を受け入れる際に地域社会の反感の表象として採られやすい行動と見ることができよう。

　しかし、そのような反感が高まる一方で、港に近い伏木地区のある幼稚園では 1971 年の開園当時から毎年 12 月にロシア船乗組員らを招待して「国際親善もちつき大会」を開催した事例もある。事業自体は通訳及びロシア人側出席者の調整等を務めていた関係者の逝去により、2007 年以降の同大会は地域住民との交流を意図として行われるものに変わったが、当時は行政・教育・財界関係者等も招き、メディアからも冬の風物詩として取材を受け、民間の立場から国際親善の動きを発信していた。また、地域住民とも緊密に連絡を取り、近年では研修生や ALT（外国人指導助手）、地元高校の留学生といった地域在住の外国人もそのイベントに招くことで双方の接点を作り、地域社会との一層の連携を目指していた。役員の 1 人は「不況の影響もあり、伏木の経済におけるロシア人の位置は高いものがある。そのため表立って不満を出すことは余りない。共存しなければという意識がイベントを長く続かせている要因ではないか」と語っている。この事業の経緯からは、外国人との経済的な結びつきを実感しやすい地域において、経済上の重要性と外国人の増加に伴う意識悪化との間で地域社会が相矛盾する意識を持ちつつも、機会が設けられるならば、外国人を受け入れる意識が生まれる可能性が高いことや、個人が中心となって行う事業の限界も見えてくる。

　その後、ロシアとの貿易はロシア国内状況の安定等を背景に一層盛んとなり、1993 年に 5,199 人であった伏木港の特例上陸者数は 1997 年には 9,977 人を記録した。その状況を受け、平成 9 年 6 月定例会（第 3 日目）では向栄一朗議員（自民クラブ）が個別質問として、伏木港の国際貿易における拠点化への方策に関する問題について質問する中で「今、伏木港では、ロシア向けの中古車の輸出が盛んでありますが、自転車の盗難など一部不心得な人のために悪化している市民感情を反映して、新聞報道を見ている限り好意的な報道にはなっておりません」と地域の状況を述べている。自転車あるいは屋外に置いてあったタ

イヤの盗難被害に関しては、筆者がこれまで訪問した北海道、あるいは日本海側で年間1万人以上のロシア人の上陸者がいる港町では必ず聞かれる言説である。そして、地元社会では実際の接触がなく、個々の事件を地元メディアの報道や風評によって知り、ロシア人全体のイメージが規定されてしまうことも共通している。

2000年以降、議会では日系南米人の生活に関する発言が多くなってくる。平成14年3月定例会（第5日目）では南部周三議員（日本共産党）が個別質問として、ゴミ出しの新しい分別収集方法に関する問題を扱う中で「在住外国人の周知徹底ですが、従来のようにパンフの外国語の翻訳で済ますのではなく、風土慣習の違いを超え、協力体制ができる対応をお願いしたい」と要望している。ここからゴミ出しに対して、情報の周知や周囲での協力体制が不十分であったことが見えてくる。この問題は奥田らの池袋での調査や日系南米人集住地域でも問題となってきた事柄であり、多くの外国人集住地域におけるものと同様の視点が、高岡市民の中に存在していると考えることができる。

また、外国人児童の教育の問題も発生している。平成16年3月定例会（第5日目）で尾崎憲子議員（新市民クラブ）は個別質問として、多くの外国人児童が小中学校に在籍しており、「同じクラスに外国の友達が在籍していることは、日本人の児童生徒にとっても生きた国際感覚を磨くよいチャンスになるでしょう。しかし、言葉の問題や生活習慣、文化、宗教の違いなどから、いろいろな問題があるようです。授業の内容や進め方、給食、服装、衛生習慣など子供たちの日常生活全般にわたって驚くほどの違いがあるのではないでしょうか。このような差異から日本人児童生徒との摩擦が生まれ、いじめや引きこもり、校内、家庭内暴力、不登校、不就学にまで発展してしまうケースが多々見受けられるそうです。また、授業中も言葉がよくわからないことから、教室を抜け出す児童などもいるそうです」と日本人生徒との摩擦に端を発するいじめや不就学の問題を挙げ、「ある程度の日本語や日本の生活習慣などを教える予備教育」の必要性を訴えている。その発言に対して、当時の教育長は県の外国人子

---

44) 第2章においても、しばしば同様の話が聞かれたように、積雪の多い地方では冬季になると滑り止め用のタイヤを使用するため、その時に使用していないタイヤを外から目視しやすい駐車場に置く場合があり、それが盗難の対象となりやすい。

女への支援活動として日本語講師6名や相談員2名を派遣し、市としても2名の講師を派遣しているとしており、前述の高岡市国際交流センターにおいて日本語指導教室を週に1回行っていると回答している。しかし、その中で教育長自身が加配教員数に対して「人数は少ないが」との前提の上に発言を行っており、不就学の問題には触れられていなかったように、問題の十分な解決には至ってはおらず、その状況は現在まで続いている。そして、先述のように、日系南米人児童の不就学の問題は全国的な問題でもあるが、かつて高岡市において外国人相談員を務めた関係者に話を聞いた際には「子どもは来日・帰国の両方で親の意思に左右され、不就学に対する親の危機感も薄い」と指摘しており、その背景にある問題も他地域と共通している[45]。また、生徒間の問題についても「高岡は歴史的にも古い町だから、保守的傾向があり、外国人に簡単に心を開かないのではないか。それに、学校外のショッピングセンター等でも幾つかトラブルがあったと聞いている」との話が聞かれ、意識の面でも他の日系南米人が集住する地域との共通性が見られる。これらから、高岡市においては、労働者としての外国人やロシア人船員に対する交流の面で個々に見るべき活動はあったものの、検証開始時点から大きな変化は見られず、他地域同様、十分な接点の無いまま意識の悪化が見られる。

第2項：富山市の事例

　富山市は2006年に421,389人（大沢野町、大山町、八尾町、婦中町、山田村、細入村と合併前の2005年の時点では325,347人）の人口を有し、北陸最大の工業規模を持つ富山県の県庁所在地である。市の基幹産業としては、江戸時代より続く売薬業や港湾の特徴を活かした製造業があり、近年ではIT、バイオ関連産業、観光業にも力を入れている。また、富山市は自治体としての規模、あるいは多くの留学生を抱えているという特色から、登録されている外国人の国籍も2007年末の時点で64ヶ国と県内で最も多様であり、外国人登録者数は5,232人に上っている。その内訳としては中国（2,197人）、韓国又は朝鮮（881人）、ブラジル（587人）、フィリピン（576人）、ロシア（176人）、パキスタ

---

45) 不就学の問題の背景や採られるべき対応については、宮島ら（2005）に詳しい。

ン（107 人）、アメリカ（88 人）等が多い。

　また、富山港は原油、重油、石油製品、原木、完成自動車等を多く扱っている。同港の 2004 年の特例上陸者は約 9 割程度がロシア人であった。同港の特色として、港周辺の岩瀬地区は住宅地でもあるため、船員と地域住民との接点が他の港湾地域と比べて多いという点が挙げられる。

　富山市議会における議題としては、県庁所在地という状況もあり、国際交流協会、姉妹都市提携、環日本海交流、海外派遣事業といった市が主体となる公的事業に関する発言は多いものの、実際に市内で生活している外国人に対する発言は外国人登録者数から見ると少ないという特徴があった。そのため、議事録を読む限り、対外国人意識に関する議員の発言は数多くは見られない。

　富山市は富山大学、富山短期大学、富山工業高等専門学校といった高等教育機関を市内に抱え、当地で生活する外国人の中では留学生の割合が多いという特徴がある。1991 年当時、市内で外国人登録をしている人の中での留学生の割合は 1 割弱であり[46]、全国的には、その割合が 5％程度であったことから[47]、その割合の高さが分かる。現在まで留学生に対する意識についての発言はないものの、平成 2 年 12 月定例会（第 2 日目）で砂子阪和夫議員（自民党議員会）が一般質問として、国際化時代の対応に関する議題の中で「留学生においては、安い家賃のアパートがなく、非常に困っていると聞いております」として市営住宅の規制を緩和し留学生に提供するように求めている。ここで問題となっているのは住居費であって、入居の拒否ではない。つまり、外国人集住地域でよく見られるような賃貸物件の貸し出し時のトラブルは、留学生に関しては当時より少なかったと見ることができる。これは、2004 年に筆者が富山大学でインタビューを行った際、留学生の生活面をサポートする関係者の 1 人も認めていたところである。

---

46) 富山県発行『とやまの国際交流（1990 年版）』より。「富山県外国人登録国籍別市町村別人員表（平成 2 年 12 月現在）」及び「県内大学・短大の留学生受入状況（1991.4.25 現在）」を使用。富山市内外国人登録者数は 1,589 人、富山市内高等教育機関在籍者は 125 人であった。調査日が異なっており、概数として「1 割弱」と表記した。以後も同様の手法で比率を表記する。

47) 法務大臣官房司法法制調査部編『出入国管理統計年報　平成 3 年版』1991、より。在留資格が「留学」の者 55,935 人、全外国人登録人員 1,075,317 人。

また、周辺地域と同様にロシアとの貿易が1990年代に入り活発化し、上陸者数も多くなった船員に対して、平成2年12月定例会（第3日目）にて大村正敏議員（日本共産党富山市議員団）が一般質問として、環日本海交流について述べる中で「富山港に訪れるソ連、中国、韓国、東南アジア諸国の船員が、町を歩く姿をよく目にするのでありますが、こういう人たちとの自然な交流、触れ合いも大事なことであります。そのためには、心温まるソフト、ハードの施策が必要であります」として標識や、パンフレットの多言語化や施設の充実を求めている。この発言から市民が外国人の存在を認知しているものの、当時から「自然な交流」が存在しなかったことも見えてくる。
　その後、先に挙げたように交流事業も幾つか行われていったが、徐々に頭打ちとなっていく。そして、トラブルや軽犯罪も多く発生していった。そのような中、平成9年3月定例会（第2日目）にて篠川信雄議員（自民党議員会）は代表質問として、1997年1月に島根県沖で発生した重油流出や極東地域における難民問題等、国際的な危機管理の問題を述べる中で「富山港を持つ岩瀬地区では、外国の方による盗難事件が多発し、住民は大変困っているということであります。そこで、重油にしてでも例えば難民にしてでも、来られればまず対応しなければならないのが来られたところに住む人たちであります。いつ何が起こるかわからない今日、危機管理というのは多種多様で、対応が実に難しいことだと改めて感じさせられる」と述べ、市長の社会情勢の変化に対する認識を質問した。ここから、交流事業の衰退の背景には先に挙げた単なる表面上の原因ばかりでなく、直接関係のない社会情勢の変化と度々耳にする船員による軽犯罪が結びつけられるほどの不信感の高まりが影響していたことが伺える。
　2000年において、先に挙げた富山市における外国人登録者の中での留学生構成比はほぼ変わらずに約1割[48]という水準であったが、母数となる外国人登録者数は1,589人から2,945人となり、1,000人以上の留学目的以外の外国人が市内に増加した。その状況を受け、平成12年6月定例会（第3日目）において志麻愛子議員（市民派クラブあゆみ）が一般質問として「もう、外国人がお隣で暮らし、同僚として仕事をする時代になって」いる状況を挙げて、「参政

---

48) この概算比はその後も大きな変化を見せず、留学生は現在も全外国人登録者の中で1割程度を維持している。

権がない外国人の発言の場を過渡期的に保証するために」外国人市民会議の開催を提案している。それを受けて正橋正一市長は「他都市の状況等を調査・研究」すると答弁して、実際に 2001 年 10 月には「外国人との市政懇談会」が広報課を中心として開催された。しかし、正橋市長の任期終了間際に行われたその懇談会は以後継続されることはなかった。ただ、見方を変えるならば、実際にこのような議題が行動に移されたことは時代の変化を行政としても感じていたと思われることから、市民の間にも外国人増加が実感されていた表れといえよう。

　その後、平成 14 年 3 月定例会（第 4 日目）に志麻愛子議員（市民派クラブあゆみ）が一般質問として「外国人児童・生徒の教育支援」と題し、「特に中学では、授業についていけず不登校になる子供たちも多いと聞いています」と不就学の問題を挙げて、日本語指導員の拡充を求めている。これは先の高岡市の事例でも述べたように、全国的な問題といえる。また、同議員は同じ質問の中で、上記の懇談会において外国人の側から外国人相互、及び地元社会との交流を求める発言があったことを取り上げ、「一般の市民は外国人市民との交流を望んでいても、出会いの場が少ないのです。富山市や県の海外派遣の OB たちの団体や、国際交流センター、一部の公民館などで交流の機会を設けておられますが、さらに進めて日常的にだれでもが出会える場が必要」であるとして、中心市街地に外国人のチャレンジショップを開くことを提案し、「買い物や文化交流をきっかけに会話が始まり、お互いの文化を理解し合う機運が生まれる」ことを期待していた。そして、「文化の違いからさまざまな摩擦が起きています。自国の文化を大切にしながら、互いの文化を理解し尊重し合い、いろいろな文化が共生できる社会にしたいものです。そのためにも、まずは出会い、お互いの文化に接する環境をつくることが必要ではないでしょうか」として、その提案の背景を述べている。議員のいう「文化」だけが摩擦の要因ともいい切れないものの、相互理解を進める上で重要であるにもかかわらず、現在確保されていない接点の増設が市議会の場で述べられたということは、市民の間に外国人との交流を求め、現状に満足できていない層が存在することを示している。

　これらから、富山市においては留学生との間では目立った問題は起きていな

いものの、検証の出発点である 1990 年以降に増加した外国人との関係については地元社会が交流機会の少なさという問題を未だに解決できてはおらず、それに並行して摩擦の解消も図られていないことが分かる。

第3項：小杉町の事例

　小杉町は先述のように現在では射水市（2006 年の時点で人口 94,460 人、外国人登録者数 1,687 人）の一部となっている自治体である。合併前の人口は 32,948 人であった。町には目立った産業は無かったものの、立地上、富山市と高岡市のほぼ中間にあり、鉄道や国道も両市に通じていたことから、1970 年代から団地等が中心となり両市のベッドタウンとして人口を増やしていった。そのような背景もあり、1990 年代前半から徐々に日系ブラジル人が県営団地に集住するなどして、合併前には 432 人の外国人登録者がいた。その内訳としては、ブラジル（232 人）、中国（103 人）、韓国又は朝鮮（22 人）、ロシア（22 人）、パキスタン（14 人）等であった。

　また、前掲の地図（54 頁）でも分かるように、小杉町は海に面しておらず、以前からロシア人を見かけていた訳ではなく、ロシア人を対象にした中古車業が拡大するに従い、徐々に接触が増えていった地域である。

　上記のような状況に置かれた小杉町では以前から外国人との接点は余りなく、議題に挙がることもなかったが、1990 年代中頃からの中古車業者の進出に伴い、地元社会とパキスタン人業者・顧客であるロシア人との間に摩擦が発生したことで、その問題に注目が集まった。平成 10 年 3 月定例会（第 2 日目）において森田忠義議員[49]は「新港ができましてから、環日本海時代ということで、輸出・輸入初め交流も盛んに行われておりますが、大変結構なことだと思っております」と富山県全体が進めている方針や中古車業者が増加した背景を紹介した上で、「このことで多くの住民が大変困っているということでございます。これまで自転車、タイヤ、その他物をとられたり、町内を裸で自転車に乗った

---

49) 小杉町に関しては、議事録の閲覧を射水市合併後に行ったため、合併直前のもの以外は町議会議員の当時の所属会派を示す資料が現存していないことから、会派名の表記を行わない。また、それに伴い、一般質問か代表質問かという表記も意味をなさず、本項で扱う質問は全て一般質問であることから、その表記も行わない。

り、歩いたり、国道、県道、農道を問わず無断駐車や車を放置したり、大変なことであります。これまで何度も地元として県や警察に連絡して取り締まっていただいておるわけでございますが、なかなか守ってくれないのが実態でございます。特に何よりも不便なことは、注意しようとしても、言葉が通じないことで本当に困っている」こと、そして、夜間無人となる事業所から二度ほど火災が起きたことを挙げ、「このため住民は不安と迷惑と恐怖感を抱いて生活を送っているところであります」と、地域住民の不安を紹介している。そして、再質問でパキスタン人業者による無断駐車の問題を語る中で、「これからいよいよ農繁期になりますと、道路を多く使うことで、言葉が通じないため小競り合いから傷害事件も発生しないかと心配しております」と懸念を示している。そして、三上和夫町長も答弁の中で、無断駐車や販売形態に対して現地の状況を「無法地帯のようなこと」と述べ、町レベルではなく、富山県として問題を解決して欲しいとの発言が見られた。なお、両者の発言の中にはパトロールや指導、取り締まり、という文言は見られるが、対話や交流といった文言は見られず、それらのトラブルは警察等が指導するものであるとの意識が強いことが分かる。また、森田議員の発言に挙げられた事例を検証してみると、確かに、ロシア人船員は上半身裸で徘徊する姿が度々見られるものの、パキスタン人はそのようなことを行わず、無断駐車はパキスタン人業者に中古車を卸す日本の業者が行っている場合もあり、指摘のあった火災は町長の答弁によれば、電気配線のショートによるものであり、外国人が関係したために起きたものではなかった。つまり、上記の発言はロシア人が行ったこと、パキスタン人が行ったこと、どちらが行ったのかは分からず日本人が行う可能性もあることが混同されて話されており、日本語が理解できる多くのパキスタン人に対して十分にコミュニケーションを図ったようにも思えないことを含めて考えるならば、他地域で流言が発生した時の背景に似て、外国人が何をしているか分からず、接点が作られることの無いままに、ただ不安だけが高まる状態が1990年代半ばになり小杉町においても見られ始めたと捉えることができる。

　その後、筒口博己議員が2000年から2004年まで年1回ずつ中古車業者に対する質問を行うようになる。最初は平成12年9月定例会（第2日目）であり、町内北部の外国人による中古車業者の迷惑行為について、町の行政指導はどの

ように行われているかという点に関する質問であった。そして、翌年の平成13年9月定例会（第2日目）では、前年からの改善点の内容を質問し、駐車マナーの不徹底や車おろしの際の車道占領等の現状を紹介した後、「地元住民は毎日不安と恐怖でおびえております。町長はいつも公平、公平と言っておられますが、近くの女性、子供たちは遠回りをして通行しているのです。なぜ地元の弱者だけが迷惑を受けるのですか」として、「今年の春ごろにコーラン問題がありましたが、そんなことにおびえることなく、早急に警察（交通課）、町当局（町民生活課）、射水土地改良区、もちろん富山県の事業主、地元代表を含めてお互いの納得のいくよう話し合いをして、協議会等を設立すべきではないか」と提案している。これに対して、土井由三町長は「情報提供や意見交換ができる地元や道路関係者、用水管理者などに外国人販売事業者の代表者も加わった協議会」を立ち上げること、「私たちも異文化や異なった宗教など正しく認識し、理解することも大切」であるため、町民総合講座に国際理解コースを設けることを計画しているとした。それに続く再質問の中で、筒口議員は多くの問題は盗難車のチェックを初めとした管理体制が不完全であるために頻発しているとし、それらの問題発生に対し、「地元の私たちは、私の目の前、100メートルに外国人がたくさんおるのです。私も孫がおりますけれども、孫に『遊びに行くな』と言ったのです。行くときは私も必ずついていっております。そのくらい外国人の方がたくさんおりますから、非常にうちの近辺も含めて、もちろんこれは私個人の問題ではなくて、私のところの地元からの声でございます」と拒否感といえるほどの感情が生まれていることを示している。この時点では筒口議員の想定している対策は住民の不満を受けたものではあるにせよ、協議会等による日本人と外国人相互のコミュニケーションや対話が進んでいない状態で形成されたものといえる。また、そのような対話を阻むものとして、子どもの外出をためらわせるほどの拒否感の存在が挙げられる。

　筒口議員はその後、年に数回警察や自治会等と業者へ指導に回るようになったこともあり、翌年の平成14年6月定例会（第2日目）では「適正に営業している業者もたくさんおります。中に一部の業者のマナーが悪いのです」と、彼らを忌避していた以前の発言とは異なる見方を述べるようになった。これは、パトロールを行う中で、パキスタン人業者と対話を行った際に彼らの実態や要

望を知る機会を得たことによる変化と見ることができる。

　しかし、その後も問題のある業者とのトラブルは存在し続け、特にキャリアカーによる積み下ろし時の路面占領や農業用水へのオイル漏れ等が問題とされた。平成16年12月定例会（第2日目）にて筒口議員がその件について質問した際、町民生活課長は先述の合同パトロールが意思疎通に有効であり、パキスタン人が独自に行っている防犯のためのパトロールも地元の意図を伝えるために非常に有効であると回答した。それを受けて、筒口議員は再質問の中で、問題を起こさず積み下ろしを行う業者がそれを広く伝えるべきだと述べ、関係者同士の会合があった際の話として、「そのときに私ちょっと名刺持っていたから、何人かの方と名刺交換して仲よくなった事業者の方もおるのですけれども、特に〇〇〇さん（〇点筆者）という方がおられますが、私過去に認可を取り消したらいいなんていう過激な発言もしたことがありますけれども、彼はそんなこと言わんと、私らも生活のために日本に来て事業をしておるのだと、仲よくやっていかないかといって私のところへ握手を求められた手前もあるものだから余り過激なことは言わないようにはしておりますけれども、私言ったけれども、汚いとか、やっぱり迷惑かけないようなことをお願いしたい」と自らの変化と要望を語っている。それ以外にも質問の中で、「事業所は主にプレハブのため、水道と用便等などの施設はないと思っておりますので、どのような状況になっているか」という中古車業者が困っている点について発言が及び、筒口議員が状況を複眼的に捉えるようになっていったことが分かる。ここに見られた筒口議員の5年間の発言の変化は、実際に外国人とコミュニケーションをとることで問題の詳細と双方の意見を知り、一部の問題を全ての外国人にあてはめてしまうような姿勢に変化が生まれること、及びコミュニケーションをとることの重要性を示している

　また、中古車業以外の小杉町の外国人関連の特色としては、ブラジル人が多いことが挙げられる。1990年には0人、1991年に11人であった小杉町のブラジル人登録者であるが、前述のように合併前には232人と大幅な増加を見せている。そして、これは他の日系南米人集住地域でも見られることであるが、彼らと地域住民との間で意思の疎通が図られているとは言い難い状況がある。その点に関して、平成16年3月定例会（第2日目）にて津本二三男議員は「県

営住宅にブラジル人が多く入居されています。町内では、1割近くの世帯がブラジル人の世帯になっています。【中略】時には生活習慣のずれもあり、住民間で感情的な対立も見られます。そこで、お互いをよく理解し、よりよい関係を築くための組織的な窓口が必要ではないかと考えてまいりました。ブラジル人による自治会のようなものをつくるよう援助できないか、町長にお尋ねしたいわけであります。これはまた、日本人とは違う、特別な困難を抱えていると思われるブラジル人世帯のニーズをつかんでいく上でも大事なことだと考えております」と、町の対応を求めた。これに対し土井町長はブラジル人による自治会組織は生活習慣等の違いから難しいとし、意思を伝達し合える窓口として機能しているパキスタン人中古車業者の組織は「統一的に問題を処理していただけるような環境になっているわけですが、これはパキスタンの方々の自治組織として、あるいは商売をしていく関係でその方が都合がいいということでできた経緯がある」ため、「ブラジル人の方々がそういう形で自治組織を私どもが指導できるのかどうなのか、そこのところは少し研究してみないとよくわからない面」があるとして、当時、小杉町が月に一度開いていた相談窓口や日本語教育の充実、彼らの子どもが通う教育機関での指導等をもって充てるとした。しかし、このような対応では他の日系南米人集住地域でも問題の解決が困難であった状況と同じく、その後も余り問題の改善は見られなかった。また、日本人住民との接点も作られなかったため、お互いに置かれている状況を理解する機会がなく、関係者の話を聞く限り、個々の交流活動や日本語教育活動等は行われているものの、旧小杉町地域全域における意識の改善は見られていない。

第4項：新湊市の事例

　新湊市は富山市と高岡市に挟まれた人口36,547人の工業港湾都市であった。市の基幹産業として、港湾を活かしたアルミ製業や木材・木製品生産が挙げられる。高岡市と同様にその関連企業を中心として785人の外国人登録者がおり、内訳としてブラジル（288人）、フィリピン（158人）、韓国又は朝鮮（96人）、中国（89人）、パキスタン（69人）等が多い。

　そして、同市にある富山新港は石炭、木材、非鉄金属、完成自動車等を多く取り扱っている。同港の特例上陸者は2004年の時点で8割程度がロシア人で

あった。また、同港は1980年代初頭よりロシア、アジア諸地域と定期コンテナ航路も就航していたように、海外との接点が多い地域であり、1985年度の特例上陸者数でも9,123人を数え、3港の中ではそれ以降、常に上陸者数は最多であった。

　新湊市においては第1章で述べたように、ロシアとの貿易が1990年に入って、高岡市や富山市と同様に多方面で高まりを見せた。その流れは1980年代後半から続いており、富山新港における上陸者数は年によって多少減少した時もあったものの、1997年度に過去最多の16,677人の上陸者を数える程の増加傾向を見せていた。そのようなロシア人の増加の中で、平成2年9月定例会（第3日目）において横田義明議員（自民党議員会）が一般質問として、富山県が1980年代後半より海外から来県する観光客や船員が大幅に増加したデータを発表したことを挙げつつ、「当市においては、これらの外国人船員との交流会や触れ合う機会などほとんどないのが実情であります。また市内での外国人との国際交流活動は、報告資料によれば、民間団体での3件、そして市の青年派遣事業の1件と、1年にわずか4例があるわけであります」と現状とのギャップを指摘し、一層の人的交流を目指すべきであると述べていた。また、同一会期内（第3日目）において磯辺敏彦議員（社会党議員会）が一般質問として、市の派遣した日ソ友好交流視察団の一員としてウラジオストクを訪れた際に、ある小・中学校（当時のソ連では11年制の義務教育期間が設定されていた）で日本語の授業が行われていることを挙げ、「富山新港を持つ新湊として、とりわけ必要が感じられるロシア語を小さな児童の間になじむ機会をつくり、肌色の異なる人種に対する違和感をなくするとともに、広く世界に目を開く国際感覚を身につけることが、市民総体の意識改革を長年の間に図っていくことになる」として、「小中学校のカリキュラムの中にロシア語学習の時間をとり入れてはどうか」との質問を行った。しかし、その質問に対して、当時の教育長は義務教育としての規定から実現は困難であることを伝えると同時に、新湊市の基礎条件として語学習得の初期的動機すら持ち難い状況を「現在のように、向こうから外国の人、ロシア人が来ると、何か聞かれるかもしれないというので手前を曲がっていく大人と子供の町では、これはなかなか実現し得ないのではないか」と回答していることは、ロシア人に対する交流経験の不足を示して

いる。

　そして、平成3年6月定例会（第2日目）では桧物和広議員（自民党議員会）が一般質問として、行政がロシア沿海地域との関係を緊密化させている一方で、「市内を見てみますと、今まで以上に外国人の数が増え、自転車に乗り、日本の自動車を、電化製品を興味深くショッピングしている姿をよく見かけます。その分いろんなトラブルも起きていることは御承知のとおりであります。また新湊市民がソ連の船員を見下しているような言葉もよく耳にします」と述べ、行政の姿勢と市民意識との間にずれがあることを指摘している。これに対して市側は「今後さらに検討していくべきであろうと思っております」との答弁に終始し、具体的な施策が提起されることはなかった。このように1990年代初頭の新湊市においてはロシア人との接触が増加し、行政は組織同士としてロシア沿海地方の自治体と協力関係を築く努力をしていた。しかし、その一方でロシア人に対する市民の不信感や蔑視が広く認知されながら、具体的な対策は行われていなかった。

　外国人労働者に関しては、1990年には新湊市内で在日コリアン以外の外国人登録者は24人であったが、1990年の入管法改正以来、年間50〜100人の割合で増加する状況が続き、その存在が徐々に認知されるようになってきた。それを受け、平成5年6月定例会（第2日目）にて桧物和広議員（自民党議員会）は一般質問として、国際交流の現状について語る中で「外国人の労働者につきましても、最近ブラジル人が非常に多い。ブラジル人なのか、ロシア人なのか、市民にはよくわからない部分があります。【中略】どうしても私たちが交流を進めるのは、留学生とかそういうある意味では意識的に高い人たちの国際交流というのは、県でも市でも進めております。しかし、実際、真っ黒になって毎日日本人のやりたがらない仕事をやっている外国人の労働者の人たちは、ある意味では国際交流の檜舞台に出ることは非常に少ない」と述べている。ここから地域社会において、ロシア人とブラジル人双方の違いを十分に認知できるほどの交流が行われておらず、彼らを一律に「外国人」という枠内に入れてしまっている傾向が分かる。では、市民の間に反感や反発のみが高まっていたのかといえば、そうとは限らない。1993年8月に新湊市が「新湊市世論調査」を行ったところ、その中で同市を「国際性に富んでいる」と評価したのは

5.2％であったものの、「国際化・国際交流を行う必要がない」と答えた人は5.3％であった[50]。つまり、同市においては外国人に対する反感や不満足感はあるものの、彼らとの交流の必要性は感じており、その手段を見つけるに至っていない状況にあったといえよう。

　1990年代も半ばに入ると、外国人の増加に伴い、外国人犯罪が問題視され始めた。その状況に対して、平成5年9月定例会（第2日目）にて菊民夫議員（自民党議員会）は一般質問として、ロシア人による生活用品の万引き等が目立つことを取り上げ、「市場経済に変わってからのロシア船員のモラルの低下を指摘しないわけにはいかないのであります。【中略】また、中古車買いつけのための路上での車の放置も、今年の7月3日に、県内の中古車販売の35社で車両管理協会が発足し、注意を促し取り決めをしているとのことであるが、まだまだ県外の東海、愛知、三重からも運んでくるため、まだ住民から不満を買っていることが、すべてのロシア人のイメージを悪くしているのであります」と報告している。ここから、当時市内では、他の外国人や日本人（少なくとも他県から中古車を運ぶのはロシア人ではない）の起こす問題すらロシア人の問題と受け止められてしまう傾向が1990年代前半にあったことが見えてくる。

　また、1994年1月に新湊市市役所総務部は外国人犯罪の実態を調査し、犯罪防止対策や関係機関と協議する資料としての必要性があるとして、「外国人によるとみられる盗難被害状況の調査」に関する協力を各自治会に依頼した。内容は、調査依頼書、調査用紙、及び参考資料としてのロシア人船員らによる銃刀法違反事件の公判記事、の3枚によって構成されていた。当時、この調査内容や手法は地元メディアにも取り上げられ、『北日本新聞』の記事では、ある人権擁護委員による「言葉が通じないから、必要以上に不安を感じる人がいると思う。ある程度の調査は必要だろうが、人権侵害にならないように慎重に対応してほしい」との要望が紹介されると共に、同調査が偏見や差別を誘発する恐れがあるとの指摘がなされた[51]。このような行動がとられたことは新湊市としてもロシア人の起こす犯罪や市民の不信感に対する危機感が高まっていた

50）『新湊市議会会議録　平成5年12月定例会』（第2日目）桧物和広議員の発言より。
51）『北日本新聞』1994年1月26日（朝刊）。

ことや、犯罪とロシア人船員の連想が見られたことの証左であろう。この事態に関連して、平成6年9月定例会（第2日目）にて横田義明議員（自民党議員会）が一般質問として「我々が住むこのまちで新聞報道に出るような比較的大きな事件や犯罪以外に、実際のところ小さな窃盗や交通違反でも検挙、逮捕寸前といった外国人による事件が少なからずあるという実態を十分認識しなければならないということであります。そして、その上で犯罪に対する予防に地域を挙げて取り組まなければならないということであります」と、その危機感を代弁している。また、その一方で、同議員は同質問内において、警察署員や防犯協会員で結成した新湊区域防犯協会外国人対策部会の会員約30人が、ロシア船船長ら3人を招いて日常生活に関する説明会と懇親会を開いたことを取り上げ、「前向きで犯罪の予防になればという警察署、防犯協会のこのような試みは大いに評価すべきと思います」として事例を紹介していた。また、再質問においても、行政単位ではロシアとの間に「公的な交流会は行われているわけでありますけれども、一方民間では、ロシア船員あるいはロシア人の方との交流会が頻繁にあるかというと、決してそうではありません。私もある団体で国際交流活動をやったことがありますけれども、新湊の場合、特に欧米人やあるいはオーストラリア人、ニュージーランド人、そういう方を受け入れてはいただけますけれども、事中国の方あるいはフィリピンの方、インドネシアの方あるいはロシアの方となると、なかなかホームステイを受け入れていただけないという、こういうこともございます。そういうことを考えますと、私は市当局がこういう防犯の意味も含めて国際交流の輪がさらに広がるように支援すべき」であるとして、同部会の動きを歓迎すると共に、実際に地域で生活している外国人との接点が不足しているという問題も提起している。この行事は2002年まで年に3回以上のペースで続けられ、部会の側からだけでなく、ロシア人からの要望や意見も適宜取り上げ、双方が話し合うスタイルを採っていた。そして、日系ブラジル人やその雇用者とも同様の集会を行い、日本の生活習慣の周知や不法雇用に対する諫言等の活動へと広がり、犯罪やトラブル軽減にも大きな効果を示した。しかし、2002年以降は、その活動を主導した人が体調を崩したことを機に、同部会は休止状態となっている。

　その後、平成8年6月定例会（第1日目）において帯刀毅議員（社民党議員

会)が代表質問として「市民のロシアの人々に対する感情は決してよくありません。自転車泥棒としか思っていない人もたくさんいるようであります。確かに中には自転車を盗む悪い船員もいると思いますが、ほんの一部の人たちであるというふうにも思うわけであります。警察で自転車の盗難について聞きますと、ほとんどは乗り捨てで、残念なことに高校生が多いようであります」と先述の社説と同様の見方を示し、その先入観を憂えている。筆者は以前からロシア人の特例上陸者数の多い10以上の自治体の市議会議事録を閲覧してきたが、警察がそのような先入観を否定し、日本人の側に目を向けることは珍しいことである。市民全体には広がらなかったとはいえ、これは相互の情報の共有を意図した説明会・懇親会の効果の1つではないかと考えられる。

　2000年以降になると、1998年からのロシアの経済危機に端を発する中古車市場の停滞も回復を見せ、貿易も活況を取り戻した。その一方で、農道への駐車、農業用水への汚水や自動車油の流出、国道でのキャリアカー使用や、業者周辺における強盗事件、盗難車の存在が報道されたり、地域で大きな話題となったことから、地元住民のパキスタン人に対する不信感も高まっていった。それを受けて、市議会では中古車業にかかわるパキスタン人に対する発言が増加していく。平成13年12月定例会（第2日目）では嶋崎栄治議員（社民党議員会）が代表質問として、中古車の密輸事件の発生の概要や背景に触れつつ、「私はこういった事象について一々どうだこうだということに触れるつもりはありませんが、新湊市内において、それではこういったことが関係するのか。関係なければよいと思いますが、中古自動車などの販売については、いろいろな法的にクリアしなければならないものがあるはずであります」として、「農地法としてはどうなるのか、都市計画法としてはどうなるのか、また建築等の基準ではどうなるのかということを考えないわけにはいきません」と中古車業者の業務形態の法的な正当性について質問を行った。ここで問題視されたのは

---

52) 1998年度から1999年度の伏木富山港全体の特例上陸者数でも9,211人減少し、中でも伏木港では5,744人の減少が見られた。
53) 下記以外にも、平成13年12月定例会（第2日目）において四柳允議員（自民クラブ）が代表質問として、平成14年6月定例会（第3日目）において東保力議員（自民党議員会）が一般質問として、平成14年9月定例会（第2日目）において松井健吾議員（社民党議員会）が代表質問として、ロシア向け中古車業者に関する質問を行っている。

通常、都市計画法により「市街化を抑制すべき区域」とされ、新たに建築物を建てたり、増築することが制限されている「市街化調整区域」である国道8号線沿いに中古車業者がプレハブやコンテナハウス等を店舗として用い、これらが簡単に移動ができることから、建築物ではないとの立場をとって営業している姿勢であった。[54] このような法的側面からの指摘は筆者が数年にわたり同地で調査を行ってきた際にも、規制の強化や中古車業者の退出を求める住民から多く聞かれたものであり、しばしば議事録等でも見られる発言であったが、この嶋崎議員による質問は市議会の場で同件について初めて語られたものであった。
　そこで、少々長くなるが、背景理解のため、当時の新湊市のその問題に対する姿勢を嶋崎議員の質問に対する産業建設部長の答弁をまとめた形で見ていく。市街化調整区域において、農地を農地以外に供するためには自己の土地であっても農地法上の転用許可が必要とされている。そして、中古自動車販売業として農地を転用する場合でも、適正な申請であれば、農業委員会の審議を経て県知事が許可することとなる。また、新湊市内の中古自動車販売のための車両置き場に関しては、当初から中古自動車販売のための車両置き場を転用目的として申請のあったものの他に、当初は資材置き場として農地からの転用を行い、その後理由があって中古自動車販売のための車両置き場となっているものもあった。このような事例では、当初申請どおりの転用がなされ、土地登記簿の地目変更も終わっているならば、新湊市としては農地法上問題がないとしていた。一方、都市計画法及び建築基準法の関係では、中古自動車販売店舗の多くはプレハブ構造の簡単な建物であるため、短期間に建設されてしまうのが実状であり、法律に基づいていないとの疑いを市としても持っていた。しかし、それに対して新湊市は特定行政庁である県の指導の下、都市計画法、建築基準法等関係法令に照らし、適正なものとなるよう努力していく旨の答弁がなされた。つ

---

54) ただし、市街化調整区域内でも、一定規模までの農林水産業施設や、公的な施設、コンビニエンス・ストアやガソリンスタンドのような交通に必要な店舗、及び公的機関による土地区画整理事業による整備は可能である。また、同地の他の日本人業者は自動車の修理設備を保有し、それに付随する形で中古車業を行うという申請を行っているため、問題にならないとされている。外国人中古車業者は顧客としてロシア向け輸出のみを対象とし、彼らに対してはアフターケアの必要が無いため、販売のみを目的としており、修理施設は持っていない業者が大半である。

まり、当時の新湊市の解釈としては、中古車業者の土地利用に対して県知事の認可を受けていることから法的な問題は大きくないと見ており、店舗の形態については県と協議して決定するとの立場をとっていたことが分かる。このような経緯等もあり、2007年に旧小杉町・下村の地域住民によって射水市の8号線沿いを中心に行われた外国人中古車業者に対する規制を求める署名活動では、書面の提出先は県知事宛てとなっている[55]。

そして、店舗が簡易施設であるとの立場をとっていたことにより、パキスタン人業者は店舗内に下水道を完備できず、前述の平成16年12月の小杉町議会定例会における筒口議員の発言にもあったように、トイレを使用する場合、屋外に簡易トイレを設置するか、近隣のコンビニエンス・ストアやガソリンスタンドで借りる場合が多くなってしまっている。その行動が日常化する中で、コンビニエンス・ストア店員の中には「業者の中には買い物もせず、さも当然だという態度でトイレを使う人がいる。客ではないので断ります」[56]といった対応をとるものも出てきており、2007年8月に筆者が聞き取り調査を同地で行った際も、トイレの問題を指摘する人は少なくなかった[57]。ここには、これまで見てきたように、日本人住民と中古車業者の間には、自治会の代表者を除き、接点がほとんど無いことから、店員の発言が多くの住民の間で共有され、意識を悪化させている構造も存在している。

そのような法的な面ばかりでなく、中古車業者周辺における日常生活上のマナー等も問題視されていた。上記質問と同会期中（第2日目）に、四柳允議員（自民クラブ）が代表質問として、近年の富山新港の状況を説明する中で、「まさか今のように外国人がこんなにも多く、直接商取引を行うようになるとは思いもしておりませんでした。地元あるいは日本の業者以上に、我々の地域でも中古車展示場を新設するのはパキスタン人を中心とする人たちだけというのが実情であります。本当にどうなっているのかよくわかりません。まじめに商売

---

55) その署名を受けて県が問い合わせたところ、2007年12月5日に国土交通省は常設されたコンテナハウスを建築物と見なすとの見解を富山県に示した。
56) 『北日本新聞』2004年6月21日（朝刊）。
57) 中古車業者からも、トイレを設置できるレベルの建物を建設したいとの発言も多く聞かれる。

を行っている、外国人業者ももちろんいるはずでありますが、私の地域では、文化や生活の違いから来るさまざまなトラブルが起こり、改善をお願いしても聞いてもらえないし、逆に開き直られることもしばしばであります」と述べ、周囲で反感が強まっていたことを示している。この背景には中古車業者、地元社会の双方が交渉のチャンネルを持たなかったこともあり、一部業者が起こす農道への駐車や積み出し時に車が国道にはみ出すといったトラブルを起こす事業主と、「まじめに商売を行っている」多くの事業主が区別されずに同一視されてしまっていた状況がある。このような意識は先の小杉町の状況とも共通したものがある。そして、四柳議員は同じ質問の中で、外国人犯罪の増加に触れ、「私の聞いている自動車の窃盗だけでも、トヨタ自動車の営業所、それから運送業の方、建築業の方、中古車販売業の方など6台ほどありますが、いずれも未解決だということであります。これは、外国人の犯罪とは限らないと思いますけれども、十分に予測できることであります」としており、被疑者が確定していない場合でも、公式の場においてパキスタン人を含めた外国人に疑いがかけられている状況が見て取れる。これは先に、ロシア人の周辺で起きた問題がロシア人が起こしたものではないにもかかわらず、ロシア人への反感に繋がった意識構造と似通ったものがある。

 そして、平成14年9月定例会（第3日目）において、堀義治議員（自民クラブ）は一般質問として、マナー等の問題に触れた上で、「新興住宅地にまで販売店が入り込み、当然付近は安全上、風紀上、そして景観を著しく阻害しています。絶対に歯どめが必要です。現在の条例で対応できないときは、新しい条例、例えば景観条例等をつくり、管理体制を強化するのも私たちの務めだと思います」と述べ、市の対応を求めた。それに対する市の答弁は条例策定よりも、施策の展開を優先すべきとするものであった。また、その答弁の中では、市の農業委員会に対して中古自動車店進出に反対する住民署名が提出されたことも紹介されていた。

 その1年後の平成15年12月定例会（第3日目）にて、堀義治議員（自民クラブ）は一般質問として、「住民の恐怖と外国人中古車販売」と題し、「片口地区の新興住宅地に外国人中古車販売店が3区画占領しています。『安全で住みよいところと信じ、お金を借り土地を購入し家を建てたが、こんなところへ来

なければよかった』と言っているのが高場新町三丁目の住民の声であります。日本のルールを守る気持ちがない外国人に、パトロールをし、指導や警告などを行っても、勝手し放題でよくなるはずがありません。ましてや新湊、小杉の販売店一帯で発生した強盗・窃盗事件は約2年間で6件にも上り、犯人像は外国人風でいずれも未解決であります。住民の恐怖がなくなり、安全な環境を取り戻すには全面排除しかないと住民が言います。治安の維持が困難になった今、善良な住民のための住環境を乱している暗躍的で営業実態の不透明な販売店を全面排除するような条例の整備を考えるべきではないか」と再度、条例の制定を求めた。前年に堀議員が提起した条例案の目的が「管理体制の強化」であり、今回の目的が「悪質な販売店の全面排除」であったことを考えるに、中古車業者に対する反感がより高まっていたことが見えてくる。そして、この発言に対して当時の福祉環境部長は、そのような条例策定は職業選択の自由を侵すことに繋がるため不可能であるとしつつ、「排除するだけでなく、同じ地域に住む住民として、お互いに理解し合う友好交流の観点も大事なことではないでしょうか」と冷静な対処を求めていた。また、その答弁の中では、「市民の間にある不安感をなくし、安全で住みよいまちづくりを推進しなければならない」とも述べており、市も地域における不安の存在を認識していたことが分かる。当時の状況に対し、筆者があるパキスタン人中古車業者に話を聞いた際には、「地元との関係が険悪なものだけなら、100件以上も事業は拡大できなかった。賃貸料は地元の人の生活に役立っているし、税収にだって貢献している。問題があるなら、いってくれれば直すし、仲間にも伝える。また、悪いイメージだけを流す報道が存在していることにも問題がある」と短絡的な解釈に苦言を呈し、対話の必要性が語られた。

　これらから、同地では外国人が増加し、必要性が感じられつつも十分な交流はなく、トラブルと外国人が強く関連づけられ、彼らに直接の原因が無いトラブルや事件も一概に周辺に多く見かけられる外国人全般への反感に繋げられていることが見えてくる。また、冷静な観点を欠いた言説も文書ばかりでなく、後述する調査の中でしばしば聞かれた。その点を考えれば、これらの問題に対する精力的なはたらきかけが、その後も全市的には十分に行われてはこなかったことが分かる。

第3節：伏木富山港周辺地域に共通する問題と方針

　これまで見てきたように、伏木富山港周辺地域において対外国人意識の面では、地域や外国人の文化・国籍に起因する明らかな相違は見られなかった。そして、同地域に共通して1990年から現在まで周囲で生活する外国人が数、国籍両面で増加し続け、それに伴いトラブルも発生したにもかかわらず、交流や対話の機会を持たなかったことから相互理解や問題解決が進まず、摩擦や不信感が高まっている状態にある。その一例として、ある体験談を挙げてみたい。新湊市議会の平成8年3月定例会（第3日目）において勝山雄平議員（自民党議員会）が一般質問として、外国人に疑いの目を向けることを防ぐために、外国人犯罪の実態と対策の明示化を求める中で、その認識を持つに至った自身の経験を語ったものである。議員の自宅は旧新湊市地域の南側に位置し、細い路地に面しており、人気が余り無い場所にある。ある日の日中に友人が車で訪ねてきて駐車している間に、車内が物色され盗難に遭ったという。そこで、「あきらめきれぬまま友人が帰る途中、2人連れの自転車の外人に出会ったと漏らしました。ただそれだけで犯人だと決めるわけにもいきません。しかし、疑いたくなるような気もわかるような気がします」と、外国人に対して疑いの目が向けられている風潮を代弁している。先述の稚内市議会等でも同種の発言が見られるが、その場合と同様に勝山議員の発言内容は市議会という公的な場で語られている以上、地域内である程度共有されている感覚と捉えることができよう。この背景には、それまで外国人の起こす犯罪が余り無かった場所で外国人による犯罪が起き始めたこと、マスメディアによる外国人犯罪情報の影響、犯罪が強調されがちな風評、犯罪に関与しない「普通の」外国人との接点が希薄であること等が挙げられる。中でも、相互の対話が不十分であるため、相手の意図や状況が分からず、摩擦や不安が増大し続け、外国人全体が犯罪やトラブルと関連づけられるという構造は、その根幹にあたる。

　そこで、伏木富山港周辺地域における民間団体、外国人、行政それぞれの活動の傾向や今後改善が必要な点を整理し、伏木富山港周辺地域全体が抱えている課題を明らかにしたい。

　第一に、民間団体であるが、その特徴として、単一の目的で来日した外国人

と接点を持ち、地域に密着した活動を行っている傾向が強い点が挙げられる。その中には、活動が定着し基盤形成ができ、地域社会の国際化や、多様化が進行したこともあり、交流を行う外国人もそれに伴い変化してきた団体もある。あるいは、海外と直接人的交流を進める団体もあり、活動自体も多岐にわたっている。しかし、その一方で課題も存在している。それらの活動が個人あるいは数名の強い熱意や発想に依拠しており、活動が行われる周辺の人に対して好影響を与えているものの、広域的な意識改善には至っていないことである。そこで、伏木港と富山港周辺でロシア人船員が起こすトラブルを憂慮した地元の有志が治安の安定という共通した動機によって、ほぼ同時期にパトロールを始めた後の経過を取り上げたい。伏木港周辺ではパトロール開始後、夜警で出会うロシア人はマナーが良い人がほとんどであり、一部の行為を見てロシア人全てを悪者と決めつけていたのではないか、としてその団体はロシア人の知り合いを増やし、ロシア語を学ぶというような国際交流の面に方針を転換した[58]。その一方で、富山港周辺では船長らの協力もありトラブルの減少が見られたものの、筆者が2004年に地元の関係者に話を聞いた際には、意識や活動内容の変化を聞くことはできなかった。つまり、活動が個人の発想に依拠する以上、ロシア人側の変化やどのような点に目を向けるかは個々の裁量や経験に左右されるのである。また、富山市内でロシア人との交流を20年にわたり続けている団体の代表は「私たちの活動に参加している人はロシア人に対して、好印象を持ってくれているけれど、国道沿いの中古車店舗の周辺ではよくないようです」と活動の現状と限界を語っていた。もちろん、これらは精力的な活動を行っている個々の団体の非ではなく、民間団体が持たざるを得ない側面である。このような課題を解決するためには広域的性格を持つ行政との協働や団体相互の連帯が必要となってくる。そして、団体間の連携に関しては、富山市においてNPO同士のネットワーク化を図る団体も誕生しており、その萌芽は見られる。

　第二に、外国人が主体となった活動について見てみると、目立つのは旧小杉町や旧下村近辺を中心としたパキスタン人中古車業者の動きである。彼らはニ

---

[58]『北日本新聞』2004年1月29日（朝刊）。

ューカマーの中では比較的早い段階で来日し、自営業を興し、日本人の配偶者と暮らしている場合も多いことから、日本語や日本の慣行に通じている人も少なくない。また、同業者ということで、利害を共有しており、組織立った活動に移行しやすい[59]。そのため、地域の代表者と接触を持とうとする意志が存在する場合、地域社会との情報供給や相互理解が進みやすい状況にある。確かに、それぞれの議事録からも分かるように地域的な懸隔はあるものの、素地は整っていると捉えることができる。今後、彼らのような積極的に対話の機会を持とうとする意志を活かしていくためには、地域住民や地域の代表者が彼らを受け入れ、対話を重ねる意志を持ち続けることも必要とされよう。

また、目立ったトラブルは伝えられておらず、議事録でも扱われることのなかった中国、インドネシア、フィリピン等からの研修生は帰国時期が予め決定されており、単身者が多く、日常生活が住居と職場の往復が主となりがちであるため、自らの要望を形成する組織を作る事例は見られない。

日系ブラジル人の地元社会との繋がりとしては、高岡市においてサンバチームを作り日本・ブラジル双方の子どもが行事に参加しているという事例がある。しかし、トラブル解決は個々の団体、あるいは個人が担っている傾向にあり、組織化は余り進んでいない。筆者が2004年10月に行った新湊市の行政担当官との面接調査の中でも、「彼らは日常生活や仕事が大変で、そのような活動に対して関心が余り高くないようです」と、その印象が語られていた。このような意思の表出に対する関心の低さと、彼らの置かれている雇用状況は梶田ら（2005）でも指摘されているように[60]、多くの日系南米人集住地域に見られるも

59）2004年10月の新湊市役所における聞き取り調査の際には、「それぞれが商売敵でもあるため、十分に連携が取れていないようです」との意見も聞かれ、地域や立地に拠る問題も存在している可能性もあるため、単純に全ての業者が連携しているとはいい切れない部分がある。また、中古車業者への聞き取りでも、代表組織に関しては数度の移り変わりがあり、全ての中古車業者が一律に行動している訳ではない。そして、かつて中古車業者は小杉町や下村を中心にして商売を展開してきたが、新湊市に店舗を構えた業者は比較的後発の部類に入るため、同地の業者の多くは従来から日本に住んでいた外国人よりも、中古車ビジネスを行うために来日した人が多いという特性も見られる。しかし、その中には日本人をスタッフとして雇い、トラブル回避や日本のビジネス慣習の学習に努めようとする動きも見られる。

60）特に、梶田ら（2005）、第11章。

のである。

　一方で、地元社会の側から富山市役所へ、国籍は特定されていなかったものの、外国人に対して草むしりや清掃等の自治会行事への不参加が目立つとの苦情が寄せられたことも調査の中では聞かれた。これらから、伏木富山港周辺地域における外国人の多くは、その地域を構成する市民として日本社会との接点が十分ではなく、相互の情報や連絡、及び問題意識の共有がなされていないといえる。そして、個々の国籍あるいは文化圏ごとの組織化も十分になされていないことからも分かるように、異文化が混在している当地の状況を活かした外国人相互の人種・国籍を超えた連帯は形成されていない。

　繰り返し述べているように、当地では相互理解や接点の不在が大きな問題となっている。そこで、対話を行う場の形成が必要と思われるが、そのためには地域社会の体制整備や意識改善ももちろんのことながら、外国人の側に対しても対話と情報共有の重要性に関する認知、及び地域社会への参画意欲を高めていくことも必要とされよう。その効果は積極的に活動を進める中古車業者の周囲でトラブルが減少したことからも分かる。2004年1月14日の『北日本新聞』（朝刊）の特集記事「アジアの十字路」においても、他のパキスタン人経営者が周辺住民の不満を初めて聞いた際、「迷惑をかけるつもりはない。問題があればいってほしい。仲間にも伝える」と発言したことや、前節での発言に見られるように、その感覚は中古車業者の中に広く受け入れられた認識である。このような認識の広がりは伏木富山港周辺地域における今後の外国人の地域社会への参加に対する可能性を感じさせる。

　第三に、行政の動きについて見てみることとする。日本において外国人の生活上の問題や地域との交流に対してはそれぞれの市町村の単独事業と位置づけられている。今回取り上げた4自治体においても2005年当時、高岡市は企画調整部男女平等・国際交流課、富山市は企画管理部文化国際課、小杉町は総務課、新湊市は企画総務部企画情報課男女共同参画・国際係、がそれぞれ外国人施策を主に担当していた。其々の担当課は行政規模や所属部署の方針に多少の違いはあるものの、国際理解教育のために教育機関等から要請のあった場合には海外の文化をその出身者に伝えてもらうように要請したり、他の課と共同で外国人の生活相談を受ける中で、市民から寄せられるトラブルを未然に防ぐこ

とを通じ、地域在住の外国人と接点を持っている。しかし、今回取り上げた議会における発言にも共通していた接点の少なさに関しては、それぞれの国際交流協会の活動に期待する旨の答弁に終わることが多く、その国際交流協会に関しても民間の交流団体同様、活動は行いながらも意識の向上が限られた参加者の周囲に止まってしまうという問題点を抱えていたのが実情である。また、外国人と情報を共有する意図を持った富山市の外国人との懇談会や新湊市の防犯協会外国人対策部会に見られるような、現状に対応した評価すべき行政側からの活動はあったものの、それらも民間団体の活動と同様に個人の熱意や発想に依拠していたため継続性を持たなかった。このような活動を行う上での問題は伏木富山港周辺地域にのみに当てはまるものではなく、全国的な傾向といえる。[61]

ただ、そこに改善が望まれている状況が生まれている以上、解決を図らなければならない。先にも挙げたが、行政が持つ特徴は広域性を持つことである。そして、地域で必要なものとして接点の増加と対話が挙げられるとするならば、幾つかの自治体で行われている外国人会議等を下敷きにした上で、より地域に密着した対話の場の形成という手法が必要とされよう。そして、そのような手法の効果として、相互理解の促進、トラブルや摩擦等の減少、地域社会への参加意識の向上、多様な意見の集約が挙げられる。かつ、そのような場においては、定住者ではないものの地域との接点が多いロシア人船員に対しても、かつて行われていた新湊市の意見交換会の場合と同様に、毎回同じ代表者ではなくとも、多くの船員の意見を聞く立場にある人に参加を求めることで、住民との間の認識の相違を埋めていく形式を採ることも重要であろう。また、それは富山県が進める環日本海交流という視点とも合致するものである。

本節で想定されている交流や対話、及び施策充実等による効果は、これまでのように意識の高い一部の自治体や町内会、あるいは民間団体の周囲だけで終わっては十分には発揮されない。広域性を持つ行政が外国人を含めた地域社会

---

61) 一例として、東京都でも青島幸男知事在任時の1997年に知事の私的諮問機関として「外国人都民会議」が設置された事例が挙げられる。その後、「外国人都民会議」は2000年4月の石原慎太郎知事によるいわゆる「第三国人」発言を受けての議員の辞職や開催延期を経て、2001年3月に知事の発言に対する非難を盛り込んだ第2期都民会議の報告書を提出した後に廃止され、「地域国際化推進検討委員会」と名称及び組織体系の変更が行われた。この事例からは、外国人会議という組織の位置づけ、あるいは法的な保障の重要性も見えてくる。

や民間団体と連携して、継続性を持ったシステム形成を進めていく必要がある。

第4節：小括

　現在、日本社会において外国人の存在は以前までとは人数や構成の点で大きく変化している。しかしながら、その変化を受けた交流や対話を促進する手法等の面での十分な対応は行われてはいない。かつてであれば、自らや外国人の周囲のみの限られた範囲（個人の善意が及ぶ範囲）で発生した問題においては対応できていたものが、その規模が増大し、多様化した現在では対応しきれなくなってきている状況にある。

　現在の伏木富山港周辺地域において、民間団体、外国人、行政の3者とも対外国人意識が良好であるとは思っていない。そして、その危機感もあり、それぞれの活動の中で周囲の摩擦を緩和しようと努力している。しかしながら、それぞれの組織が十分な連携が取れないままに努力を重ねているため、今のところ、活動の周囲でしか効果を得ることができないでいる。確かに、個々の組織の独自性は尊重されるべきであるが、1つの活動を行うだけでも大きな負担になるのであるから、地域に起きている変化が質・量両面で大きいことを考えれば、方向性を相互の対話の中で形成し、協同性を高めることで広範囲に効果を上げることが可能となるという視点も、今後一層必要とされよう。

　本章で事例として挙げてきた外国人会議、船員を含めた意見交換会や継続した交流事業、あるいは民間団体同士の連携は実際に行われてきた経緯があり、そのような活動の継続あるいは広域化を想定することは不自然なことではない。それに加えて、摩擦の存在等に対して、地元社会、外国人双方に共通の懸念があり、地元紙や議会答弁でもしばしば目指すべき方向が示されていることは状況を好転させる基盤を同地が持っていることを示している。

　確かに、現在の伏木富山港周辺地域、あるいは他の大多数の日本の地方都市のように、外国人との接点がほとんど無かった地域において外国人が急激に増加するならば、摩擦が発生するのは当然ともいえる。また、一部の犯罪等のトラブルを個人の問題と見なさず、集団に問題があるとするステレオタイプ的な見方が、相互の対話が不在の中で形成されることもよく見られる傾向ではある。

しかしながら、一層の国際化が進展するであろう今後に向けて、それらは改善されなければならない問題である。そして、これまでに存在している様々な差別問題の対応を見ても分かるように、一度形成された意識を改善させるためには、教育や実情の周知が長年にわたり必要となる。現地において面接調査という形ではなく、住民と日常的な会話をする中で「今の若い世代の時代になれば、差別や悪い意識も無くなるのではないか」との楽観的な話がしばしば聞かれた。しかし、近年、移民を受け入れて半世紀近くが経ったヨーロッパ各国やアメリカにおいても問題が噴出していることに代表されるように、多くの地域が差別の解消に苦慮していることは、単に接触が増加しただけでは問題が解決しないという事実を表している。そして、上記の地域が日本に比べ程度の差はあっても、異文化理解に対する施策を積極的に進めてきたことや、伏木富山港周辺地域が外国人受け入れに関しては後発地域であることを考えれば、同地において、関係者の連帯と協議を進める中で、より地域の実情に合った相互理解を推進する施策を重点的に行っていくことが必要とされる。

第 4 章
日本海沿岸地域における対外国人意識比較

第 4 章　日本海沿岸地域における対外国人意識比較

第 1 節：本章の分析課題

　第 2 章、第 3 章で見てきたように、稚内市と旧新湊市地域という 2 つの地方の小都市における対外国人意識は、両地域に外国人の構成や産業基盤等の違いがあるにもかかわらず、共通する要素が多く見られた。そして、従来の地方の工業都市における対外国人意識とも多くの共通性を見せている。そこで、本章では 2007 年 6 月から 7 月にかけて稚内市及び旧新湊市地域を対象とし、多くの先行研究が存在する地域（大都市や日系南米人集住地域）における他の研究者の調査と同一の質問の文面を一部に用いたアンケート調査を通じて、両地域の特性を検証していく。

　そして、これまでの議論も踏まえた本章の主たる分析課題を 4 点挙げておきたい。第一に、地域に起因する意識の違いは存在するのか。あるとしたならば、なぜ生じるのか、という点。第二に、個人的な交流経験がある程、意識が良好なものになるとする交流仮説は多くの工業都市における調査でも成立したが、地方の小都市においても同様なのか。そして、現在、地方の小都市で地域社会と外国人との間に起きている接触頻度の高まりはどのようにして個人的な交流へと結びついているのか、という点。第三に、どのような接触（あるいは交流）の機会や手法が対外国人意識へ影響を与えるのか、という点。第四に、対外国人意識を改善するにあたり、どのような組織の関与が重要になるのか、という点である。

　本章ではこれらに対する分析を通じて、これまでの大都市あるいは工業都市から発信された対策や研究では捉えきれない地方の小都市の特性、及び全国に共通した問題点の双方を明らかにしていく。

第2節：アンケート調査の概要

このアンケート調査は両地域の選挙人名簿を用いて、市内より無作為に稚内市は2,800人、旧新湊市地域は2,400人を抽出し[1]、共通の質問票を用いて郵送調査法により行った。両地域の回収率は稚内市は14.1％、旧新湊市地域は23.1％であり、回収できた標本数は稚内市が396人、旧新湊市地域が556人であった。一方で、転居先不明や住所不明といった理由により稚内市から122通、旧新湊市地域から27通が返送された。返送数が多い背景には今回採用した選挙人名簿が2007年3月1日に作成されたものであり、引越し等の移動が多い4月を挟んだ4ヶ月後に調査が行われたことが考えられる。中でも、稚内市では近年、年間の人口減少が常に500人以上の規模に及んでおり転出者が多い傾向にある[2]。また、回収率に違いが生じた要因としては、地域面積の差異（稚内市：760.8km²、旧新湊市地域：32.4km²）という地理的条件により、返信を煩瑣と感じる人が稚内市に相対的に多かったことや、第1章でも挙げたように、1世帯あたりの人員に差があり（稚内市：2.1人、旧新湊市地域：2.9人）、質問票への回答を促す人や郵送を請け負う人が旧新湊市地域の方に相対的に多かったこと等が想定される。

第1項：対象者の属性

稚内市の調査者の男女構成は男性206人（52.0％）、女性185人（46.7％）であり、旧新湊市地域の男女構成は男性262人（47.1％）、女性291人（52.3％）であった。また、調査者の年齢構成比は表1のようになっている。

また、本調査では学歴、年収といった変数を聞いていない。その理由は、2003年の「個人情報の保護に関する法律」の成立、及びその作成過程における議論等から個人情報に関する守秘意識が高まったことにより、その質問を入

---

[1] 今後、介護分野に外国人増加が想定されるため、高齢者の意識を知ることも重要と考え、年齢に制限は設けなかった。ただ、80歳以降の年齢別表記は行わず「80歳代以上」として取り扱う。
[2] 人口減少の進む稚内市は2002年に総務省が過疎地域自立促進特別措置法の指定する「過疎地域市町村」に指定されている。一方、射水市は指定を受けていない。

表1　調査対象者年齢構成比

	20歳代	30歳代	40歳代	50歳代	60歳代	70歳代	80歳代以上
稚内市	7.8%	14.4%	16.9%	24.5%	19.4%	11.6%	3.5%
旧新湊市地域	4.9%	11.2%	17.3%	18.0%	25.0%	16.5%	5.8%

れることで回収率を大きく下げ、調査としての信頼性をも下げてしまう可能性があったためである[3]。

第2項：両地域の外国人構成に対する認識

　このアンケートでは冒頭で「あなたが日常生活を送る上で接する（あるいは見かける）外国人は何人（なにじん）ですか」との質問を行ったものの、ルビの字が小さかったことから[4]「なにじん」を「なんにん」と解釈する人も多く、数字で回答した人あるいは空欄の人が稚内市で53.3％、旧新湊市地域で71.9％おり、信頼に足るデータとはならなかった。その点を踏まえて、それぞれの構成比を見ると、稚内市では「ロシア人」と回答した人が20.2％、「ロシア人・中国人」が15.9％、「4ヶ国以上回答」が2.8％、「ロシア人・中国人・アメリカ人」が2.3％であり、旧新湊市地域では「4ヶ国以上回答」が10.1％、「ロシア人・パキスタン人」が5.0％、「ロシア人」が2.5％、「ロシア人・パキスタン人・ブラジル人」が1.8％、「中国人」が1.3％で、以下様々な組み合わせが存在する、というような傾向が見られた。また、在日コリアンを挙げた回答も見られたが[5]、主要な組み合わせとなるほど、多くはなかった。

　これらから両地域の特徴として、第一に、第2章で紹介した2002年のアンケート調査の自由回答欄では、当時稚内市においては中国人の存在を挙げる人はいなかったにもかかわらず、5年後の本調査では中国人が稚内市において広く認識される存在となっていることが挙げられる。第二に、旧新湊市地域では

---

3) 近年行われた意識調査では20〜30％程度の回収率であることが多く、本調査が最低限の標本数として想定していたものが対象地域の人口の1％程度であったため、実際の標本数を考えれば、詳しい属性を聞かなかったことで一定の標本数を回収できたと考えている。
4) 実際の調査票では「何人」の部分のみ、マイクロソフト・ワードの「MS明朝」のフォントサイズを10.5から11に拡大した。
5) 回答内の在日、朝鮮人、韓国人の表記は全て「在日コリアン」に統一した。

4ヶ国以上の国名を回答する人が最も多かったことから、先述のように同地が外国人が混在している状態にあることが挙げられる。また、旧新湊市地域における回答では「アジア系」や「東南アジア系」との記述がしばしば見受けられたことは、「どのような背景を持つ人かは分からないけれど、外国人がいる」といった見方をしている人が存在していることも分かる。

第3項：両地域の外国人との接触

本調査では両地域をはじめとして、ロシア人船員のような短期滞在型の外国人が生活している地域の数量調査に基づく先行研究が十分に存在していないことから、他の外国人が多く居住している地域と比較した際にどのような傾向を示すのかを分析する必要があった。そこで、本調査と同様の手法によって2005年に大阪府大阪市、静岡県浜松市、愛知県西尾市等で行われた谷らの調査と同一の質問を一部使用している[6]。まず、日常生活の中で外国人と顔を合わせる機会に対する回答である表2から見てみると、稚内市と旧新湊市地域において外国人と顔を合わせる機会はほぼ同程度あり、大都市である大阪市、及び日系南米人が多く暮らし[7]2005年より外国人集住都市会議にも参加している西尾市と比較すると、より多くの市民が外国人を見かけており、現在、外国人登録を行っているブラジル人の人数が日本で最も多い自治体である浜松市と同程度であることが分かる。

また、外国人を見かける場所としては、筆者自身の現地での経験と面接調査によれば、稚内市の場合、ロシア人船員は港近くの市民も多く利用する商業施設で最も多く見かけられ（面接調査を行った22人全員もその施設を挙げている）、その他のホームセンター等の大型商業施設、温泉施設でも見かけられることが多いが、彼らを見かける場所は市内の中心部に限られている。ただ、稚内市民にとっては生活用品調達のために、市街地から離れた所に居住していて

---

6) 後の小内の調査との比較でもいえることであるが、比較に使用した調査の質問文で「外国人労働者」という単語が使用されていたため、本書で取り上げた対象は必ずしも「労働者」に限らないことから、使用を断念した質問も多い。

7) 2005年10月の段階で西尾市の全人口に占める外国人登録者の割合は4.3％であった（山本かほり「外国籍住民の増加と地域再編（5）」第78回日本社会学会大会、2005）。

表2　町や電車等で外国人と顔を合わせる機会

	稚内市	旧新湊市地域	大阪市	浜松市	西尾市
よく見かける	64.9%	66.9%	32.2%	62.5%	47.5%
たまに見かける	31.8%	28.2%	48.1%	29.6%	38.6%
あまり見かけることはない	2.3%	3.8%	17.9%	6.2%	11.2%
まったく見かけない	1.0%	0.7%	1.3%	1.0%	1.7%

※出典：大阪市の数値は谷富夫「外国人労働者に対する意識の国際比較」第78回日本社会学会大会、2005、での発表資料。浜松市及び西尾市の数値は山本かほり編『外国籍住民の増加と地域再編―東海地方を事例として―』（研究課題番号16530334）研究成果報告書』2007、より。以下同。

も月に数回は市街地の施設に買い物に来ることが必要であるため、多くの市民がロシア人船員を見かけることとなっている。また、中国人研修生を見かける場面としては先に挙げた商業施設内、彼らが個別に電話を所有していない場合が多い関係から公衆電話周辺、研修先である水産加工場周辺、居住地周辺が挙がった。他にも、宗教関係で来日しているアメリカ人、稚内北星大学の教員や留学生、農業や酪農が多く営まれている地域でのフィリピンや中国から来日した日本人の配偶者等が市内では見かけられている。

旧新湊市地域の場合は、港近くの市街地ではロシア人船員、居住するブラジル人、パキスタン人、中国人等が見かけられており、小中学校にはブラジル人やパキスタン人児童が珍しくない。国道8号線沿いには中古車業を営むパキスタン人（数は少ないがバングラディシュ人もいる）、顧客として訪れるロシア人が見かけられる。そして、港と8号線との中間地域では自転車で仕事に向かう中国人研修生や、中古車店舗や商業施設へ様々な手段で向かうロシア人船員、自家用車等で職場に行く日系南米人の姿が多く見かけられている。

そして、「隣近所では」との注記を付けた上での外国人との接触に関する質問である表3の結果から見えてくる点としては、第一に旧新湊市地域においては「見かけることはない」という回答をしている人が他の4市よりも少なく、市内全域で外国人を見かける割合が高いことが分かる。一方で、先述のように、稚内市では市街地を離れると外国人を見かける割合が減ることが、旧新湊市地域との数値比較から分かる。第二に、稚内市と旧新湊市地域では「見かける程

表3　隣近所での外国人との付き合い

	稚内市	旧新湊市地域	大阪市	浜松市	西尾市
よく付き合っている	1.8%	2.9%	6.3%	1.4%	3.6%
たまに挨拶したり、話をする	7.9%	10.1%	15.3%	8.2%	12.0%
見かける程度である	59.5%	68.7%	38.7%	50.5%	41.3%
ほとんど見かけることはない	17.9%	10.6%	27.7%	28.9%	22.4%
まったく見かけない	12.8%	7.2%	10.2%	10.7%	18.2%

度である」と回答した割合が約6〜7割を示しており、他地域に比べた時の両地域の接触頻度の高さが分かる。第三に、稚内市、旧新湊市地域、浜松市、西尾市では外国人との近所付き合いを行っている割合が高いとはいえ、大阪市の数値も谷が「在日朝鮮人との交際を反映しているかもしれない[8]」と指摘しているように、新来外国人だけに対象を絞れば、その割合は低下すると考えられ、日本社会全体として1980年代半ば以降増加した外国人との間の交流は、彼らを認知している割合に比べて進んでいるとは言い難い。また、この質問においては両地域共に年齢との相関では有意な差は見られなかったが、性別との相関において旧新湊市地域の場合、「たまに挨拶したり、話をする」という項目では男性が5.8％、女性が14.1％と差が見られた。これは、旧新湊市地域においては外国人居住者が多いため、彼らとの接点が生まれる近所付き合いや学校での行事に女性が多く参加する傾向のあることが関係しているものと思われる。

　そのような両地域の外国人をめぐる状況について、過去10年でどのように変化したと市民が感じているのかを聞いた質問においては、表4を見ると、稚内市では外国人が増加したと感じている人が過半数を超えているものの、4分の1程度の人は変わっていないと答えており、減ったと感じている人も一定数いた。これに関しては、稚内港の特例上陸者数の推移を見ると、1997年にはこれまでで最多の78,291人が上陸したものの、その数は2006年には23,491人

---

[8] 谷（2005）。

表4　過去10年での接触頻度の変化

	稚内市	旧新湊市地域
大幅に増えた	22.0%	39.9%
増えた	38.6%	41.9%
余り変わらない	24.7%	11.9%
減った	6.3%	0.5%
ほとんどいなくなった	1.3%	0.7%
もともと周囲にはいない	6.1%	4.7%

に減少しており、船員を対象とした飲食店や中古車業者も多くが閉店しているように、船員の上陸数の減少が顕著なことが背景にあると考えられる。また、中心街から少し離れた地域に住んでいる人に面接調査を行った際にも、「この頃、ロシア人が近所をウロウロしなくなりましたね。船員さんたちの間で情報が回っているのか、闇雲に歩くんじゃなくて、どこに安い店があるとか分かるようになってきたんじゃないですか」(70歳代女性)との声がよく聞かれた。つまり、統計上も、船員らの行動パターンからも稚内市の船員との接触頻度は変化してきている。しかし、そのような状況はありつつも、商店や輸入業の関係者ほどには船員の増減に敏感でない人も多いことや、中国人研修生の増加もあり、単純に外国人が少なくなったと捉えきれないというのが稚内市全体の現状である。もちろん、これを本書の分析の起点である「1990年からの接触頻度の変化」との質問に変えるならば、稚内市においても外国人が減少したという回答がほとんど見られないであろうことはいうまでもない。一方で、旧新湊市地域に関してはパキスタン人中古車業者の出店が約10年前より活発になり、顧客であるロシア人の往来も目立ち、外国人登録をしている人も射水市全体では1997年の828人から2006年の1,687人と倍以上に増加している[9]ことから、ほとんどの人が外国人が増加した、あるいは変わらないと回答したと考えられる。

---

9) 1997年の数値は新湊市、小杉町、大門町、下村、大島町の総計である。

第4項：外国人増加に対する意識

　外国人が周囲に増加することに対しての両地域の意識から見えてくる特徴としては、第一に、積極的に外国人の増加を賛成する割合に大きな差がないことが挙げられる。鈴木ら（2002）で3つの自治体を比較した際も同種の質問に対する数値は低かったこと[10]を考慮に入れれば、これが両地域だけの特色とはいい切れず、外国人の増加を日本の地域社会が十分に受け止められていないことが分かる。第二に、外国人と接触する機会が稚内市に比べ全域に広がっている旧新湊市地域の方に外国人増加に対して、より否定的に見る傾向があることが挙げられる。第三に、両地域に共通して「どちらとも言えない」という回答が半数程度を占めていることが挙げられる。この反応は、稚内市の面接調査で聞かれた「外国人がそばにいて不安だ、っていうのはないし、国際交流とかそういうのは好きなんだけど、やっぱ事件だよね。民族性の違いからトラブルが起きたりしないかなー、っていうのがあって、大手をふって賛成とはいえない。初めは国際化の時代だから、『賛成』に丸つけようと思ったんだけど、その点はいかんともしがたいね」（70歳代男性）との意見に代表される。つまり、現在でも将来的にも、外国人を迎え入れることは必要であるけれど、事件やトラブル等の要因を考えると積極的に賛成もできない人は多い。また、2002年に愛知県岡崎市が無作為に抽出した18歳以上の市民2,000人に対して行ったアンケートでも、外国人増加に対して「何ともいえない」と回答した人が45.0％となっており[11]、外国人が増加した地方社会において、その効果等の好ましい面は理解しつつ、否定的な側面も気にかかる人が大きな割合を占めている傾向が見て取れる。

　また、男女別の傾向としては、稚内市の場合、「賛成」と「どちらかと言えば賛成」を併せた割合が男性は26.0％、女性が14.3％であり、「どちらとも言えない」と回答した人が男性で49.5％、女性で59.1％となっていたことから、

---

10) 2001年に行われた調査で、東京都豊島区、神奈川県大和市、群馬県伊勢崎市の選挙人名簿から抽出した母集団に対して、調査員による訪問面接法が用いられた。該当する質問は「近所に外国人が増えること」を聞いたもので、「好ましいことだと思う」と回答した人は5％程度に止まった。ただ、この質問に関しては選択肢が4つしかなく、「どちらとも言えない」に当たるものが存在していないため、数値の細かい比較はできない。

11) 岡崎市『国際化推進に関する市民意識調査報告書』2003。

表5　周囲に外国人が増加することに対して

	稚内市	旧新湊市地域
賛成	5.3%	2.3%
どちらかと言うと賛成	15.2%	4.7%
どちらとも言えない	53.0%	48.4%
どちらかと言うと反対	20.2%	30.4%
反対	4.8%	13.8%

外国人増加を男性の方が比較的肯定的に捉えている。一方、旧新湊市地域の場合、「反対」と回答した割合が男性が18.4％、女性が10.0％であり、「どちらとも言えない」と回答した人が男性で44.1％、女性で53.1％であり、他には大きな差が見られなかったことから、外国人増加を男性の方が比較的否定的に捉えている。他の調査では若年層ほど良い傾向を示すことの多い世代別の意識に関しては、本調査では明確な相違は見受けられなかった。

第3節：アンケートに見る意識形成の背景

　上記のような概要が両地域には見られるのであるが、本節では、その意識がどのような要因から形成されているのかという点を、人口に占める外国人登録者数が2004年に15％を超えた日系南米人が集住する工業都市として知られる群馬県大泉町において2005年8月に小内らが行ったアンケート調査の結果との比較やクロス表分析を通じて見ていくこととする。[12]

第1項：外国人との接触状況

　外国人との交流の進展に関しては、表6を見てみると、日系南米人の集住地である大泉町と稚内市の傾向が似通っていることと、旧新湊市地域においては稚内市と大泉町に比べ交流が進んだと思えない層が多いことが分かる。前述のように、筆者は以前大泉町に隣接する太田市と稚内市の傾向をアンケート調査

---
12) 対象者は選挙人名簿から無作為に抽出した20〜79歳の町民で、郵送により回収し、有効回答数は465、回収率は35.8％。

表6　外国人との交流が進んだ

	稚内市	旧新湊市地域	大泉町
とてもそう思う	4.7%	2.3%	6.4%
ある程度そう思う	34.2%	21.9%	38.9%
あまりそう思わない	44.1%	41.7%	40.5%
まったくそう思わない	17.1%	34.0%	14.2%

※出典：大泉町の数値は小内透編著『調査と社会理論・研究報告書22　地域住民の外国人との交流・意識とその変化―群馬県大泉町を事例として―』北海道大学大学院教育学研究科教育社会学研究室、2006、より。以下同。

表7　外国の文化に触れられるようになった

	稚内市	旧新湊市地域	大泉町
とてもそう思う	2.5%	2.0%	4.1%
ある程度そう思う	26.6%	8.7%	31.3%
あまりそう思わない	47.0%	44.2%	45.9%
まったくそう思わない	23.9%	45.2%	18.7%

により比較したが、そこにおいても外国人との接触等に関しては高い近似性が見られた。一方で、外国人との接点に関しては、他の外国人集住地域や稚内市と同様に、外国人と多くの接触が見られた旧新湊市地域では彼らとの交流の進展具合が十分でないと感じる割合が高いことも見えてきた。そこで、その点に留意しつつ、以下の回答結果を検証していく。

　外国の文化に触れられるようになった頻度に関する回答である表7を見てみると、表6で見られたものと同様の傾向が見て取れた。稚内市と大泉町に共通する点としては「とてもそう思う」と答えた人が5％にも満たないため「比較的に」という注記は付くものの、外国の文化との接点が存在していることが挙げられる。その背景には、稚内市、大泉町双方が異文化を紹介するような事業や外国人の文化的背景に触れるような活動に行政や民間団体等が積極的にかかわっている、という要因がある。稚内市においては、行政による姉妹都市交流や商工会議所によるサハリンからの研修生招待、稚内商工高校による15年にわたるサハリンとの高校生の短期交換留学、あるいはソ連時代から日本との間の文化交流を図ろうとする全国規模の民間団体の支部が2つ存在し、それぞれ

が交流活動を行ってきたこと等がそれに当たる。大泉町においても日系南米人を行政が積極的に受け入れた経緯から外国人児童の教育環境の整備、行政と住民との3者会談の開催、ポルトガル語広報誌刊行等の施策が行われ、外国人の側からも地域の夏祭りにサンバパレードとして参加する動きがあったこと[13]等、により周囲に生活する外国人の文化に触れる機会があった。一方で、旧新湊市地域においては、第3章で紹介したように個々の活動は存在しているものの、射水市に合併後も全市的に行われている異文化理解に関する活動で、他地域に比べ特徴的、あるいは大規模といえるほどのものはない。もちろん、稚内市においても「交流事業があったのを翌日の新聞で知ることが多い」との発言が面接調査では度々聞かれる等、活動が十分でない点は多い。しかし、全市的なレベルで行われる交流あるいは異文化理解のための活動は、お互いの文化等に関する理解を深める上で一定の効果があるといえる。その点に関して、以下に挙げるクロス表を見ると、より明確である。

　一般的に表8のような接触頻度と対外国人意識との相関においては「たまに挨拶したり、話をする」人は「ほとんど見かけることはない」人に比べて外国人増加を肯定的に捉えやすい傾向がある[14]。そして、稚内市における相関では、その結果は通常通りであった。しかし、旧新湊市地域における結果ではそれが逆転している。

　そこで、旧新湊市地域の「たまに挨拶したり、話をする」人と「ほとんど見かけることはない」人の間の詳しい意識形成要因を表9と表10を通じて見てみると、「たまに挨拶したり、話をする」人は「ほとんど見かけることはない」人に比べ、外国人と挨拶はするものの外国の文化に触れる経験が少ないことが分かる。そして、他の相関からは、「たまに挨拶したり、話をする」人は行政の広報等の情報に注目しておらず、近所での評判を意識決定の要因とする傾向が強いことが分かった。ここで見えてくる旧新湊市地域において「たまに挨拶

---

13) これらに関して、詳しい経緯は上毛新聞社編『サンバの町から　外国人と共に生きる／群馬・大泉』上毛新聞社、1997。また、サンバに関しては財政的な理由や地元で中心となって活動していた人が亡くなったこと、地元の参加者が集まり難くなったこと等により、一時中断されていたが、2007年より日本、韓国、ブラジルの踊りを紹介するイベントの中の1つとして活動が再開された。
14) 小内ら（2001）、稲月（2002）、鈴木ら（2002）、小林（2007）等。

表8　旧新湊市地域における隣近所での接触頻度別と外国人増加に対する賛否

	賛成	どちらかと言うと賛成	どちらとも言えない	どちらかと言うと反対	反対	合計
よくつきあっている	2 12.5%	3 18.8%	7 43.8%	2 12.5%	2 12.5%	16 100.0%
たまに挨拶したり、話をする	3 5.4%	2 3.6%	37 66.1%	9 16.1%	5 8.9%	56 100.0%
見かける程度である	4 1.0%	15 3.9%	176 46.1%	129 33.8%	58 15.2%	382 100.0%
ほとんど見かけることはない	4 6.8%	5 8.5%	33 55.9%	17 28.8%	0 0%	59 100.0%
全く見かけない	0 0%	1 2.5%	16 40.0%	11 27.5%	12 30.0%	40 100.0%
合計	13 2.4%	26 4.7%	269 48.6%	168 30.4%	77 13.9%	553 100.0%

※カイ2乗値（以下、χ^2）：56.857、漸近有意確率 0.0%、セル内上部は該当人数、セル内下部は行内の比例分布（以下、同構成）。

したり、話をする」人の意識を生んだ背景としては、第一に、外国人との接点が表面的なものに止まり、習慣や文化に対する相互理解を深める方策が採られていないこと、第二に、悪化している意識が近所の口コミの中で語られていることが挙げられる。これを既述の旧新湊市地域の状況と併せて考えれば、日本人住民に対しては行政から外国人の状況や文化的背景を知らせる広報活動や啓発活動等が十分に行われず、外国人に対しては習慣に関する情報が周知されないためにトラブルが起きやすくなったことで、外国人との接点や日本人住民が外国人の関係するトラブルを間近で見聞きする機会の多い層における対外国人意識が悪化してしまっているのである。

第2項：経済効果に対する評価

　対外国人意識を規定する要因の1つとして、彼らが地域にもたらす経済上の影響もある。そこで、町がにぎやかになったか、という質問の回答結果である表11を見てみると、大泉町、稚内市、旧新湊市地域の順にそれを感じている

表9　旧新湊市地域における隣近所での接触頻度と交流の進捗

	とても そう思う	ある程度 そう思う	あまりそう 思わない	全くそう思 わない	合計
よくつき あっている	5 31.3%	5 31.3%	4 25.0%	2 12.5%	16 100.0%
たまに挨拶 したり、話 をする	3 5.8%	23 44.2%	22 42.3%	4 7.7%	52 100.0%
見かける程 度である	4 1.1%	68 19.3%	151 42.8%	130 36.8%	353 100.0%
ほとんど見 かけること はない	0 0.0%	12 22.2%	24 44.4%	18 33.3%	54 100.0%
全く見かけ ない	0 0.0%	3 8.8%	11 32.4%	20 58.8%	34 100.0%
合計	12 2.4%	111 21.8%	212 41.7%	174 34.2%	509 100.0%

※ χ^2：101.496、漸近有意確率：0.0%

表10　旧新湊市地域における隣近所での接触頻度と外国の文化との接触経験

	とても そう思う	ある程度 そう思う	あまりそう 思わない	全くそう思 わない	合計
よくつき あっている	5 31.3%	1 6.3%	5 31.3%	5 31.3%	16 100.0%
たまに挨拶 したり、話 をする	3 5.9%	5 9.8%	27 52.9%	16 31.4%	51 100.0%
見かける程 度である	1 0.3%	26 7.4%	156 44.4%	168 47.9%	351 100.0%
ほとんど見 かけること はない	1 1.9%	10 18.9%	22 41.5%	20 37.7%	53 100.0%
全く見かけ ない	0 0.0%	1 2.9%	13 38.2%	20 58.8%	34 100.0%
合計	10 2.0%	43 8.5%	223 44.2%	229 45.3%	505 100.0%

※ χ^2：94.810、漸近有意確率：0.0%

との傾向が見られた。大泉町に関しては小内も「バブル崩壊後に沈滞化した国道沿いの商店街に店が増えたこと[15]」がメリットとして挙げられたとしており、同様の発言は、その隣町に住む筆者の家族や知人からもしばしば聞かれることから、町がにぎやかになったことに対して一定の認知がされているものと思われる。稚内市においても、人口減少が進行し、人々の往来も少なくなる中で、バブル崩壊と時期をほぼ同じくしてロシア人の上陸者数が増加し、生活用品の購入等を目的として市街地を歩く姿を地元住民が見かけるようになり、地元スーパーや商店に新たな顧客が生まれ、地域経済の大きな助けになったことは面接調査でもよく聞かれた発言であった。つまり、大泉町、稚内市においては外国人が増加したことで、不況や人口減少等に一定の歯止めをかけた、という見方がある程度存在しているのである。一方で、旧新湊市地域の場合、外国人が増加したことで新たな雇用や収益が生まれたとの発言は余り聞かれず、静かだった農村地域に外国人の中古車業者が増えたことで騒々しくなり、不安が高まっただけ、との見方は次章で紹介する自由回答欄で大勢を占めるものであった。

　次に、表12に挙げた経済効果に関する質問を見ていく。また、この質問は、小内の質問にあった「にぎやか」という言葉が2008年発行の『広辞苑　第六版』によれば「①にぎわしいさま。盛んなさま。繁盛するさま。②よくしゃべり、よく笑って、陽気なさま」（2122頁）と捉えられ、人が多く活気のある状態を示しているのか、経済的に豊かな状態を示しているのか、という点が曖昧であり、意識を分析するにあたり、経済的な面に絞って検証を行う必要もあると考えたため、本調査で新たに設けたものである。表11と表12の違いで目立つのは旧新湊市地域では、町のにぎやかさを聞く質問との比率分布に大きな違いがなかったものの、稚内市においてはその違いが顕著だったことである。外国人との接触量に両地域で大きな違いが無いことを考えれば、稚内市の方がより、外国人が増加したことに伴う経済効果を感じていることが分かる。

　その相違の背景を見てみると、稚内市の場合、水産物の輸入だけでなく、船員らによるスーパーや100円ショップ、ホームセンター等での物品購入を経済

15）小内ら（2001）、333頁。

表11　町がにぎやかになった

	稚内市	旧新湊市地域	大泉町
とてもそう思う	2.5%	1.0%	11.3%
ある程度そう思う	24.8%	8.9%	40.6%
あまりそう思わない	49.9%	46.3%	36.4%
まったくそう思わない	22.8%	43.8%	11.7%

表12　経済効果があった

	稚内市	旧新湊市地域
とてもそう思う	13.3%	0.6%
ある程度そう思う	50.4%	12.9%
あまりそう思わない	29.3%	43.6%
まったくそう思わない	22.8%	42.8%

効果と感じる人が多く、近年では観光で稚内市を訪れる東アジアからのツアー客の消費にも注目が集まっている。その中でも、最も見聞きされるものが、ロシア人船員がかかわり、観光業のセールスポイントの1つとなっているカニの輸入業や中国人研修生も多く働く水産加工産業についてのものである。これらの産業が、第1章で述べたような200海里の設定による沖合漁業縮小、米軍基地の撤退、国鉄民営化による職員削減、バブル崩壊により大きな打撃を受けた地元経済を下支えしたとの見方は、市の人口が1964年に58,223人と過去最多を記録した最盛期の記憶のある50歳代以上の世代に強く実感されていることは、後述する面接調査を通じてより強く感じられた。

　一方で、旧新湊市地域において面接調査を行った際も、この点について質問したものの、話題自体が続かない場合が多く、「多少の税収はあるかもしれないが、地域の人には何もない。被害の方が多いのが実感です」（50歳代男性）との声もあり、外国人が生活する上での消費の大きさも重視する人は少なかった。もちろん、「経済効果は間違いなくある。これだけいて無い訳がない」（50歳代男性）との声もあり、外国人周辺の消費や高齢化が進む中での労働力に注目している人も一部には存在している。ただ、稚内市とは異なり日頃見かける

外国人の多くは常時地域に在住し、就業していることを考えれば、旧新湊市地域における外国人増加に伴う経済効果は、より地元の人々に近い形で実感されやすい状態にあるにもかかわらず、それを感じている人が1割程度であることは何か大きな要因があると考えられる。

　ここで、両地域の外国人が関係する産業と地域社会の関係について考えてみたい。稚内市の基幹産業はロシア人船員の上陸や中国人研修生の増加の要因となり、従来の沖合漁業が盛んな時代から活発であった水産加工業、日本の最北端の町として国内からだけでなく外国人観光客も惹き付けている観光業、経営者の家族に配偶者として外国人を迎え入れている酪農業である。これらの産業は市の基幹産業となっていることもあり、関係者も多く、市民の関心や外国人が増加した背景に対する理解も深い状況にある。この状況は、大泉町をはじめとした自動車や電気製品等の製造業が盛んな日系南米人集住地域でも見られるものである。[16]そのような背景を持つ大泉町の1990年代の対外国人意識に関して小内は「様々なトラブルがありつつも住民が外国人を受け入れているのは『寛容』だからなのではなく、現実的な問題として、工業を基盤とした町の経済事情にとって必要な『労働力』だという認識」[17]があったためとしながらも、外国人周辺のトラブルが多く発生したことでその論理が崩壊しつつある、と2001年の時点で分析している。確かに、大泉町においても強い反感は存在している。しかしながら、経済的側面が外国人の受け入れに伴う反感に一定の歯止めをかける状況も存在している。また、大泉町の外国人と地元産業の関係をめぐる情報について1990年代半ばに調査を行った橋元は「町の積極的活動もあり、町内の中小企業の人材確保のいかんは大泉町の発展の帰趨に関わるとする認識は住民の間にもみられる」[18]として、それに行政の広報が大きな役割を果たしたとしている。しかし、基幹産業関係者が多く地域に在住している同地の状況から、それらの産業に関する情報は行政に拠らずとも地域住民には認識

---

16) 梶田ら（2005）では、「生産点以外で、ブラジル人がなぜ当地にいるのかが理解されないのもまた現実（246頁）」としているが、基幹産業を有する地域住民の多くは外国人がなぜいるかに関しては十分に理解している。

17) 小内ら（2001）、348頁。

18) 橋元（1998）、35頁。

されているのが実情である。そのような外国人に対する認識の広がりは、太田市においても、外国人労働者が増加してまもなく、彼らの来日背景に関する情報は行政情報に触れる機会が少なく、自動車産業が家業と直接関係は無かったものも多かった当時 10 歳代の筆者の周辺でも広まっていたことや、稚内市の高等学校における 2002 年のアンケート調査の自由回答欄において、水産関連業とロシア人船員との関係について 10 歳代の回答者から的確な指摘が多くなされていたことからも明らかであろう。

翻って、旧新湊市地域においては日系南米人や中国人研修生が増加した分野は中小企業によって行われている製造業が主であり、また、事業主がパキスタン人、顧客がロシア人である中古車業は多くの税収や賃貸料等を通じた地域社会への貢献は見られるものの、従来余り盛んな産業ではないことで、地域社会へ彼らの情報が十分に伝わっていない。その上、トラブルの発生を防ぎきれていないこともあり、日本人住民の意識が悪化するという状況にある。

また、両地域を分けるもう 1 つの要因としては、地域メディアの存在が挙げられる。人口的に余り違いの無い両地域であるが、稚内市においては市の図書館に所蔵されているだけでも『日刊宗谷』と『稚内プレス』という地元紙があり、市民の典型的な新聞の購読形態は地元紙 1 紙と『北海道新聞』もしくは大手新聞の北海道版を購読するというものである。[19] そのため、地域における基幹産業の方針や外国人の生活形態について稚内市民は、他地域に比べ一層認知が進んでいる。例えば、先述の外規法厳格適用時には市内で 60 億円の経済効果が減退したとの情報が地元紙に掲載されたように、地域で生活する外国人に対する関心は高い。一方で、富山県では県内に主な地方紙として『北日本新聞』『北陸中日新聞』『北國・富山新聞』が競合しており、それに大手新聞の北陸版が存在しているため、旧新湊市地域においては上記の中から 1 〜 2 紙を購読するという形態が一般的である。[20] そのため、地域で生活する外国人やそれ

---

19) このような地元紙を持つ形態は自治体としての面積が広く、それぞれの小都市が地域の中心となる傾向がある北海道では、しばしば見られるものである。
20) 社団法人日本 ABC 協会『新聞　発行社レポート　月別府県』2006 年 12 月号、2007、によれば、同月の富山県における朝刊発行部数は『北日本新聞』247,311 部、『読売新聞（北陸）』89,711 部、『北陸中日新聞』10,102 部、『北國・富山新聞』40,860 部であった。

に関係する産業の動向は稚内市ほど詳しくは伝わらない状況にある。
　そして、外国人の経済効果に対する関心が低い、あるいは実情を理解していないという状況が対外国人意識に悪影響を与えているということは、経済効果と外国人増加に対する意識の相関でも明らかであった[21]。つまり、先に挙げた交流や文化に対する理解だけではなく、彼らの地域に対する貢献を市民に広く周知させることも、対外国人意識改善の上では重要なのである。

第3項：治安に関する認識

　ここで、外国人が増加したことと治安に対する認識について見ていきたい。表13を見て分かるように、治安に対する稚内市、旧新湊市地域、大泉町の印象は極めて類似したものとなっている。稚内市に関しては第2章でも述べたように、2001年6月と2005年6月にロシア人周辺で起きた2件の銃撃事件や野外に置いてある自転車やタイヤの盗難、店舗における万引き等が問題視されているものの、現在では面接調査や自由回答欄の中でも、SOLAS条約に基づく検問強化、犯罪歴のある船員の上陸禁止、上陸者数の減少により、犯罪自体が減少してきていることも、しばしば指摘された。また、1,000円程度の万引きや、自転車の置き引きを行ってもロシア人の場合は地元紙に載ることがしばしばあり、経済効果の場合とは異なり、地元紙が否定的な言説を浸透させている状況がある。そして、中国人研修生に関しては治安に関係するトラブルはほとんど聞かれなかった。旧新湊市地域の場合は中古車業者周辺の強盗事件や、稚内市と同様に自転車やタイヤの盗難、トレーラーから中古車業者へ自動車を納入する際の国道での無ナンバー走行、パキスタン人や日系南米人による危険な自動車運転や保険未加入者による事故等が問題視されている。また、中国人研修生に関しては治安に関係するトラブルは稚内市同様、ほとんど聞かれなかった。大泉町の場合は、小内（2006）で治安に関する主なものとして取り上げられていた問題は、自動車の運転マナーと保険未加入の問題であった。それぞれの地域では問題は微妙に異なっているものの、外国人が増加する前には目立たなか

---

21) その相関においては、稚内市の場合、χ^2:51.554、自由度:12、漸近有意確率:0.0%であり、旧新湊市地域の場合、χ^2:74.591、自由度:12、漸近有意確率:0.0%と非常に高い精度で経済効果が実感されるほど、対外国人意識が向上する傾向が見られた。

表 13 治安が悪くなった

	稚内市	旧新湊市地域	大泉町
とてもそう思う	33.5%	32.6%	38.2%
ある程度そう思う	44.4%	41.9%	40.3%
あまりそう思わない	16.8%	16.9%	17.4%
まったくそう思わない	5.3%	8.5%	4.1%

った問題が起きている(あるいは、報じられている)ため、受けとめ方に似通った傾向が見られたと考えられる。

　そのような治安に関する認識が、どのように対外国人意識に作用しているのかを見てみたい。まず、外国人が増加することに対する意識との間の相関を見てみると、稚内市、旧新湊市地域共に治安の悪化と意識の悪化は強い相関を見せている[22]。そして、近所での接触量との間の相関を見てみると、その相関は有意とは言い難かった[23]。換言すれば、稚内市、旧新湊市地域の両地域において、高い近似性を見せた外国人が増加したことで起きる治安への懸念は、近所での外国人との接触からは余り大きな影響を受けていないのである。

　そして、平成18年度の刑法犯認知件数(犯罪率)に関する統計を見てみると、北海道、富山県、群馬県の数値は全国平均を下回っており[24]、市町村別に見た場合、稚内市と射水市の犯罪率は道内・県内の平均値よりもやや低くなっており、大泉町は群馬県の犯罪率より2倍近く高い[25]という結果が見られる。

---

22) 稚内市の場合、χ^2：53.680、自由度：12、漸近有意確率：0.0％であり、旧新湊市地域の場合、χ^2：137.907、自由度：12、漸近有意確率 0.0％。
23) 稚内市の場合、χ^2：19.077、自由度：12、漸近有意確率：8.7％であり、旧新湊市地域の場合、χ^2：17.402、自由度：12、漸近有意確率 13.5％。
24) 富山県『富山県勢要覧　平成18年版』2007。
25) 総務省統計局編『統計でみる市区町村のすがた　2007』日本統計協会、2007、の中の各県、各市町村の人口及び刑法犯認知件数から筆者算出。大泉町の数値に関しては、法務省大臣官房司法法制部司法法制課統計室編『検察統計　2007年年報』2008、IV頁、では全国で20～39歳による刑法犯の割合は全体の半数に及ぶが、大泉町の場合、県統計課「群馬県年齢別人口統計調査(平成16年10月1日)」によれば、その年齢層の割合が32.0％であり、県内平均の25.6％とより多い人口構成を有し、周辺地域からの就業者も多く、週末に各地から親戚や宗教施設訪問のため、日系南米人が多く集まることも考慮する必要がある。

それらから、外国人が増加した地域に共通して犯罪が多発する訳ではなく、3地域で共通する懸念が見られた治安の現状には地域差がある。言い換えるならば、外国人増加と犯罪への認識は多分に実態よりもイメージに依拠する傾向が強いのである。また、後述する外国人に関する情報源では最も多いものがマスメディアであることから、その報道姿勢が意識に強く影響していると見ることができる。

第4項：地域のルールの乱れに関する認識

外国人と生活習慣や地域のルールの間で生じる問題に対しては、それぞれの地域で受けとめ方に違いが見られる。表14を見てみると、大泉町が稚内市と旧新湊市地域に比べ、生活のルールが乱れたことを実感していることが分かる。また、表15を見てみるとトラブルが起きた際の連絡先として市役所（町役場）を挙げる割合は居住する外国人が多くなるほど高くなる傾向が見て取れる。地域で活動する町内会（自治会）や隣組に関しては、その役割が地域によって異なるため、同列には扱い難いものの、外国人とのトラブルを想定する際には稚内市の場合、その期待値は低く、旧新湊市地域と大泉町では比較的高い。[26] 一方で、連絡先に警察を挙げた割合では稚内市が最も高く、外国人とのトラブルから連想されるものが、稚内市では犯罪に偏り、旧新湊市地域と大泉町では生活上のものに偏るという傾向があることが分かる。これは、その地域で生活する外国人の行動や滞在目的にも関係することと思われる。そこで、それぞれの地域における外国人との間の生活上のトラブルを詳しく見ていくと、稚内市の場合はロシア人船員の万引きやゴミのポイ捨て、歩行中あるいは店舗・公園内での飲酒が問題にされている。[27] 旧新湊市地域の場合は、ロシア人船員のゴミのポイ捨て、夏場に上半身裸で自転車を運転したり歩いたりすること、中国人研修生のゴミ捨てのマナー、自転車の運転のマナー、日系南米人のゴミ捨ての

---

26) 大泉・太田地区は隣組組織が現在も冠婚葬祭等で機能しており、それと同時に行政区という区分でも活動が活発であるが、これは通常の町内会に当たるものである。そして、稚内市、旧新湊市地域では主として町内会（自治会）が地域活動の中心となっている。

27) 第2章で取り上げたロシア人船員の信号無視に関しては、サハリンにおける社会インフラの整備が進み、都市部では交通信号が定着したことや、日本側の情報周知により、問題となることは2007年の時点では無くなった。

表14 ゴミ捨てなど生活のルールが乱れた

	稚内市	旧新湊市地域	大泉町
とてもそう思う	12.8%	18.2%	40.3%
ある程度そう思う	26.0%	29.5%	31.3%
あまりそう思わない	48.6%	41.8%	22.8%
まったくそう思わない	12.6%	11.2%	5.6%

表15 問題が起きた際の連絡先

	稚内市	旧新湊市地域	大泉町
市役所（町役場）へ連絡	24.7%	33.1%	40.2%
行政区長／隣組長に連絡	集計なし	集計なし	27.1%／11.0%
町内会長や隣組長に連絡	8.4%	38.6%	集計なし
アパートやマンションの管理人へ連絡	34.8%	11.0%	22.0%
自分で直接話をする	5.5%	8.6%	12.5%
警察へ連絡	81.1%	59.0%	34.2%
外国人の勤める会社へ連絡	11.6%	9.2%	3.6%
何もしない	4.9%	4.2%	4.0%

マナー、騒音、パキスタン人中古車業者周辺の道路使用等が問題視されている。大泉町の場合、小内（2006）では日系南米人のゴミ捨てのマナー、騒音の問題が取り上げられていた。

　そこで、生活のルールの乱れと外国人増加に対する意識の相関を見てみると、稚内市の場合は有意な相関は見られなかったものの、旧新湊市地域の場合は有意な相関が見られた[28]。つまり、旧新湊市地域の場合は対外国人意識を形成する要因の中で、ゴミ捨て等の生活のルールの乱れが重視されていることが見えてくる。では、その詳細を隣近所での接触量との相関と共に見てみると稚内市

---

28) 稚内市の場合、χ^2：17.081、自由度：12、漸近有意確率：14.7%であり、旧新湊市地域の場合、χ^2：74.193、自由度：12、漸近有意確率：0.0%であった。

表16 旧新湊市地域における隣近所での接触頻度と生活ルールの乱れ

	とても そう思う	ある程度 そう思う	あまりそう 思わない	全くそう思 わない	合計
よくつき あっている	2 12.5%	6 37.5%	7 43.8%	1 6.3%	16 100.0%
たまに挨拶 したり、話 をする	14 27.5%	17 33.3%	16 31.4%	4 7.8%	51 100.0%
見かける程 度である	70 19.8%	101 28.6%	150 42.5%	32 9.1%	353 100.0%
ほとんど見 かけること はない	2 4.0%	15 30.0%	27 54.0%	6 12.0%	50 100.0%
全く見かけ ない	4 12.1%	10 30.3%	9 27.3%	10 30.3%	33 100.0%
合計	92 18.3%	149 29.6%	209 41.6%	53 10.5%	503 100.0%

※ χ^2：28.605、漸近有意確率：0.5％

の場合は有意ではなく、地域的な特性は見られなかったが、旧新湊市地域においては、表16のように相関としての有意は確認できないものの、「たまに挨拶したり、話をする」人や「見かける程度である」人が外国人増加により生活ルールの乱れを感じていることが分かる。ここから、先述のように外国人を地域に受け入れる段階で適切な情報提供が行われていない皺寄せが、この層に集中してしまう構造が見て取れる。

ただ、生活のルールに関する問題には、日本人が起こしたと思われるものもある。旧新湊市地域における面接調査でも、「8号線沿いで道端へのポイ捨てとかは日本人でもやっている人が多いですよ。50歳ぐらいのいい歳をした大人がやるんじゃないよ、と思うこともあるし、コンビニを経営している友人は日本人の持ってくる家庭ゴミでゴミ箱が一杯になってしまう、といってる。日本にも酷いのは多い」（40歳代男性）と新たに起きた問題を外国人だけのせいにする風潮に疑問を呈した人もいた。また、小内（2006）においても、日本人の方がマナーが悪いと述べた大泉町のゴミ収集所の管理人の声が取り上げられ

---

29) χ^2：10.497、自由度：12、漸近有意確率：57.2％

表17　外国人に関する情報の入手先

	稚内市	旧新湊市地域
学校をはじめとした公共機関	9.7%	12.5%
広報・掲示板などの公的情報	34.1%	18.6%
テレビ・ラジオ・新聞などのメディア	73.2%	67.0%
インターネット	7.1%	5.1%
自らの経験	34.6%	32.0%
家族との会話	17.3%	20.5%
近所での評判	33.3%	47.9%

ている。[30]

第5項：外国人に関する情報源

　次に、両地域の市民はどのようにして外国人に関する情報を得ているのか、という点について見ていく。表17から見える特徴としては、第一に、広報・掲示板といった公的情報に関しては稚内市の方が旧新湊市地域よりも市民の目に止まっていることである。これには、稚内市の場合、市が行う姉妹都市交流や市が後援する文化交流が頻繁に行われているため、市民がその情報に触れる機会が多いことが背景にあると思われる。第二に、両地域共にマスメディアが外国人に関する情報源としては主要な位置を占めており、外国人を見かける人は9割を超えてはいるものの、実体験よりもマスメディアの情報が主要な情報源となっていることが見えてくる。この傾向は、本書の序章で吉原（1990）が指摘した20年前の大都市と同様のものである。しかし、意識形成要因に変化がないままに外国人が周囲に増加する中で、当時の都市部には見られなかった「深刻な文化摩擦」が生じているのが両地域の現状である。また、外国人が増加することに対する意識と「自らの経験」を選択した人との相関を見てみると、稚内市の場合は有意な特徴は無かったものの、旧新湊市地域の場合、全体で外国人増加に対し「反対」と回答した人は13.8%であったのに対して、「自らの

---

30) 小内（2006）、40頁。

経験」を挙げた人の中では20.1％を示した。つまり、旧新湊市地域の場合、実際に外国人との間に交流のある人は少なく、外国人との間に接点ができた場合にはトラブル等の悪印象を残すことが比較的多いために、意識が悪化する傾向がある。第三に、「近所の評判」を選択した人が旧新湊市地域の場合の方が多かったことが挙げられる。これに関しては、他の質問で「どのような地域活動に参加しているか」を聞いたところ、町内会を挙げた人が稚内市は73.9％、旧新湊市地域は80.3％だったことから、地域の繋がりに関してはそれほど大きな差がある訳ではないとはいえ、外国人に関して近所の話題に上るような生活に密着した事柄が旧新湊市地域の場合、より多く発生していることが想定できる。[31]

また、近年、インターネット上のナショナリズムや排外性が話題になることも多く、遠藤薫は2003年頃から[32]「『ネット発』として、排他的ナショナリズムの論調がマスメディアの前面に浮かび上がってくる」[33]状況を指摘している。ただ、本調査においてはその影響は低く、外国人増加に対する意識との相関を見てみると、稚内市の場合は賛成と反対が双方増加するというように有意な差は見られず、旧新湊市地域の場合、インターネットを情報源としている人は外国人増加に対して好意的に見る傾向が強かった。[34]確かに、先に挙げた大泉町では外国人増加に対して否定的なホームページ作成が一部に見られたこともあり、[35]影響がないとは一概にはいい切れない。しかし、今回の自由回答欄分析

---

31) 旧新湊市地域において「近所の評判」を選択した人の中で、外国人増加に対して「反対」と回答した割合を見ても、17.5％と全体からはやや上昇している。
32) 遠藤薫編『インターネットと〈世論〉形成―間メディア的言説の連鎖と抗争―』東京電機大学出版局、2004、北田暁大「ネット世論 嗤う日本のナショナリズム―『2ちゃんねる』にみるアイロニズムとロマン主義―」『世界』2003年11月号、2003、等。
33) 遠藤薫「インターネットにおける文化実践と〈世論〉」遠藤（2004）、171頁。
34)「賛成」が2.5％から7.4％に、「どちらかと言うと賛成」が4.8％から14.8％に増加している。また、稚内市の場合は「賛成」が5.6％から11.1％に、「反対」が4.8％から7.4％と共に増加し、他の数値は余り変化していなかった。
35) 大泉町では外国人の風俗や生活習慣に対して、町長候補の支持者が作成した告発文が2001年にインターネット上で掲載された。詳細は、深沢正雪「ブラジル人―「住み分け」から「共生」へ―」駒井洋編著『講座 グローバル化する日本と移民問題 第Ⅱ期 第6巻 多文化社会への道』明石書店、2003、274頁。

や面接調査、あるいは太田・大泉地域で話を聞く限り、地方社会における対外国人意識形成の中で見ると、インターネットには一部の過激な意見の表象も見受けられるとはいえ、多くの市民が意見を交わす場としてよりも、マスメディア同様に情報を集める手段の1つとして使用される場合が多いことが見えてくる。ただし、今後、インターネットによる情報収集がより定着していくことを考えるならば、注視を必要とする分野である。

第4節：アンケートに見る対外国人意識改善のための対応

これまで述べてきたように、両地域においては外国人との間の個人的な交流は不十分であり、両地域において意識を悪化させる問題を抱えているという状況にあるが、意識改善に向けた対応はどの程度市民が実感するレベルで行われているのかを、行政と民間団体双方に分けて見ていきたい。

第1項：行政の対応

まず、外国人との間のトラブルを未然に防ぐ要素として、表18の行政の外国人に対する情報提供がどのようにあるべきか、との質問に対する回答から両地域の特徴を3点挙げる。まず、第一に、周囲にいる外国人の言語的背景には違いが見えるものの、両地域共に「より多くの言語で」情報提供を行うべきと回答した人が同じ割合で存在していることである。地域的特性として、稚内市では以前からロシア語での表示に積極的であったため[36]、近年増加した中国人への情報提供との間に情報量の差異を感じたり、あるいは英語での情報の充実が必要なのではないか、という見方が面接調査の中ではしばしば聞かれた。また、船員の側からは「ロシア語の地図はいらないから、美味しいものとか安いものとかの生活情報が欲しい」との声も聞かれ、短期間の滞在とはいえ船員の中には稚内市の生活に慣れ、より詳しい情報を求める人も多い。一方で、旧新

---

36) 例えば、行き先等を示す道路標識に日本語、ローマ字、ロシア語が表記されているものが市街地では多く見られ、稚内駅前の商店街のアーケードにはそれぞれの店の前方部分にロシア語で店名が書かれている。

表18　行政が行う外国人への情報提供の方針

	稚内市	旧新湊市地域
より多くの場で行われる方がよい	36.5%	30.9%
より多くの言語で行われる方がよい	18.1%	18.1%
より分かり易い形で行う方がよい	60.1%	52.3%
現状のままでよい	13.1%	8.7%
十分過ぎるので削減してもよい	0.3%	1.7%
分からない	12.3%	19.8%

湊市地域の場合、1つの言語に絞った情報提供は余り見られないが[37]、それぞれの外国人周辺で起きるトラブルに対し、それに対応した情報提供が必要であるとの意見が聞かれた。

　第二の特徴は、「より多くの場所で」情報提供が行われるべきとする人が共に3割を超えていることである。稚内市の場合、先述のようにロシア人の行動範囲は情報が行き渡るにつれて絞られてきたものの、沿岸地域の水産加工場には中国人研修生、郊外の農業や酪農を営む地域では日本人の配偶者である外国人女性がおり、広く情報提供を行う必要性が高まっている。また、旧新湊市地域の場合、地域が限定されることはなく、あらゆる場所で外国人との接点があることから、自転車の走行マナーや路上駐車禁止といった生活上の諸注意を看板等で示して欲しいとの意見が多く聞かれた。

　第三の特徴としては、両地域共に、「より分かり易い形での」情報提供が望まれている点が挙げられる。稚内市では、ロシア人船員から道やものを尋ねられた際に満足に受け答えできず、分かりやすく指差しで対応できる地図があれば良かったとの声も多く聞かれた。一方、旧新湊市地域の場合、ゴミ捨てが外国人との間のトラブルの原因の1つとされている関係から、生活上のルールに関するパンフレット等の配布を求める声が多かった。また、地域のルールに関しては、日頃同地において外国人と接することの多い人からは、「外国人へのお知らせとかは、日本語をそのまま訳しただけでは文化的背景も違うからダメ

---

37) ただし、富山新港周辺ではロシア語による「立入り禁止」を伝える看板はよく見かける。

表 19　行政が主催する人権意識を向上させるための活動への参加歴

	稚内市	旧新湊市地域
一度だけ参加したことがある	2.6%	2.6%
2 回以上参加したことがある	7.3%	4.1%
参加したことはないが、機会があれば参加したい	46.5%	44.7%
参加したことはなく、機会があっても参加しない	43.6%	48.6%

だと思うんです。同じ単語でも広がりが違ったりしますし。厳密にどのぐらいというのはないんですけど、日本人に伝える情報を 100 としたら、外国人へのものは 150 とか 200 ぐらいの丁寧さで分かり易く書かないといけないんじゃないか、って彼らを見てて思います」（30 歳代女性）との意見も聞かれた。

　次に、表 19 に示した「国の出先機関（法務局等）、あるいは地方自治体が主催する人権意識を向上させるための活動」への参加歴を見てみると、その特徴としては、第一に 1 回でも参加歴のある人は両地域共に 1 割以下に止まっていることが挙げられる。その後に続けた質問で、参加者にどのような活動に参加したのかを聞いたところ、「シンポジウムや講演会」あるいは「研修会」との回答が多かった。自由回答欄や面接調査によれば、研修会の参加者の場合は勤務先の規定が主要因となっており、シンポジウムや講演会の参加者の場合は活動関係者と知り合いであることが主要因となる傾向が見られた。

　第二の特徴としては、共に 45％程度の人が「参加したことはないが、機会があれば参加したい」と回答していることである。この層の外国人増加に対する意識を見てみると、全体の割合と比べて全ての回答で外国人増加を肯定的に捉えていることが分かった。しかし、面接調査で現状を聞いた際には（稚内市よりも旧新湊市地域の方に目立った傾向ではあったが）、国際交流に対して積極的な意見を持っていたり、意欲のある人であっても行政の行う活動に関する情報が伝わってこないと述べることが多かった。また、旧新湊市地域の国道 8 号線周辺住民からは旧小杉町地域で 3 者協議会があるのは知っていても、仕事のある平日に開催されるため、参加できなかったり、参加者からのフィードバ

ックも少ないため何が行われているのか分からない、との声も聞かれた。協議会は問題解決の契機にはなっているものの、広い範囲での意識改善には十分に貢献できていなかったのである。そして、面接調査を行う中で「機会があれば参加したい」と回答している人が考える「機会」として挙げられたものは、①町内会など近所で開催されること、②知っている人が誘ってくれること、③市など信用度の高い組織が行うものであること、④仕事に支障のない日時で開催されること、であった。

第2項：民間団体の対応

現在、対外国人意識を考える際に、民間団体が果たす役割は重要なものとなってきている。そこで、本調査では「外国人との交流や支援活動、あるいは彼らの文化を理解することを進める地元の団体」との接点が市民にどの程度あるのか、という点について質問を行った。表20に示した結果からは、3つの特徴が挙げられる。

第一に、民間団体の活動内容を認知している人は1～2割程度であり、両地域が9割以上の人が外国人を見かける地域であることを考えれば、外国人と文化面等での相互理解を深めようとする民間団体の活動が市民に浸透しているとは言い難いことである。また、民間団体とは全く接点の無い人も7～8割おり、その層の外国人増加に対する意識を見てみると、その層は全体よりも全ての数値で外国人増加を否定的に捉えていた。

第二の特徴としては、自らが民間団体で活動している人が両地域共に1％程度に止まっていたことである。ここに1つの地方の小都市の抱える問題がある。そのような自治体は若い労働力が不足し、その不足分を外国人に求める傾向があるが、人口減少は同時に民間団体の活動に参加する若者の減少も引き起こしている。また、近年では不況や人口流出に伴う労働力不足の影響もあり、従来活動を支えてきたもう1つの柱である中間層の主婦もパート等へ就業を始める傾向があり、活動に時間を割けなくなってきている。その上、地域の対外国人意識が悪化していることで、活動に参加することに対して動機づけが見つけ難くなっているという弊害も生まれている。

第三の特徴としては、稚内市の方に民間団体との接点が比較的多い点が挙げ

表20　民間の交流団体等との接点

	稚内市	旧新湊市地域
自らが活動している	1.0%	1.1%
知り合いがおり、活動内容は知っている	13.4%	6.5%
知り合いはいるが、活動内容は知らない	7.1%	5.4%
知り合いはいないが、活動内容は知っている	9.7%	6.9%
知り合いもおらず、活動内容も知らない	68.8%	80.1%

られる。これは稚内市が従来、地理的な理由や歴史的経緯からロシアとの間に交流があったために先述のように複数の団体が存在しており、ロシア語講座等を定期的に開いていたため、市民との間に接点が生まれたことがその理由として考えられる。しかし、文化交流を進める団体が多い一方で、これまで筆者が2001年から稚内市で調査を行ってきた中では、個人的あるいは仕事の中で船員や研修生と交流を持つ人はいるものの、彼らと交流を意図する民間団体は存在していなかった。

第5節：分析課題を受けて

　では、これまで個別に見てきた調査結果を本章冒頭に挙げた4つの分析課題に沿って整理し、現状への提起を試みたい。
　第一に、地域による対外国人意識の相違が存在するか否か、についてであるが、両地域と他の日系南米人集住地域との間に大きな違いは見られなかった。内容を要約すれば、日頃彼らの存在は認知しているものの、個人的な交流や彼らの文化に触れる機会はほとんど無く、受け入れに対して全面的に賛成はできず、主にマスメディアが情報源となり、犯罪に対する偏見に基づく懸念が強まるといったものである。一方で、相違点としては旧新湊市地域において見られた外国人の経済貢献に対する認識の違いが挙げられる。従来の日系南米人集住地域あるいは稚内市においては、地域の基幹産業が外国人の労働力や経済活動を必要としていたために、外国人が周囲に増加した背景等への理解が一定程度存在し、受け入れ意識に対しても好影響を与えてきた。しかしながら、基幹産

業と呼べるほどの産業を持たない地域、あるいはそれとは異なる部門で外国人が増加した地域の場合、彼らに対する理解が進まない可能性が高い。そして、旧新湊市地域のように基幹産業を持たない地域は地方の小都市では珍しくなく、少子高齢化や人口流出の中で高齢者介護をはじめ様々な分野で外国人が増加することが予想される中で、同様の状況が各地で起こり、意識悪化に歯止めがかかり難い状況が広がる危険がある。

　第二に、個人的な接点が増すほど対外国人意識が良好になっていくとする交流仮説を検証してみたところ、旧新湊市地域においては経済効果の認識や地域メディアの不在、及び外国人へのルール周知不足等により、表面的な交流しか持たない層の意識に否定的な傾向が強まり、仮説は成立しなかった。また、稚内市や大泉町との比較で旧新湊市地域の外国人との接触の状況を見てみると、外国人を見かける機会が多いとしても、それが彼らの文化を認知するほどの段階に移行できるかは、行政施策あるいは地域の歴史的背景に拠っている傾向が見て取れた。換言すれば、これまで国際交流の分野にそれほど注目せず、外国人との接点も少なかった地方の小都市に外国人が急増する場合、同様の状況が発生することが予想される。

　第三に、どのような接触あるいは交流手法が対外国人意識の形成に大きな影響を与えるのか、という点であるが、最も主要な手段はマスメディアであった。前掲のように、外国人と日本人住民の間には十分な接点が無く、マスメディアによる否定的な情報が定着する中で、地域のルール等を巡ってトラブルがしばしば発生しているため、日本人住民にとってはトラブルが外国人との最初の接点となる場合も多く、意識が悪化する傾向が見られた。

　第四に、対外国人意識改善のために重要となる組織であるが、民間の活動が活発な大都市とは状況が異なり、地方の小都市においては行政の果たす役割が大きくなる。ただし、それは行政だけが責任を負わなければならないということではなく、民間団体の活動自体やそのネットワーク化、あるいは町内会を巻き込んだ活動等を活用できていない部分が多いことに問題がある。ただし、民間団体の活動が個人によって行われ、活動に参加する人材が減少し、町内会においては意識改善がなされるよりも悪化した情報が内部で増幅される傾向もあるため、それらに対する外部からの働きかけも必要であろう。

第6節：結論と課題

　本調査による数量的な部分では冒頭に述べたように、個々の外国人の背景に沿った検証はできず、その点は自由回答欄やインタビューを通じて分析を行った次章に譲るが、地方の小都市の問題点の特性、並びに日本社会全体を通しての課題を一定程度検証することはできたと思われる。

　地方の小都市の問題としては、外国人の地域貢献に対する情報発信力や、民間の活力が都市部に比べて不十分であること等の課題がある。一方、日本社会全体の問題としては、マスメディアの影響の強さや、犯罪イメージの定着が見て取れたが、中でも、日系南米人集住地域や本調査の対象地域に共通して、外国人を周囲で見かけながら、その文化に触れる機会が十分でないことは、それから派生する様々な効果を減退させている。例えば、しばしば発生している生活上のトラブルについても、相互の文化を伝える、あるいは文化摩擦を超えるような機会が持てるならば、トラブルの解決方法を直接あるいは準備段階で伝達することは可能であろう。

　確かに、本章で取り上げた地域は平均的な地方の小都市に比べ、特異な状況にある。しかし、今後の少子高齢化やグローバル化の進行を考えれば、外国人の存在は一時的な増減はあるにせよ、人口減少傾向に反比例する形で、その必要性は高まっていく。その観点に立てば、外国人、日本人双方が暮らしやすい社会を構築するためにも、全国的対策、並びに地域の実情に合致した対策の双方が求められるところである。

第 5 章
日常的な交流と対外国人意識との関係

第5章　日常的な交流と対外国人意識との関係

第1節：本章の分析課題と手法

　これまで見てきたように、近年の対外国人意識は良好なものとはいえず、本書の分析対象地である稚内市や旧新湊市地域においても、それは同様であった。これまで、本書では文書あるいはアンケートを通じて分析を行ってきたが、本章では調査票の自由回答欄や面接調査を通じて、意識を分析していくこととする。対外国人意識が日常生活（メディアとの接触、近隣での会話、様々な社会活動等）の中で形成されることを考えれば、たとえそれが偏見や情報不足に基づいたものであっても、その中で発せられた言説を取り上げていくことは、地域の実情を知る上で有効であろう。そして、本書の目的の1つである意識改善のための手法を提起することに対しても、より実効性を高めることが可能になると思われる。

　その上で挙げられる本章の分析課題は、以下の2点である。第一に、それぞれの外国人（ロシア人、中国人、ブラジル人、パキスタン人）に対して、両地域の日本人住民の意識にどのような共通点や相違点が存在しているのか、という点。第二に、地方の小都市であることから起きる問題は存在しているのか、という点である。

　まず、本章で分析の対象とするのは前章で行ったアンケート調査で用いた調査票に設けた自由回答欄である。自由回答欄へは、稚内市では121人、旧新湊市地域では182人が回答した。これは共に全体の3割程度の回答者が記入したこととなる。この回答者の記入動機はそれぞれに異なっているものの、質問票本文では表現できなかった日頃の意識や本音の部分を表象したものといえる。

　そして、もう1つの分析対象となるのが、当該調査票に連絡先を記入した対象者の中から、年齢構成や回答傾向、自由回答欄における記述内容等の要素を考慮した上で筆者が選考した回答者への面接調査である。その中でも、本章で取り上げるのは個人的経験を背景とした内容を述べている対象者である。調査

195

概要としては、両地域においてそれぞれ22人の面接を行った。この人数には、個々の家庭や施設等で面接調査を行った際に発言のあった家族や同席者の数は含まれていない（その方々の発言も本書では取り上げていく）。また、旧新湊市地域においては全域で調査を行ったものの、稚内市では住所が町名のみで番地の記載のない郊外地域に居住している人も多い。しかし、本調査は筆者が個人で行い、移動手段が限られていたため、当該地域における面接調査は行っていないことを予め注記しておく。

また、本章の中では、調査対象者に対して地域の頭文字をとり、稚内市の場合はW、旧新湊市地域の場合は「新湊」からSを付けている。そして、本章で取り上げる回答者の通し番号が全て3ケタであるのは、分類の都合上、自由回答欄が白紙の回答者を先に置いて集計したためである。

第2節：住民の発言から見た稚内市の特色

第1項：自由回答欄から見た特色

稚内市における記述ではロシア人船員周辺のトラブルを羅列したもの（万引き等の窃盗、自転車の置き引き、白昼での飲酒、銃を使用した殺人事件、船に乗せてくる犬の放し飼い等[1]）が最も目立った。そのようなトラブルに注目が集まっていることや、見かける機会の少なさからか、ロシア人住民、大学教員や宣教師として暮らす外国人等に対しての話題はほとんど挙げられることはなかった。また、行政や民間団体に対して活動の改善を求めるような回答は余り見られなかった。

（1）ロシア人船員との接点

上記のようなトラブルもあり、これまで本書において述べてきたようにロシア人船員に対して、稚内市では心理的な抵抗感が見られる。では、その抵抗感

---

[1] 船員が上陸させている犬に関しては、予防注射を施していないことが懸念されている。元々は、ロシアの伝承で犬が船の守り神のような存在とされることに由来する行為である。

が彼らとの接触に対してどのような影響をもたらしているのかを見ていく。

　W343：50歳代女性
　　偏見なのかも知れませんが、やはりロシア人による窃盗などの事件は絶えず起こっているような気がします。そういう新聞記事を目にする回数が増えると必然的に"ロシア人＝恐い"と思ってしまいます。
　　下手に接触して事件などに巻き込まれたくないという気持ちが正直なところです。
　　皆が皆、悪い人ではないと分かってはいるのですが、やはり、少し恐怖感があるのが現状です。

　W328：50歳代女性
　　ロシア人は、ほとんどが船員らしい人達で、船が入港するたびに沢山の人をお店などで見かけます。あと、海に沿って公園が長く続いて有るのですが、いつもロシア人が居て、お酒を飲んでたりで、「一人では行かない」が皆の合言葉になってます。昔、事件も有った様です。私の弟の子もナイフで脅されて、自転車のカゴに入れて置いたゲーム機を取られました。

　これらの他にも「岸壁を気軽に歩けなくなった」といったような記述も見られた。確かに、W343に見られるように「皆が皆、悪い人ではないと分かってはいる」と記述した人もいるが、実際に回答者の多くがとる行動はロシア人船員、あるいは彼らが多くいる場所（商業施設を除く）には近づかないようにするといったようなものが目立った。また、その背景には新聞記事や周囲での評判において好ましくない情報が繰り返される中で、意識が悪化していくという構造もある。
　しかし、そのような意識や行動はしばしば行き過ぎてしまうことも見えてきた。

　W337：40歳代女性

市内の女子高生を倉庫に連れ込み犯したとのうわさも流れた事もあり、気軽に子供達に声をかける姿を見かけると、本来なら、ほほえましいと思えるはずなのに、なぜか許せない。

W365：30 歳代男性
　以前、所有車が外国人に荒らされる事件があり、外国人に対してあまり良い印象がありません。また、最近では外国人が小学生に頬擦りする事件等も起きていて、心配な面が依然として多い状況です。

　前述したように稚内市では 1997 年にロシア人船員による暴行流言があったが、今回の面接調査では、他の日系南米人集住地域の流言同様に、「被害者が現在も精神病院に入院している」との話が聞かれ、自由回答欄の記述でも暴行の現場が公園、漁船内、倉庫等諸説が語られていたことが分かった。これは日系南米人集住地の 1 つ三重県鈴鹿市で 1997 年に起きた外国人暴行流言でも見られた「基本型は同じでも、さまざまなバリエーションが生まれ」た状態と類似しており、筆者も太田市でしばしば細部が変化した幾つかの流言を耳にしたこともあり、これは外国人暴行流言によく見られる傾向といえる。
　そして、W337 及び W365 でも述べられているように、ロシア人船員が子どもに頬擦りをしたり、声をかけたりすることに対しても、非常に抵抗が強く、第 2 章で流言に関して取り上げた廣井（2001）のいう「コミュニケーション不在と、相手が何を考えているのかわからないという市民の不安」は現在も解消されていないことが見えてくる。実際に、W365 が述べているように、2007 年 5 月には市内のコンビニエンス・ストアにおいて児童に顔を近づけロシア語で話しかけた船員が、それを見た児童の母親に警察に通報され、尋問を受け、一時拘留されかけるという事件があった。しかし、実際には、その船員には悪

---

2) 野口道彦「外国人をめぐる流言騒ぎの諸相」鐘ヶ江晴彦編著『外国人労働者の人権と地域社会―日本の現状と市民の意識・活動―』明石書店、2001、93 頁。
3) その中には稚内市の流言同様、「被害者」が精神病院に入院しているというものも含まれており、「被害者」の年齢は小学生から、60 歳代の女性にまで及んでいる。
4) 『日刊宗谷』2007 年 5 月 9 日。同紙では、一時拘留されたと発表している。

意は無く、自分にも同世代の子どもがいたこともあって、見かけた児童に御菓子を買ってあげようとした際に、頬を近づけるロシア式の挨拶をしただけであった。また、今回の調査で偶然現場に立ち会ったロシア語が理解できる人に詳細な経緯を尋ねることができたが、その場では船員の主張を警察及び母親に伝え、十分に納得したとは言い難かったものの、母親の希望した警察署による拘留は避けられたとのことであった。この事件は、ロシア人船員と距離を置き、不安や疑念を解消できずに、双方の文化や習慣に対する理解が不足し、それらを逸脱したことに対する寛容性に欠けている稚内市の状況を表している。

(2) ロシア人船員との接触に対する意識

これまで述べてきたように稚内市においては、ロシア人船員との間に表面的な接触は多くあるものの、心理的には距離を置く状況にある。その中で、どのような交流が持たれているのかを見てみたい。まずは、アンケート調査にもあったように治安の悪化を危惧する人が多数を占める中で、交流が行われていない状況を示すものから見ていく。

W300：40歳代男性
　稚内市に於て殺人事件（外国人ロシア人）が発生したりしても未解決だったり、文化の違いで経済的な交流が主体で人種的なふれ合いがあまりない。
　特にサハリンとの交流については人間的には好感を持てても、心を開いて交流することはむずかしい（サハリン2の件や合弁会社の乗っ取り問題等々、外国人との交流はむずかしい）。[5]

W298：20歳代男性
　外国人による犯罪が多く、外国人に対する恐怖心をみな感じていま

5）2006年12月にロシア国営の天然ガス独占企業ガスプロムが、サハリン沖の資源開発事業「サハリン2」について最大株主である英蘭ロイヤル・ダッチ・シェルに事業の主導権を譲るように求めた。同月12日の『日本経済新聞』（朝刊）によれば、その背景には「政府系企業を軸に資源開発を展開したいプーチン政権の思惑がある」と分析されている。

す。
　違う言葉で話してるだけで変な目でみている人が多く、家族の為に働きにきて頑張っている外国人がかわいそうに思います。
　一緒に働く事があっても話がわからず、とまどいます。良い人達だと思うので、とても残念です。

　全ての回答を見ても、全面的に交流を行うことへの支持だけを述べ、外国人側の問題を指摘していない回答は無かった。そして、前述したように外国人と接する機会自体が少ないことで交流に対して関心はあっても消極的になりやすい傾向や、W298の場合に見られる多少の接点はあっても言葉や日常会話ができないために交流をためらう傾向がしばしば見られた。これらの点に関しては、ほとんどの船員は犯罪に関与していない事実の周知や、日本人・外国人双方による簡単な単語等の習得やコミュニケーション手段の周知、あるいは通訳者を配して交流の機会を持つことの重要性を示しているともいえる。
　次に、犯罪の面だけでなく、実際に交流を持つ中で、普段のロシア人に触れた経験を持つ回答者の記述を見てみる。

　W340：30歳代女性
　ロシア人や台湾・中国人が多い稚内では、万引きや盗難、マナーの悪さなどが一部問題になっていますが、日本人でも万引きする人もいますし、マナーの悪い人もいます。他国に来たときには、きちんとしてほしいとは思いますが、ただ外国の人に対してやや厳しく見すぎのような気もします。
　また、私が一度接したことのあるロシアの方は、とても礼儀正しく、良い感じの人でした。
　外国人による犯罪が多いのは確かなので、あまり町に外国人が増えすぎることはあまり良い感じはしませんが…。

　W340においても犯罪に対する警戒は存在している。確かに、犯罪やトラブルを起こした人間の方が、普通に生活する人よりも注目を集め、ロシア人船員

と地元住民との交流の機会が限られていることから、彼らに対する警戒心が形成されやすいことも理解できる。しかし、実際に船員と個人的な接触がある場合、大半の船員は問題のある人間ではないため、不安の解消あるいは軽減に繋がるといえよう。

(3) 中国人研修生との関係
　中国人研修生の場合はロシア人船員のような、トラブルは起きてはいない。しかし、多くの人が存在を認識していることから、稚内市において研修生に対する関心が低い訳ではない。

　　W334：20歳代女性
　　　中国人は主に仕事を求めて稚内や猿払村に来ている20代くらいの女性がほとんどです。彼女たちは朝早くから帆立加工場でひたすら仕事をし、収入の一部を故郷に仕送りしているそうです。目的もはっきりしているので、彼女たちの悪い話はあまり聞きません。

　W334以外にも、中国人研修生は家族思いで、働き者だとの回答はしばしば見られた。彼らに対しての回答では、研修の受け入れ先の企業が研修生たちに対して、より良い環境を与えてほしい、もしくは、マスメディアで伝えられるような酷い扱いがあってはならない、といったような内容が述べられていたものの、研修生の増加に対して、それが不安の原因となるという主旨の回答は見られなかった。
　では、彼らとの日常生活の中での接点は、どのように捉えられているのかを見てみる。

　　W280：60歳代男性
　　　6～7年前から我家の前の家に中国からの若い女性が9人住んでいます。地元の水産加工場で働いております。【中略】家によんでごちそうすると何でもおいしく食べます。会話も不便さを感じない程、毎日勉強もしています。

W395：40歳代女性
　中国から出稼ぎに来ている女性達はいますが、市民とかかわって交流があるわけでもなく、ただ、市内に"いる"というだけです。市などでも別段積極的に交流を持つ活動をする訳でもなく、一般市民の間での国際交流などは、まずありえないだろうな、という思いです。

　これは面接調査を行った際にも見られた傾向であったが、中国人研修生たちは隣人には挨拶を行うのであるが、朝早くから働き、就業後は公衆電話で電話をかけたり、スーパーで買い物を行う場面以外は周囲の人とは余り接点が無いのが実情であるため、地域住民との間にそれほどの交流も無い。確かに、W280に見られたように、個人的な機会を契機に交流を深めている人もいるが、W395にもあるように市レベルでは交流活動は存在していない。また、稚内市の場合、町内会費は研修受け入れ先が払っているケースが多く、町内会費の未払いは問題視されていない。ただ、地域の諸活動に参加するかどうかは受け入れ先の指導方針や研修生個人の意識に拠っているため、接点のある地域と不十分な地域が存在している。そのため、「町内の地域活動に参加しない外国人がほとんどで、地域住民としては、何を考えているか分からない」(50歳代男性)との回答も見られた。

第2項：面接調査から見る稚内市の特色

(1) アメリカ人兵士とロシア人船員に対する認識の相違
　稚内市においては前述のように、終戦後から1972年までアメリカ軍が基地を置いており、それが他地域に比べても長期にわたったことから、その存在を記憶に止めている住民も多い。そこで、面接調査を行った際には、その経験が

---

6) 日本社会との接点が密になることで、近年話題に上がる逃亡の恐れが高まることを懸念する協同組合員も多い。ただ、逃亡の多くは不当に低い給与に耐えかねる場合で起きており、地域との関係には余り左右されていないことは、JITCOや政府が研修生を受け入れている企業や組合等に広報を行う必要があろう。

現在の対外国人意識に何らかの影響を与えているのかを質問することとした。

年齢的な問題から、アメリカ人兵士との間に個人的な交流経験を持っているのは50歳代以降の回答者であったが（40歳代の場合、学校の交流事業で接点があったに止まる）、面接調査対象者だけでも、個人的な酒席を日常的に囲んでいたもの、学校のクラブ活動（英会話）を通じて基地内の自宅を訪問したもの、学校交流の準備で友人関係を築いた教員、暖炉用の薪を基地に卸していた農家等、接点は多岐にわたった。もちろん、今回のような対外国人意識を聞く調査に対して積極的に協力しようとする対象者であるから、経験が豊富であったことも考えられ、当時の稚内市において市民全体にそれほど接点があったとは言い切れない。しかしながら、稚内市における当時の交流の形態を聞くと、かつてはアメリカ人との接触や、交流を持つ人を見ることは決して珍しいことではなかったことが伺える。そのような当時の状況と現在のロシア人船員との関係を比較する発言もしばしば聞かれた。

W381：60歳代男性
（筆者：今、ロシアの方が大分上陸してますよね。それでいうと、昔、ノシャップの方にアメリカの軍人さんがいた時とW381さんから見て、何か違いを感じられたりしますか）
米軍がいたころは全市をあげて交流していたんですよ。それを思うと、現在のロシア人との交流は選ばれた人や個々の企業に限られたものになっているように思いますね。今は経済のためにやっている交流で、文化交流はイマイチという状況じゃないでしょうか。当時は、軍人たちが市内を自由に行き来して、スポーツイベントや祭りとかにも積極的に参加していましたね。沖縄のような所謂「基地問題」はなかったですよ。

W391：60歳代男性
ロシア人は経済の活性化に関しては役に立っているけど、外に置いておいたら自転車に鍵がかかっていても持っていくし、倅が小学校の時、ロシア人からメダルをあげるから、持ってる玩具と交換してくれ

と身振り手振りでいわれたことがあったんだけど、昔アメリカ人から物を貰ったことを考えると、大分違うな。

　これらの発言や前述の状況から、『稚内市史』に「約二七年間の駐留期間を通じて、駐留軍と地元市民との関係はおおむね友好的」と記載されているアメリカ人兵士に対する意識を形成した特徴として、①中心街における学校等での交流による接点の存在、②兵士の生活面を基地側が統制したことやソ連に対する危機感から、アメリカ人兵士と地域社会との間のトラブルが回避できたこと、③戦後の日本におけるアメリカ文化への親近感や彼らの生活に対する憧れが存在していたこと等が挙げられよう。

　しかし、その一方で、このようなアメリカ人兵士との良好な関係を形成した経験が現在の外国人との接触が増加する状況に対して好影響を与えているとは言い難い。それは、①本調査において米軍の駐留を経験した世代とそれ以外の世代との間に外国人増加に対する意識の相関を見た際、有意な差が見られなかったこと、②ロシア人との交流はアメリカ人の場合と異なったものと感じている証言が多く聞かれたこと、③現在稚内市に生活するアメリカ人が後述の温泉施設等の複数店舗で、ロシア人船員と同様の肌の色をしているとの理由で入店拒否、あるいは隔離されたことからも分かる。米軍の駐留経験は交流施策や個別のコミュニケーション形成に対して非常に有益な示唆を与える事例ではあるが、それらが継続されなかったこともあり、稚内市における現在の対外国人意識にほとんど影響を与えていない。

（2）近年のロシア人に対する意識の変化
　これまでの分析等でも明らかなように、稚内市におけるロシア人船員に対す

---

7) 稚内市史編さん委員会（1999）、699頁。
8) 内閣府政府広報室が公表している1955年に中央調査社によって行われた『国際問題に関する世論調査』によれば、「戦後アメリカが日本のためにやってきたこと」に対する回答は「よかった」が48.9％、「どちらでもない」が22.0％、「悪かった」が11.4％、「わからない」が17.7％となっており、比較的アメリカの戦後の対応が好意的に捉えられていたことが分かる。
9) 有道（2003）、149-157頁。

る意識は良好なものとは言い難い。しかし、アンケート調査の中でも、外国人増加を肯定的に捉えている人や、判断を決めかねている人もいるように、その意識は一様なものでもなく、個人の経験や触れてきた情報によって変化を見せている。特に今回の面接調査では以前に比べ、船員の起こす問題が沈静化してきたと述べる回答者が目立った。

　W389：60歳代男性
　　最近じゃ、ロシア人は極端に変わってきてますね。最初なら「イヤー」って思うようなスラム街から出てきたような感じの人も多かったけど、今は普通の人という感じで。ただ、体臭がキツいから、ホテルとかは彼らを泊めるのを敬遠してるみたいだけど。朝鮮系以外のロシア人は香水とかも含めて、部屋に匂いが残るみたいですよ。

　このような意見に代表されるように、近年のロシアの経済発展を反映してか、服装や目つきが良くなった、あるいは自動車や酒の買い物の際に高級品を求める傾向が強まったと話す人は多かった。また、関係者からもロシア人船員が大勢上陸した頃は、ロシア経済の混乱もあって、船員を雇用する際の選別の基準が甘かったものの、現在では一度犯罪を犯すと、上陸が許可されなくなるようになってきたこともあり、質の高い船員を雇用する傾向にあるとの話も聞かれた。一方で、一部ホテルが香水の匂いの残留、あるいは言葉の問題等からロシア人の宿泊を敬遠する動きは以前から市役所でも問題にされていたものの、大きな変化は見られない部分である。
　また、第2章で指摘したように、悪化した意識が定着した傾向がかつてから見られたことや、仕事以外ではロシア人と接点のある人が少ないこと、あるいは歴史的な経緯を有するロシア人への偏見もあり、上陸者数や犯罪数が減少した後も彼らを否定的に捉える人が見られる。

　W378：40歳代男性
　　（筆者：小樽で「外国人お断り」なんてこともありましたけど、稚内でもそういうことはあったりするんですか）

飲み屋さんでは「ロシア人お断り」ちゅう所が多いね。彼らは飲み方が半端じゃないんだわ。店の中で暴れるからね。他の客なんてついていけないさ。まぁ、良い人もいるんだけどね。ロシア人でもキチッとしている人は日本人より態度も良いし、能力もあるよ。幹部クラスになると日本語が分かる人も何人かいるしね。

調査に同席した70歳代女性
　（筆者註：ロシア人は）プールにも来ているんですよ。プールの横にあるジャグジーとかでロシア人が入っていると、こっちも入ったっていいんだけど、避けてしまうんですよね。〇〇ホテルのサウナとかはロシア人が増えてからは自然と日本人が行かなくなってウチの人も行かなくなったし、「湯らん銭」ではロシア人は見なかった[10]。そういうことを考えると、私の中にもやっぱり差別心があったりするのかな、って思いますね。

W390：20歳代女性
　（筆者：ロシア人の印象とかがですね、例えば「増えた」ですとか、普段の場面で話題にのぼったりすることはあるんでしょうか）
　ロシア人は最近はそれほどでもないんですけど、学生だった10年ぐらい前から増えてきましたね。「恐いなぁ」というイメージでしたよ。高校生が乱暴されたこともあって、夜は1人では歩けませんでしたから。その事件の話は学生の間で広まってみんな知ってましたけど、学校の外でどのぐらい話されていたかは分からないですね。家族とは『稚内プレス』の万引きの記事とかで長いカタカナの名前を見ると、「またロシア人だねー」と話したりしますよ。
　（筆者：では、他に実際の接点であったりとか、ロシア人の存在を実感することというのは？）

10）現在は閉店した公衆浴場「湯らん銭」では「外国人専用サウナ」を設けていたため、外国人が日本人客の目には触れなかったと思われる。その店舗に関しては、有道（2003）の前掲部分に詳しい。

特に見かけるぐらいしかないですけど、職場の飲み会とかで歩いて帰る時にロシア人とすれ違ったりすると何か恐い、っていうことはありますね。本当なら、酔いを醒ますために歩いて帰りたいんですけど、タクシー使ってしまうんですよ。あとは、ブザーを常に持っていたり、携帯をすぐにかけられるようにしておくとかは女の人同士で話したりすることはあります。この前、親が夜に1人で歩いて帰ったというのを聞いて、「危ないなぁ」って驚きましたよ。

今回のアンケート調査においては年齢と外国人増加に対して明確な相関は見られなかった。これは内閣府が2007年に行った『人権擁護に関する世論調査』で「外国人の人権擁護がなされるべき」との回答や「外国人が不利益な扱いを受けることを差別と考える」との回答が若年層に多いという全国的な傾向とは異なった状況が、稚内市においては見られることを示している。上記の回答者も述べているように、稚内市において1990年代に急激な増加を見せたロシア人船員は、幅広い世代に反感を持たせる結果となった。中でも、暴行流言が起きたこと、及びそれを打ち消す対応が市として十分に行われなかったことで「被害者」とされた中学生あるいは高校生と同世代の児童やその家族に、ロシア人に対する拒否感が強く意識されたことは想像に難くない。そして、その層をはじめ、全市的なレベルでの啓発活動や交流活動が行われなかったことで、本来外国人や異文化に対して肯定的に捉える傾向の強い若年層の意識が悪化したままに止まった可能性は高い。そして、このような悪化した若年層の意識を懸念する発言も聞かれた。

W376：40歳代女性
　稚内は港町で、貿易も多くあって、船員さんたちも多く上陸してきます。でも、地元の人たちの話の中には、特に年配の人なんかは「ロスケ」という差別的な言葉を使って彼らを見ていて、物が無くなったりすると「奴らじゃないか」と疑いの目で見てたりすることもあるんです。それに、そう考えるのは年配の方ばかりではなくて、若い人たちでもそういう傾向があるみたいで、同じようなことをいっているの

を聞いたりもするんですよ。せっかく港町で、貿易もあって、船員さんたちが入ってくるんですけど、拒絶してしまうというか、上手く自分たちの中というか、地域に入るのは難しいと思いますよ。

　実際の稚内市における外国人との接点は、前述のように商業施設等が多いと思われるが、W376 はその場における変化も指摘している。

　（筆者：W376 さんから見て、最近の稚内のロシア人の変化というと何か感じたりしますか）
　W376：ロシアの人たちはこの頃、物凄く行儀が良くなりました。以前は文化の違いなのか昼からお酒を飲んでいたんですが、それを私たちが良く思っていないのを分かったのか、余り見なくなりましたよ。船員さん同士の事件とかもあって、取締りも厳しくなったんだろうなー、って周りの人とも話していますけどね。それと、たくさん荷物を持ってスーパーを出ようとしている時、ドアを開けていてくれる船員さんは以前からよくいましたね。困っているなぁ、と思ったら助けるというのは全世界共通なんだなぁ、って思いますね。

　このように商業施設等でドアを開けてもらったという経験は多くの女性が面接調査の中でロシア人船員との接点を尋ねた際、しばしば挙げられた実例であった。そして、このような経験のある女性の話の内容からは、比較的良好あるいは冷静な意識を持っていることが分かった。これは稚内市においてロシア人船員に対する良好な意識を形成する上で、現在最も頻繁に起きる機会であろう。しかし、同様の経験をする可能性が全ての住民にあるとは考え難く、彼らに対して好意的に見る傾向が余り見受けられないために、他の日本人が受けるそのような行為に注目することも少ないと思われる。現時点で稚内市においては、普通に生活を行うロシア人と触れる機会が少ないことを考えれば、行政や民間団体が主導する形での、多少人為的な出発点から始まる交流の中で彼らの自然な姿を見るという交流経験や、全市的な啓発活動の持つ重要性は高いといえよう。

(3) 接点が限られている中国人

　稚内市で生活する中国人としては主に研修生が挙げられ、それ以外には日本人男性の配偶者として郊外で農業（主として酪農）を営む家庭に迎え入れられた人等がいる。[11]彼女たちの件に関しては、当事者の経験がそれぞれ異なるため一般化が困難であること、友人・知人からの話は聞くことができたが、本人や家族からの証言が聞けなかったこと、彼女たちが多く生活する地域は今回の調査では筆者が回ることができなかった郊外地域であることから注記するに止め、その調査は今後の課題とし、本項では研修生の事例を主として扱う。

　また、これまで述べてきたように、稚内市において中国人研修生に関しては、市議会や地元紙、及びアンケート調査では同地におけるロシア人船員ばかりでなく、旧新湊市地域の外国人全般と比べてみても、反感は少ないように感じられた。本項では、まず隣人、あるいは同僚として研修生たちに接する機会のある人の発言を見ていく。

　　調査に同席した70歳代女性
　　　彼女たちは○○水産にいるんだけど、朝早くでかけていくんだよ。何かめんこくてねー。日本語も喋れてさ、本当に辛抱だよ。その子たちに積極的に話す友達もいてさ、毛布なんかをあげたりしたみたい。そんなのを聞くと何か感じるものはあるんだよね。我々は贅沢なんだなぁ、って。それと、その友達は彼女たちが研修の期間が終わって帰国する前にプレゼントを貰ったりして仲良くしてたみたいだけど、他の人が「中国人は親切をしてもらったり、物を貰うのが当たり前に思って、図に乗るんじゃないか」っていうんで、積極的に話すのを私は何かためらっちゃうんですよ。

　　W372：40歳代男性
　　　（【※W372は漁師で、中国人研修生が就業している企業とも関係が深い】筆者：職場での彼女たちの評判というのはどんなものですか）

---

11) 業者や専門の仲介者を通じたお見合いを行った所謂「外国人花嫁」としては、中国人以外にもフィリピン人、タイ人、韓国人の事例が聞き取りの中で話題に上った。

中国の人は余り悪いことしないし、一生懸命仕事するんで周りからは良く評価されていると思いますよ。でも、前は加工場に勤めるオバサンたちも孫ができたみたいだっていって、女の子たちに1人分ぐらいの色んなものをあげたりしたんだけど、それだと分ける時に揉め事になるって話になって「それならやらないわ」ってことになってるみたいでね。それに数が増えると大変で、孫みたいともいっていられないしね。彼女たちは日本人よりもよく働くし、稼ぎに来ているから「残業させてくれ」、っていって、しっかり働くよね。何だかんだいって、概ね良い評価だと思いますよ。人手不足だから助かってるし。ただ、加工場とかは、今まで冬場は漁が休みだから、それに合わせて休んでいたんだけど、彼女たちは年間雇用だっていう関係で冬場でも無理やり仕事を作らなきゃいけないんで、赤字でも何かしら動いているみたいですけどね。

W377：50歳代男性
　（筆者：中国からの研修生の存在を普段感じたりすることとかは？）
　○○（筆者註：全ての回答者が外国人を見かける場所として答えた商業施設）とかでもさ、中国人が集団で来て、試食の食べ物とかあるでしょう、あれを一杯食べてしまうわけ。それが続いたのもあるか知らないけど、店員が「出て行けー！！」って彼女たちを怒鳴るのさ。そんな風にいわないで、「これはこうするんだよ」って教えてあげればいいんだよ。マナーを教えないくせしてさ、悪い悪いといってるのはどうかと思うよ。

　研修生たちと接する時間の長い周囲の人の印象としては、処遇の難しさを感じることもありつつも、仕事や日常生活の姿勢に対する評価は概ね高いものがある。一方で、周辺住民からは、彼らと日常的な接点がほとんど無いとの指摘も多かった。接点が無いことで、受け入れ機関で教えきれない（あるいは、受け入れ機関が気付かない）様々な習慣を身につけたり、地域の文化を知る経験が無いことは日本人住民、中国人研修生双方にとって大きな損失である。また、

彼らの本来の来日理由であった「研修」という意味からも[12]、居住地域や日本、そして彼らの文化や習慣に対する相互理解を地域住民との間で深めていく機会を設けることは不可欠であろう。

また、聞き取りの中では研修生の勤勉さへの賞賛ばかりでなく、彼らが増加することへの懸念も聞かれた。

> W370：50歳代女性
> （筆者：先日お答えいただいたアンケートを見ますと、W370さんは外国人が増えたことで「日本人の仕事が減った」という質問に、「とてもそう思う」と回答なされているんですが、それを何か実感されたことというのはございましたか）
>
> 　私たちが若い頃なんかですとね、今思えば全然即戦力とはほど遠かったと思うんですけど、周りが地元にいる私たちを育てようとしてたんですね。最近だと若い人が失業してたりしてますでしょう。それでもね、私は団塊の世代が定年になれば、若い人に職があるような気がしてたんですよ。でも、結局、仕事場が増えてきたのは中国人ばっかりじゃないですか。この前ハローワークに用があって行ってみたら、若い人だけじゃなくて、結構歳がいっている人もいたりするんですよね。色んな人の職を研修生が奪ってるような気がするんですよ。こんな状態が続きますとね、国の活力とか豊かさなんて失われてくるんじゃないかって、（筆者に対し）そう思われません？

これ以外にも、研修生の存在がパートの主婦等の職を奪っているというような話は他の調査対象者からも度々聞かれた。しかし、これは研修生たちには全く非のないことであり、本来、法務省の定めた研修内容の「すでに研修生本人が身につけている技術等や、本邦から移転すべき程度以下のものであってはい

---

12) 1999年に法務省入国管理局が公表した「研修生及び技能実習生の入国・在留管理に関する指針」においても、研修生に対する生活指導について「研修生は日本で生活する以上、日本の生活ルールに従うことが必要であり、日本の生活習慣等に慣れてもらって、地域社会と共生することが大事です」と述べている。

けません[13]」とする制度の本質を逸脱した行為が常態化し、周囲（研修生自身も）が彼らを「出稼ぎ」あるいは「3年間の期限付き労働力」としてしか捉えていないために起きた問題である。

つまり、稚内市における中国人研修生の問題は、接点形成や適切な就業等が不十分なことに対し、誰も責任を問われないという制度上の不備が研修生と地域との関係を希薄にさせ、時に欧米で見られる外国人が国内の労働の機会を奪っているとの見方すら発生させている点にあるといえよう。

(4) 稚内市における交流推進のための方策

本項においては、稚内市に特徴的な外国人としてアメリカ人兵士、ロシア人船員、中国人研修生への意識や事例を見てきた。アメリカに対して好意的に見ていた戦後の状況や意図的な相互交流もあり、駐留米軍との間には良好な関係が作られていたように思われるが、彼らと同様に稚内市経済に貢献している現在のロシア人船員や中国人研修生との間には、米軍との間に見られたような交流経験を語る人は余り見受けられなかった。確かに、稚内市においては姉妹都市交流やそれに伴う文化交流は従来より盛んに行われてきており、市長をはじめとした行政関係者や商工会議所関係者がサハリンを訪れたり、サハリンからの交流団体が来訪することは日常的な光景となっている。しかし、そのような事業だけでは前章のアンケート調査結果や、多くの言説に見られるように、多少の効果はあっても大幅な対外国人意識の改善に繋がらないことは明らかであろう。

そこで、まずロシア人船員との関係改善を検討するために、サハリンとの交流活動の現状及び将来に関する質問をした際の発言を見ていく。

> W384：30歳代男性
> 　今の文化交流って漠然としているでしょう。例えば、琴とかは向こうでやれば注目は集めるんでしょうけど、向こうでは全く知らないものでしょう。そうじゃなくて、同じ経験を持っているもの、例えばピ

---

13) 法務省入国管理局「研修生及び技能実習生の入国・在留管理に関する指針」1999。

アノとかの方が後々繋がるんじゃないですかね。アニメとかでもいいかもしれませんね。オタクなんて国際語になっているし、同じ映画やアニメを見たというだけで、仲間になれますからね。

W377：50歳代男性
　行政がやる交流は業界人ばかり連れて行ってダメですよ。民間人が多く交流して初めて効果が出てくると思いますね。前に子どもを可愛がろうとしたロシア人が、気が動転したその子の母親に警察に通報された騒ぎがありましたけど、多く交流があればそんなこと起こらないでしょう。民間交流というよりも、住民交流というような活動をして欲しいんですよね。そんな中で言葉を勉強する人がいれば、もっと喋りたいとか、生の情報に触れたいと思って理解が深まっていくでしょうし。

W385：50歳代女性
　行政からの外国人の情報とかはないですね。それと『日刊宗谷』とかでもそうなんですけど、サハリンからの研修生とか、英語の先生が来たとか、帰ったとかいうことだけじゃなくて、その人が来て日本人がどうなったのか、どういう活動をしているのか、どう良くなったのか、どう刺激になったのかをこっちは知りたいんですよね。今は何か「そんなもんかー」ってぐらいでこっちの気持ちも止まってしまうからねぇ。それと、交流のイベントとかだと必ず、踊りとか文化とかが入りますよね。それも「こういうことをやっているんだなぁ」というのをその後の報道で知るっていう感じで、そこで止まってますね。

　これらから見えてくるロシア人への意識の改善点として、第一に、行っている事業と現実との乖離を埋めることが挙げられる。現在、稚内市において活発に行われている従来型の姉妹都市交流及び経済交流は前章のアンケート調査でも明らかなように、経済面や異文化理解の面で一定の役割を果たしている。しかし、市内の現状としては著名な日系南米人の集住都市と同レベルの外国人と

の接触が見られているにもかかわらず、彼らに対する意識もそのような地域と同様良好とはいえず、交流や啓発活動が不十分なため偏見も生まれていることから、従来の交流は継続しつつ、普通の市民が普段見かけている外国人、そして彼らの文化との接点を持てる活動を行う必要がある。そのような対策を考える中で、交流活動を行っている個人、外国人も参加している民間団体、稚内市での上陸経験の多い船員幹部等との協議を進めることは、施策内容を実効性の高いものにすると共に、関係者間のネットワーク形成に対しても必要な行動である。また、これまでの市の活動の成果として稚内市には、市役所のサハリン課、民間の諸団体や個人、企業関係者等を中心にロシア語を使うことのできる人材が多くいることを考えるならば、同市はロシア人船員と地元住民を繋ぐ活動を効果的に行う可能性を持っている地域と見ることもできる。

　第二に、これは外国人全般に対しても同様であるが、ロシア人との間で多くの人が継続的に交流活動を行うことのできる体制作りが挙げられる。これまでの交流活動は一過性のものが多く、継続して交流を行うことができるのは、常に交流の場に選ばれる行政幹部、国際交流担当課関係者、行政と接点のある民間団体関係者、定期的に交換留学や使節団を派遣している学校の教員、水産加工業関係者のような外国人と職業上接点のある人に限られていた。確かに、それらの人は交流を続け、個人的に理解を深めることができた。しかし、それ以外の大多数の人はその機会がなく、時に交流活動に呼ばれることはあっても、個人的交流が継続していないというのが現状である。しかし、現在は冷戦期のように市内で外国人の行動が制限されるということもなく、地域住民との交流には多くの事業を活用することができる。ただ、ロシア人船員との交流を行う民間団体の不在や、中国人研修生との交流が余り活発ではない現状を見るに、稚内市の場合、行政からの働きかけが、まずは求められよう。その中で、市民の間に外国人の文化や言語への理解の深化や、相互の個人的関係の構築が進むことは、現在稚内市では活発ではないが、将来的には交流活動の主力となり得る外国人との相互理解を進める民間団体の活動の活性化や気づきに繋がるのではないだろうか。

　第三に、きめ細かく、かつ広範囲にわたる広報活動を行うことが挙げられる。今回の面接調査を含めた筆者のこれまでの稚内市における聞き取りの中では、

ほとんどの回答者がサハリンとの交流活動の存在は地元紙の紹介記事で認識しながら、参加する方法は知られていなかった。つまり、稚内市においては比較的地元メディアや広報が行き渡っているにもかかわらず、それを意識改善の契機としては有効に活用できていない状況がある。また、その事業の意義や効果の詳しい報告、あるいは地域在住の外国人への広報活動の充実等、現在ある情報インフラを現状に適応させていくことが今後の課題といえよう。

次に、中国人研修生に対する意識を改善していく方法を検討したい。稚内市において、研修生の労働に対する姿勢や日常的な挨拶等は一定の評価がなされており、受け入れ組織にしても余り酷い扱いをしているとの話も聞かれない。しかしながら、彼らと地域社会との間に相互に文化を伝え合うような関係は構築されていない。筆者がある水産加工会社で話を聞いた際には、これまで多くの研修生を受け入れてきたが、最も地域社会との関係が深かったのは、入院経験のある研修生であるとの話が聞かれた。それは日常的な地域社会との接点が希薄であることを示す、皮肉な事例であろう。そこで、研修生の宿舎の近所に住んでいる調査対象者の発言を見ていくこととする。

W374：70歳代男性
（【※W374の家の斜め横には研修生の寮があった】筆者：その中国の方と何か接点とかはあったりするんですか）
　中国人の市民との接点っていうのは、これといって無いねぇ。悪い話も聞かないけど。まぁ、中国人は良い人でないかな。（アパートの方を指差しながら）そこに住んでる中国人に対しては、同じ町内にいるんだから交流を持ちたいなぁ。祭りとかでね。今はどの人が誰だか分からないからなぁ。もし、災害とかがあれば町内として助け合わないといけないと思うんですよ。中国人だからといって疎外する訳にもいかないし、そんな時代でもないですし。もっと交流が必要だし、もっとご近所づきあいできないかなぁと思うんだよねぇ。

研修生が町内会の活動等に参加しないのは、研修生たちがそのような活動に意義を見出していない点や、受け入れ先の団体によっては町内会費は払うもの

の活動自体までは参加する必要がないとの姿勢を見せている背景がある。このような地域の活動に参加する姿勢に関しては、地域の運動会等に参加を勧めている事業所もあり、一概に評価することはできない。ただ、研修生と地域社会との接点が全体的に希薄であることは確かであり、祭り等で町内会がその中核を担っていることから、そこが1つの拠点となる可能性を有しているといえよう。

　そして、全国的にも市町村合併が進む中で、このような地域に密接に関係する施策を行ったり、狭域の要望をくみ取る機関としての町内会に対する注目は、行政や研究の現場において高まりを見せている。その動きを受けて、森裕亮は町内会に関しての社会学及び政治学上のこれまでの研究成果を概観し、その共通する定義として、「加入が自動（強制）で世帯単位であり、地域に居住する住民全員を対象とし、自治体行政を補完するのみならず、ほかさまざまな地域社会に関わる活動を行う組織」[14]であるとしている。確かに、町内会の性格として、全戸の半強制的加入が挙げられ、それと研修制度はやや相容れない部分もあろう。ただ、地域の7割以上の住民が加入している組織と十分な接点がなければ、相互理解を進めることは難しいということもまた事実である。

　W374の発言にあるように自然災害が起きた際には、多くの地方で町内会が互助活動の中心となっていることからも、普段から「顔の見える」関係を町内会等を通じて維持していくことは、研修生の安全確保のためにも重要である[15]。自然災害への対応という点がW374との調査の際に話題に上った背景には、調査が行われた1ヶ月ほど前の2007年7月に新潟県中越沖地震が発生し、外国人も被害者となったことで地域社会との関係が報道され、地方社会における天災発生時の外国人の置かれている立場に注目が集まったこともあると思われる。被災地の状況を伝えた同年7月28日の『朝日新聞』（夕刊）を見てみると、「避難所に避難していた外国人は、被害の大きかった柏崎市を中心に最大時で約

---

14) 森裕亮「地縁組織（町内会）の組織特性について―その行政補助組織性のとらえかた―」『北九州市立大学法政論集』第33巻第2・3・4合併号、2006、103頁。
15) 稚内市においては、地震が少ないことを理由として、研修生に対して地震避難に関する指導は余り行われていない。ただし、震度3程度の揺れはしばしば発生しており、危険が無いとはいい切れない。

120 人。慣れない体験におびえ、言葉の壁から情報過疎になり、混乱する人たちがいた。一方、地域住民の一人として、助け合いの輪に加わる外国人も少なくない」として、日常的な関係構築の重要性と外国人の地域社会への参加がもたらす可能性についても触れられていた。確かに、1995 年の阪神淡路大震災においても、「元年」とも称されたボランティアの活動ばかりでなく、町内会の日頃の活動が初期消火や被災時の人員確認に大きく寄与したように、地域の諸団体を活用することを通じて「顔の見える」関係が構築されることは、研修生が生活する上で必要な情報を得ることばかりでなく、互助意識を高める効果を生むことも期待される。[16]

稚内市において中国人研修生はトラブルが少なく、仕事面での評価も高い。しかし、その一方で、彼らは居住地周辺の日本人住民からは「顔が見えない」状態にある。単に問題が無いだけでは、相互理解へ繋がらず、「ただ市内に"いる"というだけ」に終わってしまっているという認識の下、地域との接点を密にする制度上の取り組みが無ければ現状を変えることは難しい。

第 3 節：住民の発言から見た旧新湊市地域の特色

第 1 項：自由回答欄から見た特色

旧新湊市地域における記述では、パキスタン人中古車業者の営業マナー等の周辺の問題（国道沿いでのキャリアカーでの積み降ろし時における渋滞発生、無ナンバー走行、農道への駐車、盗難車に関する噂、強盗事件等）を羅列したものが最も目立った。他には、日系南米人の生活騒音やゴミ出し、自動車運転マナーの問題、中国人研修生の生活騒音や自転車運転マナーの問題、稚内市でも見られたロシア人船員の自転車置き引きの問題を短い文章で指摘、あるいは箇条書きにしたものが多かった。

---

16) 塩崎賢明・西川榮一・出口俊一・兵庫県震災復興研究センター編『大震災 100 の教訓』かもがわ出版、2002。

(1) 外国人との接触回避の姿勢

　旧新湊市地域においては、先述のように様々な背景を持つ外国人が混在している状況にあるが、彼らに対する地域社会の意識を見る上で特徴的なこととして、彼らと接触を避けようとする姿勢が挙げられる。

S410：40歳代女性
　近所に外国人ばかりが住むアパートが2棟あり、かなりの外国人（主にブラジル系）が住んでいる。あの人達はなぜか夜になると集団でアパート前の公園で話をしている。別に話をしているだけで何ら危害もないが、独特なものがあり大人の私でもこわいと思う。子供達には学校帰りには、そこを通るなと言っている。

S438：40歳代女性
　近くに外国人経営の中古車販売店が多数あり数人で自転車で移動されていますが、通学時等、子供達に何らかの影響はないものかと心配です。少なくとも我が家の子供達は距離を置いて道を歩くようにしてるそうです。

S484：30歳代女性
　中古者販売業のトラブルが多いようです（付近に外国人の中古車販売業はたくさんあります）。それについては、付近の人たちは近づかないのが一番！　という感じでおられます。

S556：60歳代男性
　廃車が山積みになっている中で中国人らしい若者達が（はっきり判らないがアジア系）男女を問わず騒いでいるのを見ると自分までが何か犯罪に巻き込まれるような錯覚になり、不安な気持ちになります。

　前節の稚内市の事例でも見られた「近づかないのが一番」という姿勢は、旧新湊市地域でも同様に見られた。そして、中国人研修生や日系南米人の就業態

度に対する高評価という点に関しては共通しているものの、稚内市の場合には無かった特徴として、接触を避ける対象が日系南米人、中国人、パキスタン人業者周辺に広がっていることが挙げられる。また、上記以外にも「何だかこわいので避けてしまう」「夜のウォーキング（あるいは散歩）を止めた」といったような回答は女性に多く見られた。その上、このような外国人との接触を避ける姿勢は、稚内市における女性の暴行流言のように、発生していない犯罪に対する疑いを見せるようになってもいる。

　　S431：30歳代女性
　　　我が家は自転車を盗まれました。離れた所に放置されて見つかりましたが…、どろぼうに入られそうになったことも…。我が家は国道沿いで外国人の通りの多い所なので、おそらく外国の人がしたのだろうと…。

　　S469：60歳代女性
　　　夜半であろうが自転車で走行。何か盗る目的の下見の様。

　以上のような回答は両市の議会における発言にも見られたが、犯罪が起きた際に近くを外国人が通ったことを見ただけで外国人の犯行を疑う回答や、住宅街を歩いたり、自転車で通り過ぎたりするだけで犯行の下見として疑う回答は珍しいものではなかった。確かに、稚内市の女性暴行流言とは異なり、旧新湊市地域の犯罪への不審感は、発生していない事件を疑ったものではない。しかし、旧新湊市地域における外国人の犯した目立った犯罪は、中古車業者関係者への強盗事件のように外国人が被害にあっている場合が多く、日本人の家庭が被害にあったものは少なく、第3章における地元紙の社説分析でも述べたように自転車の盗難事件は外国人が増加する以前から問題視されていたものである。つまり、そのような犯罪は外国人が来たために起きたものというよりも、従来から存在している常に起こりうる事件であって、これらに対して全面的に外国人の側に疑義を感じる意識は、彼らに対する偏見の表象といえる。また、このように流言や治安の悪化を心配する声が女性を中心に広がるという傾向に対し

ては、多くの先行研究や事例においても指摘されているところであるが、彼女たちで構成されることが多い日常のコミュニケーションの中で、前章のアンケートでも見えたように悪い評判が発生しやすいことは留意する必要がある。

(2) 中古車業者との関係

パキスタン人を中心とする中古車業者に対する見方としては、先述のような稚内市の事例や日系南米人集住地域の事例に共通するような回答が多いが、一方で、旧新湊市地域あるいはイスラム教徒に対する特有の意識も見られた。

S419：60歳代男性

人の迷惑以外の何者でもないと思う。ゴミは散らかし放題、農道に車を止めて、農作業のじゃまになり、草かりもしないし、特に外国人向きの（相手の）自動車販売店等は港付近に一ヵ所にかためて、それ以外の所では営業をさせないでもらいたい。外国人の住居も港付近一ヵ所にまとめて、その地区からは出さないでほしい。

S512：30歳代女性

旧新湊市内には外国人による中古車店が多数あります。道路を我が物の様に（駐車場として使ったり、車の積み降ろしに一車線つぶしてしまったり、道路交通法の無法地帯です）扱っています。大型のトレーラーで子供達の通る道を通り、危険に思うことがよくあります。ホームセンターでも万引きが有ったり、外に置いてあったタイヤが盗まれたりと、近くで会う外国人には良いイメージは全くありません。出来れば国に帰ってほしいと思う事が多々あります。もちろん、一度も喋った事が無いので、私の一方的な思いこみもあるかもしれません

---

17) 野口道彦「外国人をめぐる流言騒ぎの諸相」鐘ヶ江（2001）、早川洋行『流言の社会学―形式社会学からの接近―』青弓社、2002、小内透「日本人の親子から見た外国人の子ども」小内（2003）、等。

18) 1990年11月28日の『朝日新聞』（夕刊）によれば、1990年代初頭に北関東で広まった流言でも、流言を聞きつけた女性たちが「PTAや趣味の会合の中で口から口へと伝えていった」と、その状況を伝えている。

が…。

S392：40歳代女性
　中古車販売店を営む、イスラム教徒の経営者や従業員がモスクに多数参集しているのを見かける。日本人より、よほど信心深いと見えるが、イラク戦争や、テロの多くはイスラム教のジハードに由来しているらしいと聞くので、少し恐しく、不安である。

　「出て行ってほしい」や「帰ってほしい」といったような回答は他にも見られ、住民と業者の間の協議会の場、あるいは第3章で取り上げた議会議事録でも同種の発言がしばしば見られたことから、このような考えは旧新湊地域においては一定の支持を得ていると見ることができる。しかしながら、これほど強硬な意見は他地域の場合、一部の極端な考えを持つ人でなければ、余り表立って語られることはないものであり、旧新湊市地域における地域住民の反感の強さが分かる。しかしながら、中古車業者も関係改善には努力を重ねており、その姿勢が地域住民に十分に伝わっていないことも問題といえよう。
　また、S392に見られるように、8号線沿いにあるモスクや彼らの衣服から「イスラム教＝テロ」との連想を行い、彼らとの接触を避けたく思う、というような記述もしばしば見受けられ、同様の発言は面接調査の際も度々聞かれた。そのような傾向に対して、15年近く同地で営業を行っているパキスタン人中古車業者に話を聞いた際にも、「9.11同時多発テロ以降、我々への見方が厳しくなった」との懸念が述べられた。もちろん、各地で起きるテロリズムとイスラム教徒全体を結びつけることは、極めて無分別なものである。しかし、そのような偏見の発露は一地方に止まる問題ではない。公安調査庁発行の『国際テロリズム要覧　2006年版』にもテロリズムの未然防止のために、テロインフラの整備を防ぐべきであるとの文脈の中で、「我が国国内に形成されているイスラムコミュニティがテロのインフラとして悪用される危険性があることを

19）日本全体のイスラム教徒が直面するテロリズム等に関係する偏見に関しては、Michael Penn: "Public Faces and Private Spaces: Islam in the Japanese Context," *ASIA POLICY*, No.5, pp.89-104, 2008.

常に認識しておく必要がある[20]」との記述がなされており、9.11同時多発テロの翌年に警察庁から発行された『平成14年　警察白書』にも、ほぼ同様の記述が見られた[21]。また、2004年に2002年から1年以上、フランス人のアルカイダ関係者とされる人物が新潟市内のロシア向け中古車業者で就労しながら出入国を繰り返していたことが判明した後、その視角は強まり、『平成18年　警察白書』では、上記と同様の文面の後に、「今後、イスラム過激派が、こうしたコミュニティを悪用し、資金や資機材の調達を図るとともに、様々な機会を通じて若者等の過激化に関与することが懸念される[22]」と述べられており、イスラムコミュニティに対してだけでなく、そこに関係する「若者等」に対しても警察当局が注視していることが見えてきた。このような方針の下に施策が決定されていくということ、イスラム教徒を危険視する傾向が見られる警察組織がトラブルの際の窓口になる場合が多いこと、あるいは、先に述べたように地域住民の中に中古車業者周辺の外国人を何人(なにじん)か分別していない傾向が見られること等を併せて考えれば、今後同地においてパキスタン人をはじめとする多くの外国人を避ける姿勢に拍車がかけられ、彼らとの接点を持とうとすることを躊躇わせる意識の発生が懸念される。

(3) 外国人への生活ルールの周知不足

　旧新湊市地域においては、これまで多くの外国人集住地域と同様、騒音やゴミ出し問題も発生してきているが、特徴的なものとして、自動車を運転する外国人に対する懸念が強調されるという傾向がある。回答者の家族の中でも数名は実際に外国人の運転する車との事故を経験している場合もあり、他の経験者からの伝聞も含め、自動車事故の危険性や保険未加入への懸念は広まっている。

　　S523：50歳代男性
　　　イスラム系の人々は自分達は廃車寸前の車に乗り、保険にも加入していない。万一事故などになった場合、お金ない、保険に加入してい

---

20) 公安調査庁『国際テロリズム要覧　2006年版』2006、8頁。
21) 警察庁『平成14年　警察白書』2002、99頁。
22) 警察庁『平成18年　警察白書』2006、217頁。

ないの一点張り。最終的に日本人の泣き寝入りです。

S424：60歳代女性
　自動車保険の営業マンからは外国人は任意保険に加入していないので、十分注意する様にと聞いています。

　保険の問題の指摘に関しては、「全ての人がそうではないと思うが」あるいは「日本人でもそういう人はいます」といったような前置きを付けて語られる場合も多い状況ではある。しかしながら、旧新湊市地域においては、S424にあるように保険の営業の際にも外国人の運転マナーや保険未加入の危険が語られており、その問題が一定の説得力をもって地域に受け止められ、対外国人意識悪化の要因の1つとなっていることは確かであろう。そして、自動車の運転に関する指摘は、時間的な問題や経済的な問題で自動車を購入できないロシア人船員や中国人研修生の場合は見られなかったものの、日系南米人や、中古車関係で働くパキスタン人やロシア人といった、地域在住の外国人の多くに向けられている。しかし、本書で扱った両地域や先の大泉町をはじめ、地方社会全般に共通していえることであるが、今後、外国人が大都市圏から離れた場所において生活を営む場合、現状では日本人住民と同様に自動車は生活必需品の1つとなっている。運転が行われれば、残念なことではあるが、事故の発生は避けられないことから、この保険の問題は意識改善の面からも、安全向上の面からも今後、対策が必要といえる。
　そして、自動車の問題ばかりでなく、先述のように、旧新湊市地域においては、ゴミ捨て等の普段の生活上の問題も周辺住民の対外国人意識形成の大きな要因となっており、そのことに関しての記述も多い。

S378：40歳代女性
　私の近くに住む外国人は文化的なことを目的としておらず、自分の益利のための人たちが多いせいか、地域になじもうとする姿勢がないように思う。その仕事にかかわる人達がもっと生活面においての世話をするべきであり、行政（警察や役所）の対応は、地域住民からする

とないのに等しいと感じている。

　S516：30歳代男性
　　私は4年間、東南アジアで仕事をしておりました。中国人、マレー人、インド人、タイ人等と接した経験から彼らの事を少しは理解しているつもりですが、彼らが日本で生活するならば、もう少し日本の文化や習慣を学んでもらい、生活上のルールを守って居住してもらいたいと思っています。また、その様な学びの場を作ってあげる事は、行政の仕事の1つであると考えています。

　旧新湊市地域における生活上のルールに関する回答の特徴として、行政の指導の強化を求めるもの、あるいは実際に接触のある人からの苦言、という形が多く見られた。先のアンケート調査で取り上げた「近隣での外国人との接点」と「生活ルールの乱れ」との相関にも見られるように、外国人のゴミ捨て等の生活ルールの乱れへの懸念が強いのは「たまに挨拶したり、話をしたりする」人であり、実際に表面的なものが多いとはいえ、接点のある人との間に生じる問題で意識が悪化しているということは、外国人に対して「何だか恐いので、避けてしまう」という一般に広く見られる意識傾向とは異なる旧新湊市地域の大きな問題である。もちろん、外国人を避けてしまう人に対しても、生活ルールの乱れは、意識をより悪化させてしまうともいえるが、本来であれば交流の中心となりうる層の意識を悪化させていることが旧新湊市地域における問題であろう。しかし、それは十分な働きかけがなされるならば、今後の意識改善に向けては大きな可能性を持った層が存在しているということでもある。

(4) 外国人との交流の場の形成
　ここまで見てきたように旧新湊市地域においては、住民と外国人との間の交流は余り活発ではない。しかし、旧新湊市地域においては生活する外国人の背景が多様化していることもあり、稚内市よりも生活の様々な場面で外国人との接点が存在し、改善点を提起する回答も多かった。では、実際に外国人との接点がある人はその中でどのように彼らを捉えているのかを見ていく。

S389：20歳代女性
　私は少し英語を勉強しているので、話できるし交流もある。外国人の方は日本語を話せない（完ペキに）人が多いので、本当に困ったときに大変だと思う。医療機関・学校など生活していく上で重要な場所で話し（母国語）できない、通じないことは、すごく辛いことだと思う。そのための（日本人が行う）サポートが必要だと思う。

S449：60歳代男性
　近くのアパートにブラジル系労働者が家族で多数居住している。近くの公園で孫と一緒になるが、共に遊ばせても違和感はない。

S458：30歳代女性
　言葉が通じないので、意見が伝えにくいし、文化の違いもあり、あまり関わりたくないのが本音。でも、親子で生活している人たちだと、子供は多少、言葉がわかるので。そしたら、礼儀正しかったり、親思いだったりと、メディアや思い込みで偏見だったと反省させられる時もありました。労働に来ている外国人たちを高い位置から見おろすような態度、私たちの何がそんなにえらいのか⁉　勘違いもいきすぎで、はずかしいなーと思う時があります。日本人にだったら、あんな言い方しないだろうに…。そんな時、日本人はうらやましがられても、尊敬はされないなーと思います。"成金"という言葉がピッタシの日本人にはなりたくないなー。

S553：40歳代女性
　私は運転手で荷物を持っていく所にはブラジルの人がたくさん働いています。ブラジルの人は日本人よりも思いやりがあり、優しいです。

今回の自由回答欄では、交流の契機として、①語学学習、②子どもを通じたもの、③近所に居住していること、④職場などが挙げられた。第一に、語学に

関しては、S389のように英語ばかりではなく、ロシア語（あるいはロシアそのもの）に関心がある人がテレビやラジオの語学講座で学んだことを生かし、船員と交流を深めているとの回答も複数あった。しかし、そのような行動をとる人は若い頃よりロシア文学等に親しんだ高齢者に多く、次世代が続いてこないという傾向も見られた。これは全国的な傾向でもある[23]。第二に、子どもや孫との関係、あるいは学童擁護員等での経験を通じた接点では、多くの回答者が彼らの存在や家族への思いやりを肯定的に捉えている。しかし、自分の子どもと外国人児童の間でケンカ等のトラブルがあったり、他の日本人児童とのケンカを目撃した場合は、文化的な相違や日本語の理解能力不足を否定的に捉える傾向も見られた。第三に、近所における交流では礼儀正しく挨拶をする外国人を肯定的に見ていることや、礼儀は正しいのだけれど生活マナーは悪い人もいることを指摘するといった、様々な回答が見られた。第四に、職場における評価であるが、彼らの勤務態度や業務の質に対しては、ほとんどの回答者が肯定的に捉えており、S553のように好感に繋がる例も見られ、職場における大きな問題は記載されていなかった。

　確かに、今回の回答からは実際に人柄を知るほどの交流のあった人の多くに外国人を肯定的に捉える傾向が見られた。しかし、これらの交流を開始する機会は誰もが持てるものではない。アンケート調査でもあったように、9割以上の市民が日常的に外国人を見かけているにもかかわらず、外国人増加を肯定的に捉えている人が1割に満たない旧新湊市地域の状況を考えるならば、交流を促進させる対策が今後必要となるであろう。その点に関して、下記のような指摘もある。

---

[23] 東京大学における学生の読書傾向を調査した永嶺重敏『東大生はどんな本を読んできたか―本郷・駒場の読書生活130年―』平凡社、2007、を見ると、戦前から冷戦終結期までロシア文学が、戦前から1970年代の学生運動終結後まで社会主義関係の思想書が多く読まれていたが、それ以降はそれらのロシア関連書籍は人気を博していない。あるいは、新潮社が1976年夏から始めた文庫の中から100冊を毎年選出していく企画「新潮文庫の100冊」では、当初、チェーホフ、ツルゲーネフ、トルストイ、ドストエフスキーの4名の著作が名を連ねていたものの、1982年には3名、1983年には2名に減少し、1998年から2006年の間はドストエフスキー1名のみの選出であり、2007年以降は2名というように、徐々にロシア文学のインテリ層への「登竜門」的位置づけは変化している。

S514：40歳代女性
　低賃金で真面目に働いておられる外国人の人も多く、交流の機会さえあれば、お互いの理解が深まるとは思うが、言語の壁や先入観などで交流の場に参加しようと思わない感じがあると思う。

　これまでの旧新湊市地域におけるアンケート結果や自由回答欄の内容を見てみると、外国人に対する偏見や言語に対する不安は確かに存在している。しかし、それは見方を変えれば、その障害となっている要素を解消する、あるいは再考させるような交流の機会の提供や啓発活動がなされていないと言い換えることもできる。また、交流の不足は一層の偏見を生み、交流への意欲をより減退させる、といった悪循環に陥る危険性が高いことは、本章で紹介した言説や多くの事例から証明されている。

第2項：面接調査から見る旧新湊市地域の特色

(1) ロシア人

　旧新湊市地域においては、稚内市のような形での米軍の進駐を経験していない。富山県における米軍の進駐は、1952年まで富山市と高岡市を中心として行われたことから、当時の旧新湊市地域の住民にとっては、アメリカ人兵士は両市に用事があった際に、たまに見かける程度の存在であった。そのため、旧新湊市地域において顔見知りであった在日コリアンを除けば、日常的に見かける外国人として認識されたのは1958年以降、伏木・新湊地区で共に活発となった北洋材輸入の関係で来日するソ連人であった。前述のように、市民とソ連人との接点も特に伏木港に近い地域では増えていった。今回の面接調査では、その当時の記憶を語る人も多かった。

S536：40歳代男性
　（筆者：昔から新湊の方ではロシア人の船員さんとかは見かけられていたものなんですか）

私の生まれた地区は伏木港の近くにあったのもあって、中学校の帰りに船員さんたちにロシアの黒パンであるとか色々なパンを貰ったりした記憶はありますよ。そう思うと、自分たちの年代からも外国人と接触する機会は結構あったんじゃないですかね。

S544：40歳代男性
（【※S544が少年時代からロシア人船員を多く見かけていたという、やり取りを経て】筆者：当時のロシア人のことに関して何か印象に残ることはありましたか）
子どもの頃のロシア人にはお金がありましたよ。大体、1ルーブルが1ドルという時代でしたから。洋装店のオバチャンなんかは多少のロシア語を喋って商売をしててね。結構な売上げがあったんじゃないですか。それとは違って、今のパキスタン人にはお金を落とさないイメージがありますね。商売相手がロシア人なんで、地域にお金を落としていないように感じてしまうのかな。

先述のように、当時のソ連の船員たちはグループで上陸し、常に乗船していた監視員の管理下に置かれていた。そのような状況や、ソ連自体の経済や社会の相対的安定もあり、旧新湊市地域においては大きなトラブルはなく、彼らは現在のように反感をもって捉えられてはいなかった。もちろん、富山県は北方領土からの引揚者の人数が多く、当時の冷戦構造の影響もあり、ソ連人の増加に対して全く反感が無かった訳ではないが、彼らは旧新湊市地域の個々の商店にとっては1つの収入源であり、主要産業の1つである木材・製材業界においては、それを支える存在とも見なされていた。
そして、1984年には富山新港とボストチヌイ港の間でコンテナ定期航路が開始されたことや、ソ連解体後の経済体制の変更を受けて、旧新湊市地域におけるロシアからの船員上陸数は増加していく。一方で、船員たちはソ連政府からの監視の目が無くなり、行動形態が変化していったことや、行政や港湾関係会社が船員急増に伴うマナーの周知等の受け入れ態勢を整えきれなかったことにより、地域社会との間のトラブルも多く見られるようになっていった。その

中で、これまで本書で取り上げてきたような反感の高まりも見られるようになったのである。そこで、現在のロシア人船員に対する代表的な言説を見ていく。

S547：50歳代女性
（筆者：ロシア人が当時増加してきた時に、S547さんの生活といいますか、その辺りで何か変化等はありましたでしょうか）
　ロシアの船員さんが増えた当初は、自転車やタイヤを盗まれることもあったがです。こっちは街の方とは違って車庫なんかに鍵をかけたりすることは、ほとんどないがやけど、私の家も自転車を盗られましてね。あとは、ウチに置いておいたリサイクル扱いの廃棄予定の電化製品を買いたいって頼まれたこともね。車を買うついでに家電も買っていくみたいで、自転車に冷蔵庫を載せて帰っていきましたよ。中には、何度も来られた船員さんもおったりしてね。盗難が問題になった時なんかはチェックが厳しくなったみたいで、何ていうんでしょうかね、購入証明書みたいなものを書いたこともありましたよ。それから、近所の人から「ロシア人が店の裏を覗いてはったよー」って知らされたこともありましたね。大事なものもあるし、商売道具もあるんで盗られたら困りますから、余り良い気はしなかったですねー。

調査に同席した60歳代女性
　外国人とは余り接触は無いんですよね。この前、ロシア人が自転車で近寄ってきた時、思わず「うーっ」と身構えてしまったんですけど、結局スーパーの場所を聞いてきただけだったんです。片言の英語ではあっても、言葉が分かるというのは大事だなぁ、と思いました。ただ、そのスーパーは目と鼻の先にあったので、向こうも少しは日本語が分かればいいのに、とも思いましたけど。

S530：70歳代男性
（【※S530は富山市にあるロシアとの文化交流を行う団体に所属しており、その中でロシア語を勉強している】筆者：アンケートの最後に

「ロシア人をよく見かける」と書かれていますけれど、1日にどのぐらいの数を見かけるような感じですか)
　周りで見かける外国人はロシア人を日に10人ぐらいかな。ロシア人に道を聞かれることもありますよ。私は少しだけ言葉が分かることもあって、片言で対応できますけど、普通の人なら逃げていってしまうと思うね。まぁ、逃げてしまうというよりも、一般の人は外国人に対して見て見ぬ振りという感じで接していますよ。言葉が違うのもそれを強めていると私は思うんだけどね。言葉は大事ですよ。

S529：20歳代男性
（筆者：普段見かける外国人との間で何か個人的な接点とか、交流とかはあったりするんですか)
　個人的には通りすがりに、コンビニでたむろしているロシア人と片言の日本語と英語で喋ってみたりはしてます。あとは、道を聞かれたりした時にとか。この前も、コンビニの中で身振り手振りでライターを欲しがっている外人がいたんで、場所を指差してあげたり。まぁ、人が困っていたら、言葉は分からなくても雰囲気で分かりますから。かかわれることならやってあげるし、無理そうならソーリーでいいんじゃないですかね。

　これまでの本書内の調査結果からも、旧新湊市地域においてはロシア人船員に対しては反感がある。これは他の外国人にも見られることであるが、ロシア人船員に何かを聞かれても避けてしまっていたり、そもそも近づかないようにする人が多い傾向がある。そして、彼らとコミュニケーションをとるのは、彼らが商売相手となる人や同業者、あるいはロシア語や英語を使うことができ、かつ彼らに対して偏見の無い人に限られているのが現状である。
　ここで、ロシア人船員に対する旧新湊市地域と稚内市の違いを見てみると、第一に、日常生活において彼らとの接点となる場所が少ないことが挙げられる。稚内市においては港近くの商業施設が日本人、外国人の区別なく集まる場所となっており、その中で彼らの飲酒をする姿だけではなく、親切な振る舞いに触

れる機会も少ないながらも存在していた。しかし、旧新湊市地域は高岡市と富山市に挟まれた地域であるため、船員も取り急ぎの日用品以外の買い物は大規模店舗が複数ある富山市や高岡市に向かい、旧新湊市地域住民が彼らを日常的に見かけるのは国道8号線あるいは港周辺に限られ、大部分の市民にとっては新聞等の報道以上には彼らを知る機会がないのである。第二の相違点としては、ロシアの文化等に触れる機会が少ないことが挙げられる。第一の相違点と同様、そのようなイベントは高岡市や富山市で行われる場合が多く、よほど関心のある人や関係者でなければ、旧新湊市地域から参加することはない。つまり、稚内市において聞かれた「文化的交流だけで終わっている」との批判の前提となるイベント自体が旧新湊市地域では存在していないのである。

(2) パキスタン人

　本調査を行った時点で旧新湊市地域をはじめ、射水市の中で最も悪化していた対外国人意識はパキスタン人の中古車業者に対するものであった。それは第3章以後でも述べてきたことであるが、まず、その背景にある問題を調査対象者の発言を通じて見ていきたい。

　　S538：30歳代男性
　　　国道8号線沿いでは、TV局も取り上げるように、治安と交通、あるいは強盗の問題があります。そのような中で、市や県、地域の交通安全協会、パキスタン人の代表者等がパトロールを行っていますので、外国人との接点はできたと思います。でも、それは仕事の面だけですね。ただ、昔よりも、こっちのグループ（筆者註：S538は市役所関係者）に入ってきているという感じはしています。

　　S544：40歳代男性
　　　（筆者：新湊ではパキスタン人たちに対する反発が強いようにも見えるんですが、S544さんは彼らへ対する意識の現状に対してですね、どのようにお感じになられていますか）
　　　日本人はアラブ人やイスラム教に対しては別に偏見は無いのではな

いかと思いますけど、浅黒い肌の色が気になるのかもしれない。それに、彼らは自分たち独自の社会を作っているよね。戒律の問題もあって、近所のカレー屋のような場所で一緒のご飯を食べていないことも、それにはあるかもしれない。あと、治安の問題とかがいわれたりするけど、イスラム教の戒律は盗みに厳しいですよ。空港のトイレで外に荷物を置いておけるのはイスラム圏ぐらいなんですから。この辺では彼らに対して、ただ単に気持ち悪いという感情が先に立っているのではないかなぁ。ただ、私から見て、彼らもトレーラーからの車の積み下ろしや、運転しながら携帯電話をかけたりするのを止めればいいのにとは思います。もうちょっと、自分が周りからどう見られているのかを理解すべきでしょうね。

S545：50歳代男性
（筆者：S545さんはアンケートで、周囲で外国人が増加することに対して「反対」、そして横に括弧で「大反対」と書かれていますが、その理由というのはどういったものなんでしょうか）

外国人が増えることに「反対」と答えたのは、中古車がらみのことがあるからです。やっぱり治安と不法行為が大きな要因なんです。彼らは余りに滅茶苦茶なことをする。何もなければ共存共栄を図りたいと思うんだけれど…。それと、税関や警察もナメられているんですよ。実際、逮捕はされましたけど、殺人犯や泥棒も偽造パスポートを使って再入国を果たしているのもいたりするでしょ[24)]。

（筆者：新聞でもありましたね。では、そのような中で、彼らと接する機会とかはあったりしますか）

外国人との接点はほとんどありません。外国人との交流イベントとかのお知らせも来ないです。モスクもあるけど怖くて覗けないですねぇ。お祈りとかは一種異様な感じがするでしょう。それに、お祈りの

---

24) 2006年に射水市で強盗を行い帰国し、指名手配されたロシア人2人が新潟空港で落ち合った際に逮捕された事件が、調査を実施した1ヶ月ほど前にあった。詳しくは、2007年6月26日の『北日本新聞』（朝刊）を参照。

時に駐車車両が農道までのびていて大変迷惑してるんです。

S535：60歳代女性
（筆者：ご近所でのパキスタンの方とかとの交流状況というのはどんなものが？）
　1年ぐらい前までは私たちの町内にもパキスタンの人がお住まいでしたよ。奥様は日本の方で、お子さんもパキスタンに帰られた子と日本に止まっていた子がいましてね、残られた子はリトルリーグの野球のチームにも入っていて、日本の子ども達とよく遊んだりしてたんですよ。結構、お父さんも人懐っこくて、町内の人ともトラブルもあんまりなかったですし、町内のルールもしっかり伝えると、それに準じて下さってましたよ。自治会費も意図と目的をはっきり告げて払って貰ってまして、町内の夏祭りや、その中のバーベキューにも家族で参加されて楽しそうにしておられたのを覚えてます。
（筆者：では、何かS535さんとの個人的な接点ですとどうでしょう。余り無かったりでしょうか…）
　そうねぇ、あんまり。でも、パキスタンの方なのかしら、綺麗な布で顔をスッポリ被っていらっしゃる女性の方いますでしょ。その方がスーパーとかで買い物とかをしているのを見ると、私なんかお国の郷土料理なんかを教わりたいなぁ、って思うんですよ。でも、今はすっごく親しくならないと、そんなチャンスも無いから。

　これらの発言からも、外国人中古車業者の周辺でトラブルが問題視されていることは、市内においてほぼ共通の認識となっているといってよい。また、8号線は伏木富山港沿岸地域を繋ぐ主要な道路であり、自動車が生活必需品である同地では住民の使用頻度も高く、市民がそれらのトラブルを見かける機会も多く、マスメディア等でも多く取り上げられることから、中古車業者周辺の状況は目に付き易いものがある。そのような情報が多く入る反面、S545も述べているように8号線沿いでは、彼らとの接点は少ない。その中では、彼らを排除しようとする言説もしばしば見られ、この調査後の2007年秋には旧小杉町

233

を中心として高岡市や富山市の一部にも跨る 8 号線沿いで、同地が「安全に安心して、穏やかに暮らせる地域ではなくなりつつあります。外国人中古車販売業者の進出で、自然環境と社会環境が破壊されている」として県に管理の強化や法律を厳格に適用することを求める署名活動も起きたほどであった。しかし、外国人中古車業者の中には日本人の配偶者を持つものも多く、地域住民との接点がある彼ら個々の住居周辺においては、自由回答欄や面接調査において反感やトラブルはほとんど見られず、かえって好意的でさえある状況から考えても、業者の全てが地域のルールを理解していなかったり、地域に合わせる努力を怠っているとは言い難い。確かに、8 号線沿いでは、調査当時 250 軒を超える業者が営業を行っており[25]、個々の業者と地域社会に十分な交流がないことや、同地がビジネスチャンスとなることが分かり参入した後発の事業者の一部や以前から営業している事業者の一部には、そのような観点が少ない。しかし、誰がそのトラブルを起こしているかが分からないまま、中古車業者全体を悪いと捉えてしまう見方も存在していると考えられる。

　旧小杉町地域や旧下村地域では先述のように中古車業者との間で行政、自治会関係者、中古車業者を交えた連絡会議も開催されており、報道でも広く知られているところであるが[26]、その会議の詳しい内容が住民に十分に伝わらず、無ナンバー走行等の違法行為に対する取締りも不十分であったことから、彼らに対する反発が高まったと考えられる。その一方で、積載車の国道沿いの駐車は、一部の日本の新車ディーラーも行う場合があるものの、彼らに対しては批判が余り起きないという事実や、日本人を主な顧客とし、修理施設を持っているため 8 号線沿いの市街化調整区域の規制には当たらないとされる日本人の経営する中古車販売業者に対しては問題視する姿勢が全くないことは、これが単純にマナーだけの問題ではないことも示している。

　これらの外国人中古車業者周辺の問題には、地域社会、外国人中古車業者、行政それぞれに課題がある。まず、地域社会の側から見ると、第一に問題を起

---

[25] 2007 年 11 月 1 日の『北日本新聞』(朝刊) では 8 号線周辺の中古車店舗数は約 260 軒と報道されている。
[26] 旧新湊市地域においては、「小杉の方では協議会等を行って、ある程度コミュニケーションがとれているようだ」との指摘も、今回の面接調査において多くの人から聞かれた。

こしている業者と普通に営業している業者を認識できるレベルのコミュニケーションを持てていないことである。実際の接触がないことで、目立つ行動を取る人に注目が集まり、その行動を所属集団全体が起こすと考える状況が旧新湊市地域において生まれている。これは多くの日系南米人集住地域の意識や、外国人の関係する重大事件が起きた後の全国的な対外国人意識でも見られる傾向である。第二に、モスクやイスラム教に対する偏見の存在である。市議会議事録や自由回答欄にもあったように、周囲に住む児童に対し、その保護者がパキスタン人業者や顧客のロシア人、あるいはその施設を回避するように伝える風潮や、モスクやイスラム文化に対する警戒心がしばしば周囲から聞かれる中で子どもたちが成長していくとすれば、彼らに対する偏見が再生産される可能性は高い。それを回避するためにも、先に挙げたコミュニケーションと並んで、イスラムについての学校教育等の彼らの文化に対する理解を深める啓発活動も必要とされる。

　外国人中古車業者の側の問題点としては、第一に、地域の代表者だけにコミュニケーションの範囲が限定されてしまっていることである。確かに、中古車業者の代表者らは、これまで地域社会の代表者や行政機関との折衝を続けてきており、参加者同士の間では意思疎通が容易になった状況がある。しかしながら、それが協議会参加者以上には伝わっていない以上、他の手法も取り入れる必要がある。第二に、イスラム教や彼ら自身の文化に対する情報発信が十分でなかったことである。もちろん、彼らは聖職者や文化使節として同地に在住している訳ではなく、これまで日常的に接してこなかった文化や宗教を受け入れていくことは、日本社会全体として捉えなければならない問題である。しかし、現状としてイスラム教や彼らの文化等に対する偏見が同地に存在していることを考えれば、円滑な社会生活を送るために、その点に関する情報発信も、これまで取り組んできた営業所やモスクの看板の日本語表示、協議会への参加、同業者に対するパトロールを含めた地域のルールに関する啓発活動に加え、取り組む必要のある問題といえる。

　行政の問題点としては、第一に必要な情報提供がなされていない点が挙げられる。地域における協議会は旧小杉町地域等で行われているが、実施されている事実は周囲の住民は認知しているものの、その参加者は限られ、地域全体に

内容が伝わっていない。地域の問題を解決する上で、自治会や業者との協働を進めていくことは必要であるが、彼らは日常生活や営業活動の中の時間を割いて参加していることを考えれば、その内容に関する情報発信をも彼らに任せることは彼らの負担が多大なものとなり、情報の公平性や信頼性の点から考えても、その役割は行政が果たす必要があると思われる[27]。第二に、交通ルール等の徹底が図られていなかった点である。本来であれば、住民の不安は適切な取締りや交通ルールの周知が行われていれば、避けることのできた部分も多い。また、中古車の積載車の運転は日本国内の取引先から搬送される関係から日本人業者が行っており、言語や文化の違いだけの問題ではない。第三に、これまで行われてきた交流や文化紹介等の事業の中で、イスラム教やパキスタンの文化に関するものが余り行われてこなかった点が挙げられる[28]。しかし、今回の面接調査では主に女性から、彼らの食文化についての関心や料理を通じての交流に対する期待がしばしば聞かれたように、需要が無い訳ではない。彼らとの接点をトラブルの解消のみに限定してしまっては、彼らに対する印象が固定化される危険もあることから、様々な形態での接点の構築が求められよう。

(3) 中国人

　旧新湊市地域で生活する中国人としては、研修生と日本人男性の配偶者が挙げられる。日本人の配偶者の人数は研修生に比べ少ないが、職場や日常生活、子どもを通じた学校等、地域社会と多くの接点を持っていることから、面接調査を行った際には配偶者の話は多く聞かれた。また、旧新湊市地域における研修生は稚内市の場合とは異なり、特定の業種に集中しておらず、筆者が確認しただけでも製造業、水産加工業、農業等、様々な分野で受け入れられている。そして、職場以外での日本人と研修生との接点としては、朝の通勤時に何人かで自転車に乗って出かけているのを見かけるだけに止まっている人が多かった。

---

[27] 射水市としては2007年5月の広報紙において「安全で快適なまちづくり条例」を制定した際に、外国人を交えた懇話会の概要やパキスタン人業者の発言を紹介した事例があるが、同年夏の面接調査で聞いた限りでは、その事実は余り知られていなかった。
[28] 本調査終了後、諸機関の働きかけもあって、パキスタン人らがカレーを振る舞う形式の交流は多く行われるようになってきている。

第 5 章　日常的な交流と対外国人意識との関係

では、まず日本人の配偶者に対する発言を見ていく。

S533：60 歳代女性
　私の家の向かいに中国の方がお嫁に来ているんです。私を「お姉さん」と呼んでくれて、夕方帰ってきた時にも、「お姉さん、おかえり」と気軽に声をかけてくれますよ。私も近所の人も、偏見を持ってた訳でもないんで、みんなからとても好かれています。それに、私は中国語を話せないんですけど、彼女が日本語を話してくれるんで、不便もありませんよ。

他の調査対象者からも、日本人の配偶者の中国人に対しては、職場や子どもの教育等多くの面で「真面目に一所懸命やっている」という発言が聞かれるように好意的に捉えられており、問題視されていることも無かった。先述のパキスタン人の事例と同様に、男女の違いはあるものの日本人配偶者の助言や本人の取り組みによって、彼女たちは地域社会の習慣にも順応し、近所の評判も良いことが見えてきた。
　次に、研修生に関する発言を見ていく。

S539：20 歳代女性
　(【※中国人をたまに見かけるとの話を受けて】筆者：としますと、ご近所で中国人を見かけたり、交流を持ったりする機会というのもあるんでしょうか)
　こっちの方では高校を卒業したら、私もそうですけど、ほとんどの人が職場とかまで車で移動するんですよ。でも、中国の人たちはいい歳をしてるのに、自転車を漕いでいて、それも集団だから目立つんで、「あぁ、中国人だなぁ」って気付くんです。でも、私はそれを車内から見るぐらいで、直接かかわり合いとかはないですねー。

S544：40 歳代男性
　(筆者：中国人の印象というのは、どのようなものですか)

237

中国の研修生の場合は経済的な理由で閉店間際のスーパーに現れるね。弁当やお惣菜とかが半額になったりするでしょう。そして、タコ部屋のような場所に押し込められているからかもしれないけど、駐輪場の前で車座になって食べているのを見かけるね。でも、それは外から見たら、コンビニの前でダベっている不良のようでしょ。それに、中国語は音が高く、声も大きいから、酒でも飲んでるんじゃないかと思われていないか、と心配になるんですけどね。あと、ここでは中国人への偏見もある。研修の制度が合法かどうかは別にして、彼らは明らかに頑張っている。それなのに、彼らは確実に不利益を被ってますよ。

（筆者：では、周囲の人から中国人に関する話を聞いたりとかということは？）

　近所の会社は5、60人の研修生を受け入れていると聞いています。10年前は3、4人いるぐらいで、職場でピクニックなどをする時なんかには会社の方からも国を離れ寂しがっているんだから、ということで彼らの費用を日本人がカンパするようにしていたり、会社にも溶け込んで日本人女性と結婚するのもいて、日本語も上手く喋ってました。でも、今は2、30人単位で受け入れるようになって、中国人ばかりでツルむようになって、日本語も分からないのが増えてきてるみたいだね。とはいっても、余り美味しくない会社の弁当を「美味しい」といって食べるとか、そのような点では溶け込みやすいのかなとは思うけど。日本の生活をエンジョイしているという分にはいいんだけど…。それと、会社の方としては、3年が経ち、それなりに使えるようになったら帰国してしまうのが困るところだといってるね。

S531：60歳代男性
　（※S531の同僚には中国人研修生が多い）筆者：S531さんが普段感じられる中国人に対する印象というのは、どのようなものなんでしょう）

　彼らは確かに、真面目。自分たちの世代の若い頃を見ているようで

すよ。それも生真面目といえるほどのものだと思います。そんな彼らに対して、日本の制度自体も考え物ですよ。汚く、日本人が嫌がるような仕事は外国人にさせて、綺麗な仕事は日本人がやるという状態になるのが恐いんです。最近ではゴミの回収を市が業者に委託するようになって、そこに運転はしないようですが、中国人がいます。真面目に働こうとする彼らを食い物にするような汚いブローカーみたいな人が絡まないように願ってるんですけどね。

　これらの回答から見えてくる中国人研修生に対する意識の背景には、以下の3点が挙げられる。第一に、接点の少なさである。これには、受け入れ人数に関する研修生制度そのものの問題も含まれている。研修制度自体の捉え方の変化はS544ばかりでなく、稚内市、あるいはかつて農業関係の研修生を受け入れていた国道8号線沿いの農家周辺でも聞かれたものであった。そして、地域社会との接点を増やすことに関しては、交流の有無が彼らを単なる労働力と見なして研修制度を利用する場合もある協同組合の意図に左右されているため、射水市の国際交流関係者も活動の限界を感じていると述べており、制度自体の改善が無ければ、今後状況が変化することは難しい部分である。

　第二に、彼らの働きぶりに対する高評価である。これは稚内市においても聞かれたことであるが、その一方で彼らが「日本人の嫌がる仕事をこなしている」ことへの懸念も聞かれた。これは両地域ばかりではなく、多くの日系南米人集住地域でも語られる言説であり、研修生の位置づけが、多くの日本人が避ける単純労働を補完する存在として捉えられるようになった傾向を示してもいる。

　第三に、旧新湊市地域においては自由回答欄、あるいは面接調査の中で自転車の乗り方をはじめ様々な生活マナーについての苦言があったことを考えると、一部の協同組合では指導が徹底できていないことも分かる。これに関しては、隣接する高岡市のある協同組合関係者に話を聞いた際にも「協同組合として近隣の住民に彼らの存在を説明することも必要だし、研修生に対しても、地域の習慣やルールをそのうちに覚えたりすることは無いのだから、多少押し付けがましくても徹底させなければいけないと思う。協同組合には、その責任がある

けれど、それをおざなりにしている一部の組合もある」と証言しているように、交流の面ばかりでなく、個々の協同組合によって、研修生に対するルール周知や周辺住民に対する説明等の対応も違うという制度上の問題がある。また、研修生たちがルールを守れないことに対して文化や習慣の相違を挙げる回答も見聞きしたが、日本人の配偶者である中国人は問題無く生活していることを考えれば、生活上のルールを確実に指導すれば、修正は十分に可能であり、日常生活における近隣住民の評価も高まるといえよう。

　旧新湊市地域における中国人に対する意識の問題を見てみると、日本人の配偶者に比べ研修生の方に問題が多い。ただ、見方を変えれば、中国人研修生は現在、家族を通じた地域との接点も無いために、日本人の配偶者の中国人はもちろんのこと、彼らと同様に単純労働に従事する傾向のある日系南米人よりも一層「顔が見えない」状態に置かれている。しかしながら、研修生はカリキュラムの中で日本語を体系的に学習する環境が整えられており、他の外国人に比べて地域社会とのコミュニケーションを取る能力も比較的高いため、地域社会との間に良好な関係を築く可能性が高いという点は、再検討する必要があろう。

(4) ブラジル人

　旧新湊市地域においてブラジル人は日常生活の中で、これまで取り上げてきた他の外国人の事例に比べ質・量の両面で地域社会と最も接点の多い外国人である。接点のある場としては、職場、教育機関、地域生活が挙げられ、特に小中学校においては各学校に数人のブラジル人の子弟が学んでいる状況があり、児童や親同士に接点が見られる。しかしながら、前述のように、日常生活を通じたトラブルにより、市民全体を見てみると彼らに対する意識は良好なものではない。その背景を彼らの近くで生活している調査対象者の発言から追っていく。

---

29) 2008年4月7日の『毎日新聞　富山版』(朝刊)によれば、同月5日に研修生に対して、県国際研修振興協同組合と高岡署が交通安全教室を開いたが、参加者の1人は「夜、自転車に乗る時にはランプをつけなければならないことを初めて知った」と述べているように、これまで自転車乗車マナーに関して、指導が一律に行われていなかったことが分かる。しかし、これはこの団体が行っただけで、富山県内の他の団体が行う規定は無い。

S548：40歳代女性
(【※S548の隣家にはブラジル人家族が数回の入れ替わりを経ながら居住している】筆者：そうしますと、結構ブラジルの方のことがS548さんの周りで話題に、のぼることもあるんでしょうか)
　近所や家族と話をする時に外国人の話題が出ることはしょっちゅうですよ。基本的に評判は良くないです。駐車違反とか迷惑をかけ通しだからねぇ。それに週末になると色んなところから、隣に何台もの車でバーベキューをするために集まって来て、改造車か質が悪いのか分からないけど、排気音がうるさいんです。アイドリングがどうとかは余り考えてないんじゃないですかねぇ。いえば止めてくれるんですけど、彼らも日本人の生活とか分かって貰えるといいなぁ、とは思うんですね。はっきりとしたルール違反という訳ではないんですけど、日本の人なら何となく分かるような日常生活のルールというか。そういう部分で言葉にするのは難しいんですけどね。外国人の人は自分たちのルールのままでやっていると思うんですけど、私たちとは少しずれているんですよね。
(筆者：では、逆に、S548さんが実感される、彼らの良い点なんていうのは…)
　ゴミ出しの曜日とか、燃えるゴミと燃えないゴミとかの決まりはちゃんと守っていますよ。でも、隣の家に他のブラジル人が遊びに来たりする時に、狭い道路に駐車する車が多いんです。もちろん、ずらしてくれる人もいるんですけど、そうでない人もいて、その人による感じですね。良い人も悪い人もいるのかもしれない。

S546：50歳代女性
(【※S546はアパートを経営しており、以前に日系ブラジル人も入居していた】筆者：では、彼らのことで印象に残っていることというと何か…)
　印象としては、いいたいことがあっても我慢しておられるなぁ、と

いうことね。例えば、何かが壊れたとか、電球が切れたとかになると1週間とか10日間とか我慢していて。他に印象に残っているのは、こっちの気候とかが分からずに給湯器の水を落とさずに部屋をしばらく留守にした人の水道が破裂して、下の部屋まで水浸しになったことぐらい。でも、大きな問題は起きなかったですよ。

S540：40歳代女性

(※この面接調査は、旧新湊市の市役所等がある市街地の一角で行われた】筆者：この辺りでは外国人に関して、どんなことがご近所で話題に上ったりしているんでしょうか)

外国人のことだと、治安が話題になることが多くて、この間も港で外国人の水死体が発見されたり[30]、8号線沿いの中古車の店の強盗のニュースとかはあったんですけど、危機感というほどのものはないと思うんですね。地域で問題になるのはアパート等でうるさいといったような苦情の類だと思いますよ。ただ、ここら辺は一戸建ての家が多い地域なので、それほど問題でもなくて、中古車業をしている外国人が住むような高級マンションでも問題にならないです。でも、市営住宅に入るような外国人、ブラジル人とかフィリピン人の周りでは問題が起きています。外国人の間にも、そういう意味では差があると思いますね。

S537：60歳代男性

(※S537は自動車関連業に前年まで勤務しており、多くの日系ブラジル人の同僚がいた】筆者：当時のことで何か印象に残っていることといいますと、どんなことがあったりとか…)

前に勤めていた会社では、人材派遣業者からブラジル人が来ていたけど、父親が死んでも渡航費が足りなくて、帰国できずに残業までしててね。いやー、彼なんか可哀想だったですよ。逆に、昔の同僚で冬

---

30) 2007年3月10日に富山新港の海王丸パーク内の岸壁で頭蓋骨の陥没や、体に浅い刺し傷のある白人男性の遺体が発見された。詳しくは、『北日本新聞』2007年3月11日（朝刊）

に電気代を払わないで電気を止められたブラジル人もいました。余りしっかりした人でなくて、電気が止まることは知らなかったみたいでね。こっちの方では、真冬に電気無しではとても暮らせるもんじゃないから、会社がその分を立て替えたこともあったりしたんです。日本でもそうですけど、目的を持っている人間と、持ってない、しっかりしていない人間がいる。私のよく知っていたブラジル人は夫婦で計画的にしっかりやる人だったから、雇用促進住宅に入るための保証人になってあげたりもしましたよ。こちらで真面目にやっている人間には、しっかりやってあげなきゃいかんと考えておるんです。

　これらの発言を見るに、旧新湊市地域におけるブラジル人に対する意識の背景には以下の特徴がある。第一に、地域住民が彼らを知る機会がある点である。今回、S548やS537と話す中で、ブラジル人には良い人も悪い人もいる、といった話題が実例をもって語られたが、これは対話が存在した上で、良好な関係とトラブルの双方を実際に経験していることが大きい。その経験の結果として、ブラジル人、あるいは外国人全体に対して良好な意識を持つか否かは別にして、彼らを一面的に捉えないような意識が生まれるように思われる。これらのような指摘は、前述のように一面的に捉えられがちなパキスタン人中古車業者の周辺では余り聞かれなかったことを考えれば、ブラジル人は旧新湊市地域の中においては他の外国人に比べ、接点の多さから相互理解が進みやすい立場にある外国人といえる。

　一方、第二の特徴としては、ブラジル人の中に良い人と悪い人がいる事実と、ブラジル人をはじめとした外国人を一面的に見ない視角を結び付ける交流や啓発等の機会が少ないということである。確かに、調査対象者の中には上記のように、そのことに気付く人もいた。しかし、それに気付くためには、個人の問題意識や偶然そのような事実に気付く機会が必要となる。現在、間淵領吾

---

31) 外国人増加に対する意識に関する質問に対しては、S548が「どちらかというと反対」、S537が「どちらとも言えない」と回答している。

(2003)の指摘にもあるように[32]、マスメディアからの情報は外国人に対して否定的な傾向がある。全市的なブラジル人との日常におけるコミュニケーションの機会の提供や啓発活動が無ければ、先のアンケートでも見られたように外国人に関する情報ではマスメディアによるものが最も大きな位置を占めているのであるから、それらの情報に市民が強く影響を受け、たとえ良い面と悪い面双方を知っていたとしても、悪い面の印象が強まってしまう。また、周囲にブラジル人がおらず、マスメディアや周囲の評判から意識を形成する人の場合、一面的な見方をしてしまう可能性はより高くなることを考えれば、一層の啓発活動の充実も求められよう。

第三の特徴として、ブラジル人をはじめとした外国人の起こすトラブルに対応する地域社会に解決への道筋が十分に示されておらず、問題が解決できないために意識が悪化する構造が存在していることが挙げられる。幾つかの発言や前述の自由回答欄でも見られたように、ブラジル人の周辺で騒音や自動車の運転マナー等のトラブルは発生しているが、そのトラブルに対処しなければならないのは、外国人との接触経験が従来少なかった層である場合が多い。もちろん、その中にはトラブル解消の過程で相互理解が進む場合もあるが、旧新湊市地域をはじめ、これまでの日系南米人集住地域の事例を見ても、多くの日本人住民はそれにより反発を強める傾向がある。

(5) 旧新湊市地域における交流推進のための方策

本節では旧新湊市地域における、それぞれの外国人との関係を見てきた。日本人配偶者を持つ外国人を除き、多くの外国人の周囲の状況に共通していえることは、地域との接点が開かれたものになっておらず、外国人の側からも働きかけが少ない点であろう。もちろん、それぞれの個人によって違いはあり、地域社会と綿密な関係と相互理解が成り立っている外国人は個々には存在しているものの、全体として見た場合、その数は多いとはいえない。また、地域で生

---

[32] 間淵領吾「外国人犯罪報道を検証する―新聞記事の内容分析―」『大学の先生と考える【総合学習】』2003年3月号、2003。上記は奈良大学社会学部が発行した冊子であるが、詳しくは、講義資料「新聞犯罪報道における容疑者の国籍―国籍別「犯罪者率」との比較―」http://www.k3.dion.ne.jp/~mabuchi/lectures_nara/nwsppr_ntnlty.htm（2012年1月9日閲覧）。

第 5 章　日常的な交流と対外国人意識との関係

活する外国人増加の速度に比べて、地域社会と外国人の交流が不十分なものに止まり、個人的な接点が少ないために、個人の起こす、あるいは彼らの周辺で起きるトラブルがそれぞれの外国人グループ全体の問題とされてしまい、反感が高まるという構造も第 3 章で述べたように、以前から繰り返されている。そのような状況を踏まえた上で、現在の旧新湊市地域における外国人との交流についての発言を見てみたい。

　　S534：30 歳代女性
　　　こっちの方だと外国人と知り合う機会も無かったんで、富山市にある国際交流センターに昔登録していて、お知らせがあると交流会とかに行ってたんですけど、そこでは外国人との交わりは余り無いように思いました。何か日本人の知り合い同士で交流したり、外国人に情報や意見を伝えようとしても、日本人同士で確認したり、話をしてしまうような感じで…。
　　【その発言を受けて同席の 20 歳代女性】
　　　それと、そういう交流会とかでは、外国人もある程度学歴のある人しか来ないような感じなんですよね。一般の労働者の方とか、いつも見かけている人とは交わる機会は無いですね。

　旧新湊市地域の状況については、既述したように文化的なイベントも稚内市に比べると少なく、市内在住の意識が高いと思われる住民に対しても、その情報が届いていない状況にあった。このような中で、新たに交流の機会を創出していくためには、稚内市同様に高い参加率を持つ自治会を活用することも現実的な方法であるように思われるが、その点を踏まえた上で、旧新湊市地域における自治会の中での外国人に対する言説や自治会そのものの構造を見てみたい。

　　S532：50 歳代男性
　　　（※ S532 は個人的に周囲の外国人と交流を広げており、自由回答欄では、接点がある順に①ブラジル人、②アメリカ人、③ロシア人、④フィリピン人、⑤パキスタン人、⑥中国人を挙げて、それぞれに個人

的なエピソードを紹介していた】筆者：S532さんはアンケートで町内会に参加しているに丸を付けていらっしゃいますが、その中で外国人に対する話とかが出たりすることはあったりしますか）

　富山にも封建的な面は残ってます。自治会に参加したりする時は、自分は外国人の知り合いも多いものだから、彼らの状況とかを説明したりはするんだけど、大部分の人からは「自分達も彼らを受け入れるのに妥協しているんだから、ゴミの分別だったり、うるさかったりするのは許し難い」といわれたりするんですよね。そんな人に対しては「もっと視野を広く持って下さい」と頼むんだけど、「あんたは外国に行ったりすることもあるから、慣れているんだろう。こっちはそうじゃないんだから」と返されて、ということがよくあって。外国人は基本的にピュアで裏がないんだけど、ただその分、たまにこちらがチョット顔をしかめるようなこともやったりするんで、周りの人の気持ちも分からなくはないですけどね。

S541：40歳代男性

（筆者：（アンケートでは）外国人が増加したことで地域のルールが乱れているとお答えされていますが、実際にこの辺りではどんなことが起きているんですか）

　外国人の出すゴミには分別とかができていないのがあって、それで回収されないままになったりすることはあります。車に大量に積み込んで、ポイ捨てする姿も見られたり。でも、そうしてしまうのは自治会に入っていないからではないかと思うんですよ。前に1人入ろうとした人はいたんですけど、会長もその人も英語と日本語が片言でできるぐらいで、色んなことを上手く説明できなくて、そのままになってしまったみたいです。この地域【筆者註：国道8号線沿いの農村地域】では、日本人では自治会員でない人はいないと思いますよ。うーん、いない。ここでは自治会は祭りとかの地域行事の核なんです。そういう中に属していたり、知り合いに1人でも2人でも外国人がいれば、彼らの言い分とかも、こっちも分かると思うんですよ。

外国人の増加に対して否定的で、8割近くの住民が自治会に参加している旧新湊市地域において、多くの人が外国人とコミュニケーションをとる手法を身に付けていないにもかかわらず、外国人との間にトラブルが発生した際には多くの場合、自治会が問題解決に当たらなければならないことを考えれば、自治会内での意識が良好ではないことは無理もないといえる。また一方で、自治会が祭事あるいは週末の清掃活動等により地域の交流の核となっていることも見えてきた。他の回答者も自治会が開催するお祭り等の活動が「普段それほど接点の無い人がどうしているかを確認する親睦の場となっている」と述べており、旧新湊市地域において、自治会が地域に根付いたコミュニケーション手段となっていることが分かる。そして、自治会が祭りをはじめ、様々なイベントの情報の伝達も行っていることを考えれば、今後、外国人との交流や情報周知の場としても自治会を活用できる部分は大きいといえよう。
　第二の改善点として挙げられるのは、交流活動や啓発活動に関心のある人に対する広報を強化することである。今回行ったアンケートや面接調査でも、そのような活動に参加の意思があるにもかかわらず、情報を知る機会が無いことを残念に思っている人も多く見られた。中にはそのような活動に参加するために富山市や高岡市に向かう回答者も見られるほど、旧新湊市地域において、そのような情報を必要としている人は多い。この点でも、地域の信頼の厚い自治会を通じて広報を行うことは、従来そのような活動に関心はあっても参加してこなかった人や参加できなかった人、あるいは参加の意思のない人に対しても働きかけることができ、効果的であろう。また、大規模店舗や駅等の多くの市民が活用する施設での広報はもちろんであるが、今回の面接調査では、ある仏教関係者から地域の人が多く集まる寺院の掲示板等の活用が提案され、キリスト教教会関係者からは同所が外国人への情報提供の拠点となっていること、ある中古車業者からもモスクが同様の役目を果たしていることが話題に挙がり、日本人、外国人双方から宗教施設を通じた広報の必要性がしばしば語られた。
　そして、これらの活動に一層の効果を持たせることも考慮した第三の改善点は、日本語教育や通訳の加配等外国人に対する日本語環境の整備を行うことである。ここで日本語に注目する2つの要因を挙げておきたい。まず、現在、旧

新湊市地域において周囲と良好な関係を築いている外国人は日本人の配偶者である中国人や、居住地域におけるパキスタン人、意見交換会に参加するようなパキスタン人であるが、彼らに共通する特徴として日本語の会話能力を有する点が挙げられる。稚内市においても、中国人研修生が周辺住民とは十分な接点があるとはいえない状態にありながら、日常の挨拶によって周囲から、一定の好評価を得ていることを考えれば、ある程度の日本語能力の取得は地域社会において外国人が周囲と円滑な関係を築く大きな要素となっているといえよう。

　次に、外国人が混在している旧新湊市地域をはじめとする地域においては、日本人と外国人、あるいは外国人同士がコミュニケーションを深める際に、日本語が軸となる点が挙げられる。従来のように地域に生活する外国人の多くが単一地域を背景としていた（あるいは、一言語を話す）場合とは異なり、旧新湊市地域のように多様な背景を持った外国人が地域に混在している場合、日本人住民がそれぞれの国や地域の挨拶や文化等を学ぶことは重要ではあるものの、地域住民が複数言語を学習することは難しく、日本の義務教育で学習する英語もそれらの国では母語であるとは限らない[33]ことを考えれば、日本語が対話の場で主要な使用言語とならざるを得ない。ただし、そのような状況の中で、地域社会としては、現状のように日本語が十分に使いこなせないこと（あるいは、そのために必要な情報や地域の慣習を認知できていないこと）を理由に外国人を対話から排除するのではなく、自治会あるいは外国人会議といった場において、通訳をつけるなどしてでも、彼らが日常感じている意見を表明できるような体制を日本人、外国人双方の努力により作っていくことが求められる。そして、両地域においても2～3割の日本人住民は町内会に参加していないことを考えれば、外国人に対しても一律に加入を強制するのではなく、会に参加しやすい環境を整えることが、まずは優先されなければならない。

33）業務に国際的な要素が強く求められるパキスタン人中古車業者には、英語を解する人も多いが、他の外国人の場合は、片言で喋る人がたまにいるというのが旧新湊市地域の現状である。

第4節：個人化が図られていない対外国人意識の課題

　本章冒頭に挙げた「それぞれの外国人に対して日本人住民の意識にどのような共通点や相違点が存在しているのか」と「地方の小都市であることから起きる問題は存在しているのか」という2つの検証課題から、本章の内容を通じて両地域が抱える問題を整理し、その問題への対応を提起したい。

第1項：十分な違いが見られないそれぞれの対外国人意識

　まず、それぞれの外国人に対する意識の共通点と相違であるが、旧新湊市地域の自由回答欄でも見られたように、「近づかないのが一番」という姿勢は両地域に共通している部分であろう。もちろん、それには幾つかの例外はあり、稚内市の中国人研修生の場合、それは見られないが、その背景には稚内市の研修生のほとんどが女性である点や、稚内市の基幹産業へ就業していることで理解が深まっている点を考慮する必要がある。ただ、製造業等の力仕事も多い業種に研修生を受け入れている旧新湊市地域の場合、彼らが集団でいるだけで異質視する様子もうかがえたことは留意しなければならない。また、もう1つの例外として両地域において、一部の50歳代以上の市民の中にロシア人に対する親近感を持った層がいることが挙げられる。その背景には、従来あったロシア（ソ連）に対する反感の一方で、ロシア文学や社会主義思想がかつてインテリ層の「登竜門」的存在であり、ロシアの文化や言語を積極的に学習しようとする層や、旧新湊市地域でトラブルの少なかったソ連時代に船員らと一定の個人的な交流のあった層が存在している事実がある。しかし、その層は徐々に高齢化しつつあり、後に続く世代にその認識は継続されていない。

　外国人全般に対して積極的な接触を避ける状況がなぜ現れるのか、という点に対しては2つの要因があるように思われる。第一に、個人的な接点を作るのは、交流活動に積極的な一部の人に止まり、全市的に個人的な接点を構築するシステムが構築されていないためである。確かに、調査地では語学力に長けたもの、日本人の配偶者がいるもの、キリスト教会の信者同士のサポートがあるもの、国際交流分野に関心の高いもの等の周辺では一定の交流が進んでいる。しかし、その周辺を離れれば、旧新湊市地域の国道8号線沿いのパキスタン人

中古車業者の置かれている状況のように、日本語を話し、日本人の家族を持ち、周辺住民との接点を持とうとしていても、彼らの外見から、問題あるグループの一員と捉えられてしまう、といった状況がある。また、第二の要因として、外国人に対する印象の悪化がある。今回の調査でしばしば現れた表現として、「非常に不安は強く、悪い話は聞く。しかし、実際に話したことはない」といった類のものがある。これは、アンケート結果から見ても、実際に接点の無い層の多数が持つ認識ではないかと思われる。そして、実際の接点が無いためにマスメディアや近所の噂話が外国人に対する認識を決定づけ、外国人を個人化できないままに、外国人全般に対して偏見を持ち、一部がそれを行動に移すという状況が現れている。

そこで、この問題を地方社会において改善するための方策として、町内会の活用を提起したい。確かに、現在、町内会はかつてのような強固な組織力を有しているとはいえず、参加者減少が課題ともなっている。しかし、過半数以上の住民が参加し、催事等では中心的な役割を担い、広く地域住民に接点を提供していることを考え併せれば、現在、「誰が誰か分からず、不安」という状態にある外国人と地域住民との接点を形成する上で活用できる範囲は大きい。また、祭り等の催しを念頭に置けば、第3章で見られたような、かつて富山港周辺で行われていたようなロシア人船員との間の接点作りにも、町内会は有効であろう。

また、町内会は回覧板による情報共有や、地域の清掃活動等を通じ地域のルールを周知するという役割も有している。旧新湊市地域においては、多少の接点がある層と外国人との間に、生活上のトラブル等の影響から、本来であれば良好である層の意識が悪化していることを考えるに、ルール周知装置としての町内会という面にも注目する必要がある。

その上で、日本社会に広く目を移せば、本書で扱った両地域で起きている「外国人が個人化されず一面的に見られてしまう」といった状況は、小樽市の入浴拒否の問題等でも同様に発生していることから、この構造自体、全国的な問題である。特に、都市部等では生活圏と通勤圏の開きが大きく、町内会の活動（地域の連帯）も民間団体の活動の活性化と反比例する形で弱まっていることから、単純に上記の方策を全国に当てはめることはできないであろう。そこ

で、日本人、外国人双方が意見を伝え合い、それぞれの存在を個人化するための大都市から地方の小都市にいたる全国的な対応としては、現在の射水市で行われている中古車業者と行政と地域社会の三者協議会のような個別の外国人に対象を絞ったものだけでなく、広く外国人全般との協議会、あるいは川崎市等で行われているような外国人市民代表者会議のような形態も必要とされよう[34]。また、町内会の持つ欠点として、旧来住民が主導する傾向にあり、接点形成の契機あるいは啓発を含めた情報周知機関としては有効ながら、日本人と外国人が対等な立場となりえないという問題もある。それは同時に、外国人に対する施策がホスト社会からの一方的なものになる危険性を高めてしまう。そのため、地方においては町内会の活用に加えて、外国人会議といった形式での対話の場を設けることで、施策の受け手である外国人の意見をより取り入れることが可能となり、施策の実効性を高める効果も期待できよう。

　外国人の側としても、自らの代表者が意見を伝える場があることは、地域社会に対しての参加意識や愛着を高める効果があると考えられる。例えば、川崎市の外国人市民代表者会議ではそれを機会に外国人同士の交流や外国人の行政に対する理解が深まり、友人関係を維持することや外国人自らが何かをしなければならないと考えたことから、会議の代表者を中心としてKFV（川崎外国人市民ボランティア）という団体が設立され、①国際理解教育の推進・実践事業、②環境啓発事業、③子育て支援事業、④多文化共生学習会などの企画・運営、⑤外国人市民のための情報の収集、翻訳、発信、⑥語学、その他教室の運営、⑦翻訳通訳事業を行ってきている[35]。このような活動による波及効果は外国人の地域への参加意識の向上ばかりでなく、地域の民間団体の新たな活力や気づきをもたらす可能性も大きい。

　ただ、これらの効果を担保するためには、外国人会議の内容等の日本人・外国人への広報や、会議の決議が施策へ直結する、あるいは市議会等の場において議題に上ることを制度化する効力を持たせるといった行政の十分な援助が行

34）同会議の意義等は、宮島（2003）の第8章参照。
35）同団体、及び外国人市民代表者会議に関して詳しくは中野裕二「川崎市外国人市民代表者会議の10年―議事録から読み取れること―」『駒澤法学』第7巻第1号、2007。あるいはNPO法人KFVホームページ http://www.kfv.jp/ （2012年1月9日最終閲覧）。

われなければならない。例えば、当初 KFV のような活動の展開も見られた川崎市の外国人市民代表者会議では、2004 年の第 5 期以降、従来行っていた外国人全世帯への参加を呼びかける広報を費用対効果の面から行わなくなったことや、問題提起をしても状況が好転しないために、同じ議論が繰り返され、会議出席の下準備として関係日本語資料の読了等の負担のみが多い状況が外国人の間に広まったことから、公募されている代表者への応募数の大幅な減少が見られる[36]。また、射水市の意見交換会に積極的に出席しているあるパキスタン人中古車業者からも、同じ話を多くの場で繰り返しても、周囲の状況が変わらず、意識の面から見ると悪化すらしていることへの不満が聞かれた。つまり、形式的に会議を行うのではなく、制度的に会議の存在や効力を保障する裏付けを行わなければ、参加意識の減退といった逆効果を生む危険があることも、施策を実行する上では念頭に置く必要がある。

第 2 項：地方の小都市における日本語の重要性

　これまでの大都市や地方の工業都市における外国人に関する研究においては、多言語に対応する施策の重要性が語られてきた。また、日本語ができなくても学校教育や法律手続き等の社会生活を送ることが可能な状況が、一部の地域で生まれていることも紹介されてきている。しかし、上記のような町内会や外国人会議を活用するといった手法を採ろうとした場合、外国人の出身地が複数に及ぶならば、人口流出の進む地域では、そのような多言語に対応できる通訳等の人材を十分に確保することは難しい。そして、富山県においてはブラジル人学校が存在していないように、人口規模の少ない地域では、外国人が地元社会と分断して生活することは難しい。

　では実際の地域の状況を見てみると、稚内市においては中国人研修生の受け入れ先での日本語教育以外には、そうした活動は活発とは言い難い。本章で紹介した調査を行った後、2007 年末に稚内市において外国人に日本語を教える

---

36) 川崎市役所市民・こども局人権・男女共同参画室提供資料によれば、設立当初の第 1 期においては定員 26 人に対し 258 人の応募があったが、第 4 期の応募者は 145 人、郵送周知終了後の第 5 期の応募者は 40 人、直近の第 7 期の応募者は 30 人と定員より 4 人多い程度に止まっている。

ことを通じて、相互の交流を図ろうとする「わっかないにほんごクラブ」が民間で立ち上げられた。同組織は図書館で活動を行い、週末に同所を活用する研修生が日本語検定試験対策として、あるいはビジネスで稚内市に滞在していた韓国人が日本語を学ぶため短期間在籍していたこともあったが、ロシア人船員は日本語を学ぶことに関心が低いというように、対象はやや限定されていた。そして、立ち上げの中心人物が 2009 年春に家庭の事情で転居したことを契機として、中国人研修生の参加者及び日本人スタッフが半減したように、組織として十分な基盤が確立してはいない。

　旧新湊市地域をはじめとする富山県においては、日本全国同様、外国人児童の日本語教育の充実が語られてはいるものの、日本語教育指導員の不足が指摘されている[37]。また、射水市内の学校以外での活動としては、富山県や射水市国際交流協会の援助を受ける形で、市内の県営団地近くで外国人親子やボランティア間の相互教育の場として作られた太閤山日本語グループによる「ワイワイにほんご・たいこうやま」があり、他には、個人で行っている家庭教師活動、富山情報ビジネス専門学校の日本語学科の授業受講、射水市国際交流協会による日本語サポート等が見られるが、それらの活動の相互の連絡は近年徐々に緊密なものになりつつあるという段階にある[38]。ただ、そのような状況は富山県内で長く日本語教育活動を続けてきた関係者からも、「外国籍年少者が散在している地域では、問題が狭い範囲のみで対処されたり、少人数のため問題が『ないこと』にされ、【中略】これは、地域の日本人住民や学校そして行政の間で、その問題が共有されにくいことでもあり、支援をするための人材やノウハウもなかなか育たない[39]」と指摘されているように、改善が求められている点が多い。

　先述のように、地方の小都市の人口流出は民間団体の構成員の人材不足も引

---

[37] 文部科学省が発表したところでは、不就学の児童を除いた日本語指導が必要な児童のうち 16.5％は指導を受けられない状態にある（『毎日新聞』2008 年 8 月 2 日（朝刊））。

[38] 2008 年 9 月 5 日の『北日本新聞』（朝刊）では、富山県内で国の財源措置のある担当教員は 10 人しか配置できておらず、それぞれの自治体で非常勤の日本語指導講師と契約しなければならない状況が紹介されている。

[39] 深沢のぞみ、山﨑けい子、中河和子、田上栄子「外国人散在地域における外国籍年少者支援の枠組み構築のために　子どもラサ活動報告」2008、2 頁。

き起こしている中で、国の対応が不十分である状態は、結果として外国人が地域社会でコミュニケーションをとったり、情報を得たりする際に必要な日本語能力を十分に獲得できない状況を生んでいる。それは、同時に地域社会における対外国人意識の悪化を引き起こしている。今後は、全国レベルでの日本語教育の充実が進められなければ、状況は地方でより深刻なものとなる。もちろん、単に国が外国人への日本語能力向上を強化するだけでは物事が解決する訳ではなく、それに伴う民間の活動支援や人材育成、外国人の文化の尊重等も十分に考慮されなければなるまい。ただ、現在のように外国人の日本語能力向上に対し、個人や民間団体の努力に大きな比重を置くとするならば、地方の現状を見る限り、問題の解消は難しい。

第5節：変化を受け入れる必要性

　現在、日本の地域社会における対外国人意識は彼らの背景による大きな違いを見せてはいない。本来であれば、短期滞在のロシア人船員と、日本人を配偶者に持ち20年近くを日本で暮らしているパキスタン人中古車業者との間の意識には大きな違いがあっても不思議ではない。しかしながら、交流の少なさや、偏見を伴うイメージの流布、十分な情報が届かない状況等が共通していることにより、意識は押し並べて悪化してしまっている。そのような意識は2008年秋以降に始まった不況による日系南米人を含めた非正規雇用者の解雇や、外国人研修生の研修打ち切りを生み、今回の調査の中で最も積極的に地域社会との接点作りを志向してきたパキスタン人中古車業者も売り上げの急減から本業以外に時間を割く余裕も無くなってきている等、状況はより悪化しつつある。

　その一方で、大幅な雇用削減が直撃した伏木富山港周辺地域の日系ブラジル人からは、この状況を招いた要因として、日本社会との間に十分な接点を作れてこなかったとの反省が生まれ、住民組織を形成しようとする動きや、日本語学習に対する意欲も2009年に入り活性化したという変化も見られる。ただ、従来からのパキスタン人中古車業者の努力を見ても、それを受け止める土壌をホスト社会が形成しなければ、そのような変化を活かすことはできない。

　本章で提起した点は、悪化傾向にある対外国人意識を改善させ、将来的に外

国人を受け入れていくために、これまで地域社会を支えてきた多くの部分に対して変化することを求めている。しかし、これまで外国人を受け入れてきたことで地域社会の構成はすでに変化してきており、将来的にその割合が増加することが想定されているという認識があるならば、その変化を受け入れ、対応していく必要がある。Takeyuki Tsuda は 1998 年に日本の日系南米人に対する意識はヨーロッパほど悪化していないと捉えていたものの[40]、国道 8 号線沿いの中古車業者周辺に起きた外国人排斥の動きに代表されるように、両地域において多くの外国人に対して、彼らを忌避もしくは拒絶するような発言が多く見られたことは、地方の小都市における状況が変化しつつあることを示している。外国人が増加し、十分な対策が採られないままに意識が年々悪化している日本において、欧米諸国等の移民受け入れ先進国が抱えてきた問題は、もはや対岸の火事ではなくなってきている。

　ただ、現在でも多くの萌芽が日本の地域社会で見られる。そこで最後に、旧新湊市地域において話を聞くことのできた 80 歳代の女性の発言を紹介して、この章を閉じたい。

　薄情なことをせんと、愛情を持てば悪いことをしたり、ということもないと思うんですよ。親切に仲良くしていればねぇ。分からんことが多いとか、「外人や」いうだけで冷たい目で見る人もいるけど、遠い国から来ているんだから暖かく迎えてあげんと。結局ね、愛情、真心、親切があれば、いながらのうちに分かってくるもんなんよ。それが平和ってもんじゃないかと思うけどねぇ。人間なら、良くしてあげたらそれが返ってくるの。我慢やね。我慢が一番やね。いいたいこといったり、したいことしたりというだけじゃないんよ。我慢していれば何十年後でも良くなってくと思う。この歳になって、つくづく分かるようになった。他人にしろ、内輪のことにしろ、仲良くやっていくのが一番やね。誰とでも仲良くしられ。それが一番大事。

---

40) Takeyuki Tsuda .: "The Stigma of Ethnic Difference : The Structure of Prejudice and "Discrimination" toward Japan's New Immigrant Minority," *Journal of Japanese Studies*, Vol.24, No.2, 1998, pp359.

第 6 章
対外国人意識改善に向けた諸機関の対応

第6章　対外国人意識改善に向けた諸機関の対応

第1節：両地域から見る地方の小都市の特性

　これまで本書では、稚内市と旧新湊市地域における対外国人意識を主として分析してきた。その中で、幾つかの外国人や地域にかかわる相違点と共通点の存在が明らかとなった。まず、相違点から見ていくと、第一に、外国人の生活形態の違いが挙げられる。両地域にはロシア人船員と中国人研修生の存在が共通しているが、旧新湊市地域にはロシア人船員を顧客とするパキスタン人中古車業者や、製造業に従事する日系南米人も多く、彼らの中には配偶者や子ども、あるいは自らの経験を生かし地域社会との接点を有するものも少なくない。第二に、日本人の居住形態が挙げられる。両地域の人口規模は、大差が無いものの、地域の中核都市である稚内市と、富山市と高岡市に挟まれた旧新湊市地域では、1世帯当たりの人員数や他地域への就業状況等に差が生じている。第三に、地域の基幹産業と外国人との関係の有無が挙げられる。稚内市においては基幹産業である水産関連業に外国人が関係していることから、その経済効果に対する認知が広くなされており、外国人の経済活動や労働力が地域に不可欠との認識は強い。第四に、地域密着型のメディアの存在である。稚内市においては地域紙が複数発行されており、その中で外国人の経済活動から細微な犯罪情報まで触れることができる。第五に、海外との間の自治体間交流が稚内市で活発なことである。稚内市においてはサハリンとの経済関係が地域経済を支える1つの柱に位置付けられており、同地との間で自治体幹部あるいは児童間の交流は多く見られる。しかし、その交流には地域在住の外国人に対するものは行われていない。

　次に、両地域の共通点を見てみると、第一に町内会が整備された顔見知りばかりが生活する地方社会において、急速に外国人が増加したことが挙げられる。両地域においては、高度経済成長期に人口が最多を記録したものの、その後は他地域（都市圏）への人口流出が進み、新たに人を受け入れる経験を余り積ん

259

ではこなかった。第二に、マスメディアが外国人にかかわる主たる情報源であることが挙げられる。それは換言すれば、実際の交流や日常生活を通じて彼らと接する中で情報を得ていないことでもある。第三に、民間団体の活動が余り活発ではないことが挙げられる。これには前掲の町内会の充実によって地域社会内（日本人間）で交流を深められるだけでなく、地方議会や役所への陳情等も行う場合すらあるため、新たな組織の必要性が感じられないことや、人口流出や不況、あるいは女性の社会進出等により民間団体の活動員の数が低下したことが背景にある。それにより外国人と地域住民を繋ぐ存在が育成されることも無かった。そして、第四に、第二・第三の共通性要因等から、実際の交流が無いままに外国人の犯罪やトラブルにかかわるイメージが強まることが挙げられる。そのため外国人が個人化されず、生活形態の相違にもかかわらず、「外国人」という同じイメージで捉えられる傾向がある。

　これまで見てきたように両地域における、それぞれの外国人に対する意識（中でも急増に対する印象等）には大きな違いは存在していない。確かに、研修生の男女比によって変化も多少はあると思われるが、それは地域による相違ではあるまい。つまり、上記の両地域の相違点を超える要素が共通点にあると捉えることができる。

　そして、①人口流出傾向と新たな人口流入の経験不足、②町内会の充実と民間団体の基盤の無さ、といった共通点は現在、日本の地方の小都市が持つ特性でもある。もちろん、両地域ほどに外国人が急増した地方の小都市は多くなく、それに伴う意識の悪化も目立つものではない。しかし、両地域でも見られる少子高齢化や人口流出は、そこで失われた労働力（単純労働や介護の分野等）を何らかの形で補完することが必要とされ、それを海外からの労働者に求める地域が今後多くなることは想像に難くない。また、外国人にかかわる民間団体の活動だけでなく、行政施策も活発でないために交流の不足やマスメディアの影響による意識の悪化は大きな課題となることも予想される。

第2節：日本社会の対外国人意識の現状と課題

　近年まで、日本における対外国人意識にかかわる地域社会との問題は大都市

や工業都市に集中していた。現在、その問題は徐々に地方へ拡大しているものの、未だそれほど注目されている訳ではない。しかし、これまで述べてきたように一部の地方の小都市では、先行地域の事例と似通った状況ばかりでなく、それよりも強い反発や直接的な行動を見せる場合すら目立つ。その事実を踏まえれば、現在の地方社会の変化を日本社会全体の変化と捉えて分析を加えることで、対外国人意識改善にかかわる、実効性の高い全国レベルの政策を提起することが可能になるのではないだろうか。

　対外国人意識や外国人の生活に関しては、これまで在日コリアン集住地域でもある大都市や日系南米人集住地域である工業都市において多くの研究がなされ、注目すべき統計結果も出されている。そこで、それらと地方の小都市の現状との関係を見ていきたい。まず、大都市の状況であるが、序章で示した内閣府による世論調査では、最も外国人労働者の増加を実感している東京都23区内において、外国人の人権を制限することに対して、仕方ないと回答した層が全国で最も高いとの結果が出た。その理由として、実体験ではなくマスメディアによる犯罪報道が大きく影響していることや、そのイメージが実際の犯罪数よりも報道内容によって形成されていることが見えてきた。また、谷（2005）でも、大阪市では日本人と在日コリアンとの間に一定のコミュニケーションはあるものの、新来外国人との接点は十分なものではないことが予想されているように、大都市においても悪化したイメージを好転させるほどの日本人と外国人の交流は十分ではない。つまり、地方の小都市の共通点として挙げた課題は、大都市レベルでも無関係ではないのである。

　次に日系南米人集住地域であるが、第4章における両地域と大泉町の比較や、2002年に筆者が太田市と稚内市で行った調査から、先に挙げた両地域の第二、第四の共通点は日系南米人集住地域でも共通していることが分かる。そして、後述のように日系南米人の集住する工業都市は大都市ほどに民間団体の活動が充実しておらず、町内会が整備されている場合が多いことを考えると、両地域をはじめとした地方の小都市の問題と日系南米人集住地域のそれとは切り離せない関係にある。これらから、大都市・工業都市・地方の小都市のような地域的区分によって意識や施策の相違を分析するに止まるならば、日本社会全体としての課題が見逃される可能性は高い。

この20年間、日本で生活する外国人が増加してきていることは明らかであり、外国人の姿が珍しいものではない地域も増加してきた。そして、そのような外国人が多く生活する自治体において、「外国人を見かけることは増えてきたものの、交流や相互理解が進まず、適切な情報が伝わらないままに不安が拡大している」という問題は共有されている。確かに、いかなる社会でも異なる背景を持った人が増加した場合、不安や摩擦は当然生じる。しかし、現状のままに推移するだけでは国、地元住民、外国人それぞれに良い結果を生むことはないであろうし、対外国人意識が自然発生的に改善しないことは、本書で取り上げてきた地域の事例や、移民・異人種間の混住経験の長い欧米でも未だに問題を解決できていないことから推察できる。この問題に共通性が見られ、今後同様の問題に直面する地域が拡大していくであろうことや、将来的な外国人に対する不安や偏見の深化が日本で生活する市民全体に心理的負担や直接的被害を生じさせること、及び民間団体の努力だけでは現在外国人が直面している偏見等の問題の早急な解決が困難であること等を考えれば、これに対し関係省庁をはじめとした行政当局が何らかの対策を行う必要があろう。そこで、本章では全国で同様の問題が生じ、意識の悪化を招いてしまった行政の抱えている問題は何か、そして、民間団体のかかわりあいはどうあるべきか、との点を中心に検証を加え、今後必要とされる方針を提起していく。

第3節：多文化施策の現状

　本節では全国レベル、及び本書で取り上げてきた両地域において行政の立場から現在どのような多文化施策が採られているのか[1]、という点を交流施策と教育の面から整理してみたい。交流施策と教育は異なる分野であり、別個に扱われる場合も多いが、本書の主題は対外国人意識にあるため、それらを併記し、分析することが適当と考えた。

---

[1] 本書では、外国人との交流と国際理解教育の問題を一括して表記する場合は「多文化施策」と表記する。しかし、個々の施策紹介においては引用文書に準拠した。

第6章 対外国人意識改善に向けた諸機関の対応

第1項：中央政府の施策

　まず、国の施策について概観してみると、中央と地方自治体の間に地域に居住している外国人との交流施策に関して、常時連絡を取るというような明確な体制や規定は存在しない。ただ、1989年に自治省（現総務省）が「地域国際交流推進大綱の策定に関する指針」を通知し、自治体にガイドラインの策定を求め、各自治体の地域国際化協会や国際交流施設の設置、各種事業の実施に対して一定の方針を与えてはいた。しかし、その大綱の内容については「地域の特性、国際化の進捗状況等を踏まえた記述」を求めており、個々の自治体の活動を「単独事業」とする方針に変化はなかった。従来、日本の地方自治体における国際交流は、姉妹都市交流を重視し、地域に在住する外国人との交流という視点が不十分であった。そのため、全国レベルでの明確な方針が提起されなかった同大綱策定以降も、どの程度地域の国際化に目を向けるかは、個々の自治体の意識の高低に左右され続けたのである。また、2006年に総務省から地方自治体へ、多文化共生施策の推進体制整備の参考とするために『多文化共生の推進に関する研究会報告書（多文化共生推進プログラム）』が発表され、都道府県の計画等に「多文化共生」の用語が多く示されるようになり[2]、それに準拠する方針は一部で進みつつある。しかし、それらは実行段階に十分に移行しているとは言い難く、市町村に対して「地域の実情を勘案し、外国人住民を直接支援する[3]」との基本的姿勢の下、指針・計画の策定が求められるとするに止まり、施策に対する法的な根拠や立案義務等は明記されなかった。

　また、現場での啓発活動に横断性を持たせ、その核となる組織形成のために、法務省は平成12年度から法務局・地方法務局、都道府県及び都道府県人権擁護委員連合会等を構成員とする「人権啓発活動都道府県ネットワーク協議会」を設置し、ネットワークをより地域レベルに根ざしたものとするため法務局・地方法務局の本局及び支局と、その管轄内の市町村及び人権擁護委員協議会等を構成員とする「人権啓発活動地域ネットワーク協議会」の設置を進めてきた。しかし、人権啓発活動地域ネットワーク協議会が行う人権教室実施（外国人に

---

2) 富山県でも2007年に上記報告書を参考としつつ、「富山県多文化共生推進プラン」が発表されている。
3) 総務省（2006）、43頁。

関する問題が必ずしも取り上げられる訳ではない）や相互連絡の場の設置に関する最終決定は、個々の教育現場の責任者や首長の判断に委ねられている状況にある。

　法令が関係する国の活動としては、2000年に施行された「人権教育及び人権啓発の推進に関する法律」における人権課題の1つとして外国人が指定され、国及び地方公共団体は施策の策定及び実施を、政府は国会へ年1回の報告書提出を義務付けられたことが挙げられる。その第1回の報告書（『平成13年度人権教育及び人権啓発に関する施策についての年次報告』第156回国会（常会）提出。法務省・文部科学省編『人権教育・啓発白書　平成14年版』と同内容）の中で、法務省は人権週間を活用し、文部科学省は各教科、道徳、特別活動、総合的な学習の時間といった学校教育活動全体を通じた活動の奨励、都道府県教育委員会の指導主任や学校関係者を集めた国際理解教育研究協議会の開催、指導に対する事例集やソフトウェアの配布、外国語教育の充実（それに伴う交流も含む）を図ったとしている。しかし、人権週間は1988年より実施されており、また、教育面でも各教科や道徳に関しては、担任教師あるいは授業担当教師の裁量に拠る部分が大きいため、一定の時間や内容が確保されている訳ではない。そして、総合的学習の時間は授業数縮小の傾向にあり[4]、内容決定には校長の裁量が大きく、課題は限定されていない。言い換えるならば、国際理解教育に関する活動は学校において必ずしも行われるものではないのである。その他には、『人権教育・啓発白書　平成19年版』からは「国際教育推進プラン」という事業が紹介されている。この事業では平成18～20年度に4地域（神奈川県藤沢市、新潟県上越市、三重県津市、大阪府豊中市）、平成19～21年度に2地域（北海道東川市、山形県新庄市）が指定され、中核となる小中学校を中心として、地域のNPO法人・大学・国際交流協会等と協力し、国際教育資源の共有化を促進する中で、モデルカリキュラムの開発等に取り組み、国際教育拠点としてふさわしいテーマの実践研究を行うことや、活動の中で地域の人材等のネットワーク化を促進することを目的とし、それぞれに取り

---

[4] 2008年2月16日の『毎日新聞』（朝刊）によれば、文部科学省が示した、法的拘束力があるとする小中学校の学習指導要領改定案では「総合的な学習の時間」の総授業時間は最大150時間削減するとされている。

組みを実施した。確かに、その活動自体は評価に値するものといえるが、その実験地域の活動を踏まえ、今後、いかに全国レベルの施策に転化できるかが問われよう。

　また、『人権教育・啓発白書』では平成14年版から平成20年版まで、外国人に対する入居拒否や入店拒否等を扱う「外国人の人権をめぐる人権侵害事案に対する適切な対応」の人権侵害事案に関する項目は同一の文面が掲載され続けており[5]、この問題に対する啓発活動や法整備等の対応を国が積極的に行っていないことも見えてくる。そして、その項目を設けているということは国としても問題の所在に対する認識があることを意味しており、文書からも全国レベルでの問題を先送りする傾向が示されている。

　また、外国人に対する人権意識向上のためのマスメディアを通じた活動として同白書に記載されているものは、CS放送において入居拒否の事例を扱った放送を2007年に6回、2008年に7回（通算で48回）放送したとしているもののみである[6]。そして、その番組が放送されたのが、元々視聴者が限定されるCS放送であり、視聴者に配布される月刊誌の中でも広報が行われず、月額視聴料金のかかる放送局（GROWTH & EDUCATION）内の放送であったことを考えれば、マスメディアの持つ効用を十分に活かしたものとはいえない。

　一方、前章でも取り上げた外国人児童に対する日本語教育に関しては、文部科学省も『平成19年度　文部科学白書』の中で、「適切な日本語指導や学校への適応指導を行なうことができる体制を整備する必要があります」[7]と認識しつつも、前述のように現状に行政の対応が追いついていない。また、母語教育あるいは自文化保持に対する支援に関しては、『文部科学白書』、あるいは2008年8月に報道発表された「日本語指導が必要な外国人児童生徒の受入れ状況等に関する調査（平成19年度）」の外国人児童生徒に対する支援施策に関

---

5) 同白書の平成19年版からは、トラフィッキング（人身取引）に関する項目は削除された。また、平成21年版では文末に僅かな変化が見られたものの、平成23年版まで内容はそのままである。
6) 平成22年版以降、放送内容や回数に関する詳細な記載なし。
7) 文部科学省『平成19年度　文部科学白書』2007、313頁。

する記述[8]でも全く言及の無い状況にある。

第2項：稚内市と射水市の施策

　このように、国は日本社会で生活している外国人との具体的な多文化施策の内容や最終決定を、地域との連携がとれていないままに、地方自治体あるいは民間団体をはじめとする個人の裁量や活動に任せている面が強い。そこで、本書で扱った稚内市と射水市の2009年の時点における多文化施策に関する調査結果を具体例として提示したい。

　稚内市の特徴としては、長年にわたるサハリン州との関係が施策の柱となっている点が目立つ。それは、前述の2007年に制定された「稚内市自治基本条例」の記述や、2009年に発行された『第4次稚内市総合計画』（平成21年度～平成30年度を対象）でも、地域在住の外国人との交流や彼らに対する施策に関しては全く言及されていないことからも分かる。市の事業の中心となるのは、建設産業部サハリン課及びサハリン事務所担当主幹である。担当者はサハリン課には4名、サハリン課管轄のサハリン事務所には1名の計5名で構成されている。具体的な施策としては、①サハリンの友好都市との友好交流に関すること、②サハリンとの経済交流に関すること、③稚内・コルサコフ航路の利用促進に関すること、④サハリンプロジェクトに関連した動向の情報収集など、⑤市内における交流拠点の1つである稚内市日口友好会館の管理運営に関すること、⑥サハリン州における市の出先機関であるサハリン事務所に関すること、等が挙げられる。サハリン課が主に連絡をとる外部組織としては、稚内市日口友好会館の指定管理者になっている稚内日口経済交流協会、1994年から継続してサハリンの友好都市から企業や行政幹部を研修生として継続して受け入れている稚内商工会議所、サハリン国立総合大学との交換留学を行っている稚内北星学園大学が挙げられる。そして、これまでも度々述べてきたように、ロシア人船員との間には交流事業は行われていない。市内在住の外国人と関係する活動としては、課題があった時に活動する程度で、その際の窓口となるのは総務部地域振興課であるが、特定の担当者は置かれていない。また、国際交流協

8）文部科学省ホームページ内 http://www.mext.go.jp/b_menu/houdou/20/08/08073011/001/001.htm （2009年9月16日最終閲覧）。

会に当たる組織は存在しておらず、中国人研修生との交流事業はそれぞれの協同組合の意思に任されており、市は関与していない。教育分野では、国際理解に関する具体的な授業や活動等で全市的に行われているものはない。

一方で、射水市の特徴としては市内で生活する外国人が多岐にわたるため、地方の小都市としては取り組まなければならない課題が多いことが挙げられる。2008年に示された『射水市総合計画』（平成20年度〜平成29年度を対象）を見てみると、将来像として「環日本海交流のゲートウェイ」という標語が掲げられ、課題として「外国人が急増した結果、日本語が十分に理解できないことによるコミュニケーション不足や生活習慣・文化の相違等によって様々な問題が生じて」いることが指摘されている。それらの事業の中心となるのは、企画総務部企画政策課であり、1名が業務に当たっている。しかし、合併によって射水市ができる以前は新湊市は企画情報課、小杉町は総務課に専任の職員がそれぞれ1名（両自治体には国際交流協会も存在していたが、現在は射水市に職員1名のものとして統合された）、大門町は総務課、大島町は総務企画課、下村は総務課に兼任の職員がそれぞれ1名いたことや、合併前の2004年には1,338名だった同地域の外国人登録者数が2007年の段階で1,779名に増加していることを考えれば、業務の対象者が増加しながらも、職員が少なくなっている状況が分かる。行われている具体的な施策としては、主として下記の3つが柱として挙げられる。第一に、地域におけるコミュニケーションの支援として、①市行政サービスの手続き先一覧、ゴミカレンダー、各種税金の納付時期一覧、保育所の入園案内、予防接種の予診票等の多言語（ポルトガル語、中国語、フィリピノ語、ウルドゥ語、やさしい日本語）による情報提供、[9]②県営団地近くにおける日本語・日本文化の学習活動の支援、③2ヶ月に一度（午後のみ）のポルトガル語による生活相談等を行っている。第二に、生活支援の充実として、日本語指導員の加配、ポルトガル語も話せるALTの加配、教育機関への

---

9) 2008年7月からは新しく射水市にて外国人登録をした外国人を対象に「生活オリエンテーション」を行い、市の行政サービスの概要やゴミの捨て方等を説明している。その際、射水市での生活をスタートする際に必要な情報（上記のものに加え、上下水道、国民健康保険、子育てを支援する各種制度）を多言語化した「射水市スターターキット」を配布している。

連絡事項翻訳を行っている。第三に、多文化共生の地域づくりとして、法令等の理解と遵守の促進のために外国人中古車業者と共に合同パトロール・意見交換会、条例の作成等を行っている。このような中古車業者に関する施策に関しては、企画総務部企画政策課ではなく、市民環境部生活安全課の 2 名の職員が業務に当たっている。このように中古車に関することで業務を分ける形態は、合併前からとられていた。そして、中古車業者と地域の軋轢の解消を目的にした活動は、今のところ生活安全課が主体となり、そこに企画政策課が協力するという形態をとり、2007 年には中古車問題に関する講演会とパネルディスカッションが一度行われたことがある。[10] 企画政策課が主に連絡をとる外部組織としては、射水市民国際交流協会、県の地域国際化協会である「とやま国際センター」あるいは、ポルトガル語や中国語等の翻訳のため、在住外国人と連絡をとることがある。中でも、射水市国際交流協会は総合計画の中にもその強化や育成が触れられるほど市に近い組織であり、交流機会の提供（子ども向けのものも含む）、日本語・外国語（中国語、英語、韓国語、ロシア語、ポルトガル語）の語学教室、在住外国人からその出身国について学ぶ国際理解講座等を行っており、中でも 2008 年 6 月に富山県、とやま国際センター、射水市と多文化共生推進のための共同事業として開始した「外国籍こどもサポートプロジェクト」は、新たな活動の柱となっている。[11] 同事業では旧新湊市地域の市街地である放生津校区の公民館に最初のサポートセンターが開設され、毎月 2 回、主にブラジルやパキスタン国籍の児童（就学・不就学問わず）に対して、ボランティアとコーディネーターが宿題指導、日本語指導、日本の遊びの伝承等が行われており、もう 1 つの目的として、同所では地元出身のサポーターの発掘・育成も念頭に置かれている。[12] また、稚内市の場合と同様、ロシア人船員や中国人研修生との交流事業は行われていない。全市的に行っている国際理解教育としては、企画政策課に所属している国際交流員（教育委員会所属の ALT

---

10) 前章で注記したパキスタン人やバングラディシュ人との交流会は同日、国際交流協会主催で、他所でカレー作りをしたものである。
11) この背景として、射水市が 2007 年 4 月に富山県の多文化共生モデル地区に選定されたことがある。
12) 詳しくは、原由理恵「「人材の宝庫・射水」を目指して」『国際文化研修』第 62 号、2009。

とは異なり、文化理解に特化した職員）が各小中学校を回り、自国の風習等、国際理解促進のための授業を行っていることが挙げられる。

第4節：多文化施策の課題と今後

第1項：地方自治体の問題点

　上記の事例から、現在、地方自治体で行われている多文化施策における3つの問題点が挙げられる。第一に、自治体が外国人と日本社会とを結ぶ交流や対話の機会を持つに当たり、明確な交流量等の水準が存在しておらず、それぞれに施策が異なるため、同じ国出身の外国人が同じ目的で居住あるいは滞在していても、生活する市町村が異なることで、地域社会との接点を持てる人と持てない人が発生してしまう状況がある。これでは、相互の交流や対話の機会を持つことが個々の自治体の方針に拠った特典となってしまっている。それは同時に、それぞれの自治体によって日本人住民の経験が異なり、地域社会の外国人を受け入れる意識に不均衡が発生することでもある。

　第二に、交流を行う部署が自治体によって定まっておらず、予算や人員、及び方針にばらつきが見られ、交流の度合い、庁内や教育機関をはじめ民間団体を含めた関連部署との協力関係が担当部署の努力や工夫、あるいは首長や自治体の方針に左右され易いということが挙げられる。そのため、関係団体や外国人との意思疎通や施策面での連携等がシステム化されておらず、地域の実態を施策に反映する構造が十分には確立されていないのである。また、射水市で担当職員の削減が見られ、多くの自治体でも従来は専任であった担当職員の兼任が見られ始めているように、行政改革の名の下で行われている国際交流担当部署に対する予算及び人員の削減傾向が、現状の活動をより不活発なものにしている。それは役所内部ばかりでなく、外郭団体にも及んでいる。入浴拒否問題等を抱えていた小樽市では1993年に港近くに「小樽インフォメーションセンター」を開設し、船員に対して買い物情報や観光、病院や医薬品の相談や日常生活における情報周知を図るために、ロシア語を独自に学んでいた主婦を市の

嘱託職員として雇用した。同センターは各方面で注目を集めていたが、2006年に費用対効果の面等を理由に閉鎖された。同センターは船員間の情報伝達の場でもあり、地域住民との相互理解の拠点となる可能性はあったものの、その価値を見出すか否かは行政、あるいは首長の意思に拠ってしまっている。

　そのような中で、日本人と外国人の関係が大過ない状態である場合、その多くが限られた職員の負担や発想、あるいは以前に形成された人間関係等の上に成り立っていることが多い。元来、当該部署の設立は海外との姉妹交流開始時における首長の判断や自治体の諸状況、あるいは近隣の自治体が同種の部署を設置したためというような不確定な要素に拠っており、国際交流の分野自体が自治体レベルで目に見える採算が取れるものでもないため、現在の行政改革や政策評価を求める声の前に規模の縮小を余儀なくされている。その上、国と地方自治体の「タテ」、地方自治体同士の「ヨコ」の連携は共に希薄であることから、交流に関する情報やノウハウの蓄積が単一の自治体や地域の中で収束し、個々の施策実施が経験則によって判断されやすいという問題もある。また、これらの問題は各自治体における国際交流協会についても同様のことがいえる。自治体の中には協会自体を設置していない場合や、設置はしたものの活動をほとんど行っていないもの、地域で活発に活動している民間団体に組織を完全に委譲したものまで存在しており、その組織運営に対しては自治体の意向が反

---

13) 平成7年6月の新湊市議会定例会（第2日目）の横田義明議員（自民党議員会）による一般質問においても同施設は紹介されており、その評価は北海道だけに止まるものではなかった。
14) 北海道新聞情報研究所（2001）によれば、2001年当時の同センター1日当たりの平均利用者は130名であり、実際に相談をするのは30名程度であり（42頁）、あとの100名は船員間あるいは職員とのコミュニケーション、掲示情報収集等のために訪れたと思われる。
15) 日ロ間に関しては日ロ沿岸市長会（1970年結成。稚内市は2005年、費用対効果の観点から脱会）や、全道市長会の国際交流推進会議がある。他にも、日系南米人の問題では外国人集住都市会議が知られ、毎回問題提起は行っているが、施策の共有という点においては目立った成果を挙げていない。
16) 北海道の留萌市では、市の国際交流に関する業務も民間の国際交流協会によって主に行われている。同協会会長は日本ユーラシア協会や日中友好協会の留萌支部長を兼任しており、両協会が同じ場所で会合を開く等、珍しい活動形態をとっている。同市の状況に関しては、社団法人北方圏センター編『懸け橋そして未来へと―北海道の国際交流・国際協力事例集―』社団法人北方圏センター、2005、参照。

映される傾向が強い。そして、筆者のこれまでの調査が外国人との接触が比較的多い地域で行われたことを考慮に入れれば、接触の少ない地域との差異はより大きいものとなることは容易に想像できる。第4章で述べたように、そのような地方においては従来以上に充実した対策が必要となる可能性が高いことを考えれば、今後の課題は大きい。

　第三の問題点としては、市民に対しての人権、あるいは異文化理解に関する教育活動に対する時間数等の水準が存在しないことが挙げられる。まず、学校教育の面においては、現在、全国一律の異文化理解教育はなされておらず、全市的な動きを見せる場合すら少ない。そして、異文化に対する意識や行動を学ぶ際、その問題に関心が強い校長の学校の生徒や、国際理解教育に関する研修を選択するような意識の高い教師の担当する生徒と、機会に恵まれない生徒の間には大きな差が生まれる可能性が高い。外国人に対する意識が悪化している現状から考えるに、青少年に対する国際理解教育に関して、視聴率や販売部数向上のため、時にセンセーショナリズムに流れたり、外国人犯罪を特化する傾向のあるマスメディアや、その影響の強い家庭に高い比重を置くことは、意識悪化のスパイラルに社会全体が入り込む危険性を孕んでいる。義務教育はその国の生活に必要最低限の知識を伝達する場であることを考えれば、今後、広範囲にわたり国際化していく社会に暮らす青少年に対して、高まりつつある差別や偏見を発生させないための指針を国が関係機関との協力の下で示すことは必須要件といえる。また、偏見に基づく行動を主に起こす成年層を含めた市民全体への人権や異文化理解に関する啓発活動に対しても、地方自治体は十分な関与を行っているとは言い難い。実際の交流や適正な情報通知が図られなければ、偏見や不安を減少させることは困難である。そして、その点を改善することは、青少年に対する家庭教育やマスメディアの報道姿勢に対しても好影響をもたらすことに繋がっていく。

第2項：国レベルでの問題点

　上記の問題点や実情は両市以外の自治体でも共通して見られる。このまま国の関与が不十分で、それぞれの自治体に施策決定のほぼ全てを任せる状況が継続した場合、意識の高い自治体を除き、対外国人意識が全面的に改善する可能

性は低く、外国人、彼らを受け入れる日本社会双方に不安や不満を増加させる事態が継続することになる可能性は高い。

　今後検討されるべき行政施策全体の課題としては、対外国人意識形成を個人の自主性や熱意、あるいは偶然の機会に任せる姿勢を国が転換していくことである。外国人市民代表者会議の設置に代表される外国人施策で先進的とされ、社会学、行政学をはじめ様々な分野で取り上げられることの多い川崎市においても、戦前から在日コリアンの集住地であった歴史的経緯、核となる市民団体の存在、理解を示す首長の長期にわたる在任、官民挙げての努力等の諸要因により現状を形成している。また、先に挙げた大泉町でも雇用や教育の面で日系南米人への行政サービスに取り組んだことで、彼らの集住地として知られるようになったが、その施策を可能にしたものとして、小内は20年以上にわたり地方交付税不交付団体であり続けた町の財政基盤や、元町長や地元有志による東毛地区雇用安定推進協議会の姿勢を挙げており[17]、何らかの規定があって始まったものでないことが見えてくる。つまり、それらの自治体における背景や条件を、全ての自治体に求めることは困難なのである。事実、川崎市や大泉町に隣接する自治体でも、それぞれの異文化理解に関する施策は異なっており、効果的な施策を行うか否かは、あくまで首長をはじめとする個人の判断に拠っていることがこの点からも分かる。

　そして、現在大過ない状況が現れている地域でも、日系南米人の集住地域でも、その成果は個々の地方自治体や民間団体、商工団体、団体のリーダー、団体間のコーディネーターの資質や熱意に依存している部分が大きく、全国的なガイドラインの無いままに活動が行われている。確かに、そのような中から白書や先述の『多文化共生の推進に関する研究会報告書』に代表される各種公的文書、あるいは事例研究等で成功例を取り上げることは可能であろう。しかし、今回筆者が行ったアンケート調査や先述の世論調査でも、かつて大都市で見られた対外国人意識をめぐる状況が大きな変化も無いまま、地方の小都市レベルでも見られるようになっている。それは、対外国人意識の改善が個々の努力に任せる時期ではなくなってきていることを示してもいる。そして、全国的な望ま

17）小内ら（2001）、352頁。

しい水準の設定が、なされていないことは、効果的な活動やそれに関する研究成果が全国規模で十分に還元されていないという問題をも同時に内包している。

第5節：民間と行政の協働

今後は、国が実際に施行される多文化施策に対し、一定の指針を明示することが必要とされているといえるが、複雑化する外国人の生活形態や個人の置かれている状況に対応するには、細やかなケアが可能である民間と行政との協働も念頭に置かれなければならない。豊田市のH団地において、日系南米人周辺の問題に検証を続けてきた都築くるみによれば、同地は排外には至っておらず、その最大の要因は「問題解決の責任主題として高い能力を持つ『自治区』の存在」[18]にあるとしている。一方で、都築は現地の状況に対して、「一自治区の能力を超えた問題となっているのである。関係諸機関が積極的な支援をおこなってはじめて、自治の前提が形成される」[19]と、協働が不十分な活動の限界を指摘している。この事例は外国人が急増した地域における民間の一団体の限界を示している。そこで、本節では、行政と民間（町内会と民間団体）の外国人に関係する活動の状況を、これまで見てきた分析の枠組みや視角に合わせて検証していくこととする。また、本節で扱う民間団体の問題は日本各地の外国人との交流等の異文化理解を目的として地域で活動している団体に対象を限定しており、民間団体全般の議論にそのまま当てはまるものではないことを注記しておきたい。

第1項：町内会の活動の現状と可能性

まず、町内会について見ていくと、本書の対象地を含む北海道、東北地方、北陸地方に共通して、かつて冬の間の除雪等で大きな役割を果たしていたことに特徴がある。また、人々の協力が欠かせなかった農業分野においては相互扶

---

18) 都築くるみ「移民の生活環境と地域における人間関係」石井由香編『講座グローバル化する日本と移民問題　第Ⅱ期　第4巻　移民の居住と生活』明石書店、2003、207頁。
19) 都築くるみ「日系ブラジル人を受け入れた豊田市H団地の地域変容」『フォーラム現代社会学』第2号、2003、56頁。

助を行う核として町内会は機能していた。だが、現在は機材の導入や技術の向上により、かつてよりもそのような負担は少なくなり、住民にとっての生活上での町内会の重要性は低下してきている。

　都市部においても通勤圏の広がり（郊外のベッドタウン化）が進むことで、町内会（あるいは商店街）を通じた地域的な連帯は希薄化しつつある。ただ、関係の希薄化が見られる中にあっても、町内会は祭事や清掃活動等では依然として中心的な役割を果たしている。そのような活動を外国人との関係から見てみると、一律加入・地縁重視といった特質や、外国人が教会等に通ったり、知人・親戚とのコミュニケーションを図ろうとする週末に活動が行われることもあって、町内会は同じ地域に生活する外国人と日本人との関係形成に、日本人間で見せるような効果を挙げているとは言い難い。

　ただ、全市的なものではないが、前章で触れたように地方の小都市レベルでも外国人の町内会への加入を進めようと考える町内会長も一部に存在している。そのような外国人と町内会の取り組みが個人的なものに止まらず、全市的な広がりを見せている事例として、日系南米人集住都市である静岡県磐田市の集合住宅の多い南御厨地区から始まった活動が挙げられる。同区では外国人住民に対して防災訓練やゴミ分別講座、地域のイベント等に参加を呼びかけ、効果が上がったことを受けて、2007年度より磐田市の自治会連合組織では外国人に自治会加入を促すよりも、まずは顔の見える関係作りを志向し挨拶運動を始めたり、ポルトガル語の広報をアパートに持参するといった活動を重ねるようになり、その範囲を広げているとのことであり[20]、個人化と情報周知が同時に進められている。

　また、「多文化共生推進プラン」においても、町内会を中心とする外国人への生活支援に関する取り組みが検討課題として挙げられ、「平常時・緊急時を問わず、自治会等が中心となって、NPO、NGO、その他の民間団体との連携を図りつつ、地域ぐるみで外国人住民を支えていくことが重要である」[21]と述

---

20) 詳しくは、月花慎二「市民とともに築く多文化共生のまちづくり―磐田市の取組―」『ジュリスト』2008年2月15日号、2008。
21) 総務省『多文化共生の推進に関する研究会報告書―地域における多文化共生の推進に向けて―』2006、17頁。

べられている。そのように、町内会を外国人との間の関係形成の契機の1つとする見方は珍しいものではなくなってきている。もちろん、これは町内会と民間団体との間に序列を作るものであってはならず、町内会においては従来より有する組織力や交流拠点としてのノウハウ、民間団体においては外国人との良好な関係や先進性といった長所を相互に生かすものであるべきであろう。そして、現在のように相互の連携が偶然によって生じるのではなく、望ましい指針の設定や、町内会と民間団体の協力体制構築のための働きかけが行政には求められる。

第2項：民間団体の活動の現状

　次に、民間団体の活動に関する地域に拠る特性を見ていきたい。第一に、大都市において行われている活動であるが、ここでは従来の在日コリアンの支援活動から生まれた団体や市民活動の理論的な部分を、活動の実践を通じて理解しているリーダー（1人とは限らず、複数の場合も）を中心とした団体が多く存在しており、中間支援組織等を通じて団体間の連帯も志向されている。中でも、多民族・多文化共生社会の実現に向けて、「外国人・民族的マイノリティ人権基本法」と「人種差別撤廃法」の制定、及び「国内人権機関」の設立を目的とし、2005年に25団体と53名の個人からなる「外国人人権法連絡会」[22]が発足したことは注目される動きである。同連絡会は、上記の目的を共有している在日コリアン・難民・外国人労働者を支援する団体や人権擁護を進める団体[23]、弁護士、研究者等が全国から集まって結成された。従来は、それぞれの団体が個々に活動を行っていたのであるが、近年の悪化しつつある外国人をめぐる環境を改善するために、上記の目標達成が必要と考え、意見の表出等を行う際、取り組みの連帯や、情報の交換及び蓄積が必要との認識が共有されたことで、同連絡会は立ち上げられるに至った。同連絡会は上記の組織や個人が、共同で運営を行い、書籍の出版やシンポジウムの開催、国連の自由規約委員会

---

[22]「外国人人権法連絡会」結成総会当日（2005年12月8日）配布資料。
[23] これらの団体の中には個々に総会等を行う際には、数百人規模で関係者が集まることも珍しくなく、関連分野の文献等にしばしば登場するものも多い。

への提言等の情報発信を積極的に行っている[24]。しかし、同連絡会や所属諸団体にもいえることであるが、地方の小規模の団体あるいは財政状況が厳しい団体にとっては、大都市において活発に活動している民間団体の存在は認識しつつも、会議が主として東京で行われるため、宿泊費・移動費が嵩み、本来の地域で行う活動に支障が出るため、実際に参加することを躊躇する場合も筆者の調査では見受けられた。そのような地方の諸団体といかに連絡を取り合えるかという部分も大都市の民間団体にとっては今後重要になってくる。

　第二に、工業都市や県庁所在地といった都道府県内有数の都市では、外国人の増加を契機として始まった活動が徐々に連帯へと向かいつつある段階にある。そこでは個人レベルの活動に止まる団体から、上記の連絡会やその他の大都市で開催される会議等に積極的に参加し、全国的な活動とも連帯を模索する団体まで、様々な志向を持つ団体が混在している。地域内の団体間の連帯については、行政が中間支援組織を設立しようとする場合と団体間で協議を進めながら中間組織を形成しようとする場合が見られるが、共通理解の合意が得られないケースも少なくない。つまり、当該地域においては様々な意味で、従来型の活動から市民概念を踏まえた活動を志向したり、相互の連帯を強めるような活動への過渡期にある。

　第三に、本書で扱ってきたような地方の小都市では活動の連帯は余り見られない状態にある。そして、活動は個人の善意に依拠している場合が多く、教会や政党のように全国規模の背景を持つ活動でない限り、先に挙げた人材難やそれぞれの団体間の連携、あるいは情報不足等の問題もあり継続性は低い。また、そのような地域におけるこれまでの国際交流活動は地域に余り外国人が生活していなかったこともあり、ロータリークラブやライオンズクラブのような社会奉仕団体が海外の外国人や留学生との間で行っている場合が多いという特性を持ち、1990年代以降増加した地域で生活する外国人との交流は活発ではない

---

24) 書籍としては、外国人人権法連絡会編『外国人・民族的マイノリティ人権白書』明石書店、2007、が挙げられる。これは、連絡会が年に一度発行している白書が出版物となったものであり、連絡会の背景や活動等も紹介している。また、国連への提起は国連の上記委員会ホームページ上にて公開されている http://www2.ohchr.org/english/bodies/hrc/hrcs92.htm （2009年9月17日最終閲覧）。

ことが多い。

第3項：協働活動の課題

上記のような特徴を持つ民間団体と行政の間で協働体制を整える上では、幾つかの課題がある。第一に、協働の前提となる民間団体と行政の間の意見交換の場が明確な形で設定されていないことである。確かに、そのような機会は存在しない訳ではない。例えば、中央政府レベルでは外務省が主催し、関係省庁である法務省や文部科学省が出席した「『あらゆる形態の人種差別の撤廃に関する国際条約』政府報告に関する意見交換会」が過去2回行われた事例があるが、意見に対する行政側の返答がその場で行われるに止まり、継続的な対話が図られていないことから、民間団体からの関心は低くなった。また、地方自治体レベルでも民間団体の活動が活発な地域と、そうでない地域との差が大きいこともあり、全国レベルの規定がなく、対話の場の設定は首長や関係機関の発案によるところが大きい。

第二の問題として、地方に多く見られるのであるが、団体間のコミュニケーションが十分ではない場合、本来活動を引き継ぐ能力のある人や、活動に参加できる人が満足に集まらず、活動の周辺で影響力が止まったり、リーダーの事情で活動が終わってしまうケースがしばしば見られることが挙げられる。この背景には連帯の必要性の認知が不足していることや、団体そのものの数の不足等が挙げられるが、活動の多くが中心人物個人の持ち出しや下準備に頼る部分が大きいため、活動を継続させるには中心となる人物の強力なモチベーションや大幅な負担が必要とされている点もある。

第三に、これは定住外国人人口の少ない地域でも同じことがいえるのであるが、ロシア人船員のような短期滞在型の外国人の周囲では民間団体設立の契機となる地域社会との接点が希薄であり、お互いの意志を伝えることが困難であるため、外国人が抱える問題を地域社会の側が十分に気付く機会が限られていることや、彼らに対する意識も概して良好ではないことから、地域における民間団体の組織形成が困難であることが挙げられる。

第四に、今後外国人の増加が予想される北海道や東北・北陸地方では、雪の影響で冬季になるに従い地域で生活する外国人の行動範囲が限られ、地域社会

や民間団体との接点が希薄になり、外国人の孤立化や家庭内の問題の発見が遅れる等[25]、活動の効果が十分に行き渡らない可能性が高い点が挙げられる。

　このような問題に対し、行政の持つ広域性という特徴をもって、民間団体の地域に密着した活動や町内会との連携等を通じて互いに補完し合い、今後、単発に終わらない協働活動を行うことが求められよう。具体的には、今までのように国が地域の特性やそれぞれの国際化の状況を踏まえるという観点に拠って、努力目標の設定だけを求める方向ではなく、民間団体や当事者である外国人・地方の行政官、あるいは研究者等との十分な協議の上に関係省庁が最低限の交流量やその機会、教育等を通じた適切な情報の周知規模や教育内容を設定し、その目標を実行する手法を個々の自治体の中で独立した担当部署が地域の民間団体、教育機関、関係団体と連携し、協議した上で、地域の状況に合わせて作り上げていく、という方針が今後の問題解決に適しているのではないだろうか。その目標を達成した上での、より手厚い活動は個々の自治体や民間団体の努力に任せ、地域の特性を踏まえてしかるべき機関や組織に働きかけがなされるならば、現在の全国的な対外国人意識悪化や偏りに見られるような問題を大きく改善することが可能となる。そのような中での行政の役割は、民間団体の活動が盛んな都市部では関係調整や情報周知機関として、地方では日本人及び外国人人口が少なくなるに従い施策実行者あるいは財政支援者としての側面も強くなるであろう。また、このような対策はこれまで外国人との接触が余り無く民間の活動が少なかった地域においては町内会等の既存の組織を活用する中で住民の「気付き」を生み、関連機関との意思疎通が不十分だった地域では施策における連携を生むといったような、これまで活用できなかったお互いの長所を結びつけるものになる。そのような状況に至ることで、これまで展開されてきた地域に密着した活動や研究が一層の意義を持ち、意識の改善に貢献することとなるのではないだろうか。

　上記のような形の協働を進めていくことに対しては、民間団体の組織として

---

[25] 日本人男性と結婚した外国人女性への家庭内暴力（DV）の被害や本国文化の子どもへの教育の停止、孤立化による鬱、あるいは研修生の目的外就労や賃金未払い等の相談が各地の民間団体に寄せられているが、山間部においては行政や民間団体との接点を作ることが難しい状況を考えれば、いまだに潜在している問題も多いことが予想される。

自立性や国家との対抗性が危うくされることや、行政の「下請け」になりかねないとの批判も存在する[26]。ただ、そのような懸念もあるが、現在の協働活動は規定の無い状況で行われており、行政との対話や活動自体の検証が不十分なために効果が十分に発揮できていないという部分も大きい。成り立ちの異なる組織と対話を行い、合意を形成していく中で独自性が失われる危険が高まるという点は、外国人が日本人と同じ社会を作る中で常に同化の危険に晒されてしまう点に似ている。しかし、多くの外国人が同化の危険を感じつつ、新たな価値の創造や自らの尊厳の保障等を求めて対話を進めているように、民間団体も常に緊張感を保ち、共に新たな日本社会を形成していくために協働を進め、新しい状況に注意を払いながら問題を提起していく、という認識を持つことが今後必要とされるのではないだろうか。そして、その姿勢を保つことが、単に行政と距離を置き独自性を保つよりも、未だ不十分な組織としての体力を高めることに繋がっていくと思われる[27]。

第6節：小括

　本章では異文化理解に対する行政の対応の問題点を主に指摘してきた。今後の対外国人意識改善に対して、自らの周囲の至近の問題を優先的に対応しなければならない地方自治体や個々の民間団体の努力に委ねるだけでは、一層の不均衡が発生することは避けられない。地方で起きる個々の事例を勘案し、地方の裁量を認めながら、適切な方針を提示することは国の役割であろう。

　確かに、人々の意識は長年にわたり培われてきたものであり、それを変容させるには時間と困難が伴う。そして、国が問題に関与すれば、全てが好転する

---

26) 渋谷望「＜参加＞への封じ込めとしてのNPO─市民活動と新自由主義─」『都市問題』第95巻第8号、2004。あるいは、渡戸一郎「動員される市民運動？─ネオリベラリズム批判を超えて─」『年報社会学論集』第20号、2007、等を参照。
27) 西山志保も『[改訂版]ボランティア活動の論理─ボランタリズムとサブシステンス─』東信堂、2007、の中で阪神・淡路大震災後に生まれたあるNPO理事長が、その組織が完全な自立は難しいことを踏まえつつ、「事業をとりながら提案していく、非常に高等技で、私たちは行政と渡りあうというふうな、そういう段階にきている（187頁）」と自らを捉えている発言を紹介している。

訳ではない。本書でも度々指摘してきたように、人種や宗教、あるいは国籍に対する偏見を伴う 2007 年の入管法の改正や 9.11 同時多発テロ以降の「テロ対策」を見ても、日本政府は組織としての問題を抱えている。中でも、対外国人意識悪化にかかわる問題の所在を認識しつつも、施策の実行を先送りしてきたことは、地方自治体、中央政府に共通して見られる大きな課題である。このような政府の姿勢に対して宮島喬は、単純労働者を受け入れている現実があり、法的にもそれを容認してきたにもかかわらず、単純労働者を受け入れないと言い続けることで、「外国人の中・長期的な社会的・文化的受入れの施策の検討を回避するのを正当化してきた[28]」背景があると指摘している。そして、なぜそのような問題の先送りを正当化する姿勢が社会的に見過ごされてきたのかを本書で取り上げてきた状況から見るに、まず、外国人の声を政治の場に伝え、対話を重ね、状況を変化させる構造が無かったことが挙げられる。そして、同時に、政策の不備によって外国人との間の個人的な対話や必要な情報が不足したこと、及び犯罪面が強調される報道等の影響によって、外国人の増加という環境の変化に適応できなかった多くの日本人が自らの周囲にいる外国人の置かれている状況を十分に認識できず、対外国人意識を悪化させてきたために政治の不十分な対応を半ば容認してしまったという悪循環も問われる必要がある。換言すれば、行政施策の不備と対外国人意識が形成される構造の不変性が外国人への偏見や外国人が制度的・心理的な不利益を被ってきた状況を助長してしまったのである。

　しかし、そのような状況や背景はありつつも、国単位で施策を捉え、機能させなければ全国的な意識の悪化を止めることは現実的には難しい。異文化に属する人と普通に付き合い、人権に配慮する姿勢は、確実に外国人との接触が全国的なものとなる今後において、地域にかかわらず持たなければならない普遍的なものであり、将来的に予想される変化を日本社会が肯定的に受け入れることが官民を通じて望まれている以上、意識改善の共通基盤となる施策の遂行が国に求められている。つまり、従来のように充実した多文化施策の実行を首長等個人の意志による恩恵や特典として捉えるのではなく、外国人を含めた全て

28）宮島（2003）、266 頁。

の市民が不安や偏見を持たずに暮らせる社会を作ることを、国としての責務と捉える認識の変化が必要とされているのである。

　日本で生活する外国人は単なる労働力や物品の運搬役ではなく、日本と出身国を文化から経済まで様々な分野で繋ぐ有形無形のパイプである。彼らと共に生き、多方面にわたり実りある関係を築けるかは今後の意識の変化にかかっている。国と地方が連帯して一定の交流量や公正な知識・情報の周知を担保しなければ、個々のトラブルや犯罪で外国人を一般化するような思考の広がりを止めることは難しい。専門的なレベルでの具体的な交流手法等も含めて、全国規模の施策という観点から異文化理解に対し政策論議を早急に行い、現状を変革しなければ、意識の悪化は進行し、解決までには一層のコストを伴い、多大な損失を被るとの危機意識を日本社会全体が持つ時期に来ているのではないだろうか。

終章

本書で扱ってきた1990年以降に外国人を見かける機会が急激に増加した地域においては、都市部から地方の小都市に至るまで、外国人を見かけることは多いものの、正確な情報や外国人の意見が伝わらないままに対外国人意識が悪化する傾向（あるいは、外国人を危険視する傾向）が見られた。中でも、今回の稚内市と旧新湊市地域を対象とした調査では、従来の外国人集住地域とは異なる特性も見られた。そして、両地域と同様の特徴を持った地域は例外的なものではなく、今後の問題の拡大も想定されることから、序章で挙げた意識の特性にかかわる課題を整理する中で、そこから見えてくる今後の日本社会の問題点と可能性について考察したい。

第1節：地方の小都市における対外国人意識の特性

　まず、地方社会における対外国人意識の共通性について見ていくこととする。現在、地域社会で様々な背景を持った外国人が生活している。ただ、本来であれば滞在形態の相違ゆえに異なっていると一般的に想定されている対外国人意識であるが、明確な相違は見られず、多くの場合において外国人の個人化が図られていない状況がある。

　そして、相互の対話が十分に存在しないために、表面的な問題に注目が集まり、多言語による対応、説明の分かりづらさ、あるいは指導が不徹底であったことにより発生したゴミ捨てや商業施設等での行動のようなトラブルが強く問題視されてしまっている。また、外国人の意見を吸い上げる機会が十分ではないために、トラブルを回避するための情報の内容、あるいは情報の提供手法等で実効性を確保できず、問題が悪化してしまうという悪循環に陥っている。

　同じく対話の不在から派生した問題として、マスメディアの外国人への評価が意識に強く影響している点が挙げられる。外国人との接点は余り無いものの、周囲で彼らを見かけるため、外国人に関心の強い層は情報入手先としてマスメディアを選択しているが、その媒体自体が外国人犯罪に対して強調してしまう

（あるいは適切な数値や背景を伝えない）傾向があるため、地域や外国人ごとの背景を問わず、外国人と犯罪が強く関連づけて認識され、意識が悪化している。

　これらの意識の共通性を招く要因として挙げた対話の不在であるが、日本あるいは欧米の移民受け入れにかかわる様々な事例から見ても、自然に対話が生じることは、少なくとも短期的にはあり得ない。つまり、その状況を改善するためには内外からの働きかけが求められるのであるが、日常的な交流の機会の設定に関しては、行政も民間も個人の熱意に頼る部分が多く、町内会や外国人会議のような場所を通じて外国人の声を地域社会に伝える機会も、自治体の首長や町内会長の個人的な気付きがなければ設定されていない。そして、外国人からの働きかけも日系南米人の場合は居住地が安定しない非正規雇用者が多いこと、研修生の場合は立場上の問題や受け入れ先の認識等により余り活発では無い。また、パキスタン人中古車業者のように活発に活動を行った場合でも、その影響力が広く認識されることは無かった。そのようにして、短期滞在型のロシア人船員に対する意識と、隣人として数年以上にわたり生活している外国人に対する意識に大きな相違が見られない状況が生まれたのである。

　次の検証課題として、人口減少が続く地方の小都市の特性を見てみると、以下の4点が挙げられる。第一に、地方の小都市においては、従来の日系南米人集住地域のように外国人学校や大規模な外国人向け商業施設・専門店街を設置することを通じて、母語のみで生活を完結できるような状況を形成するには人口規模が小さく、相対的に地域社会との接点が様々な面で多くなる点である。これは言い換えれば、地方の小都市においては、対外国人意識改善のための交流や対話の促進を図る際には地域社会の役割が相対的に大きくなるということでもある。第二に、人口減少が進む（あるいは、人口規模が少ない）ということは、同時に地域を牽引するような基幹産業が存在しない、あるいは活力を失いつつあるという面があり、外国人が地域に多く生活することに対する必要性や彼らの地域社会に対する経済的貢献が認識され難い点が挙げられる。従来、都市部では個人間の関心の低さ、工業都市では外国人による経済的貢献の認知の存在が多少なりとも対外国人意識の悪化に歯止めをかけていた面もあったも

のの[1]、そのような要件の無い地方の小都市においては今後の意識の悪化がより懸念されるところでもある。第三に、地方の小都市においては、大都市とは異なり、外国人と地域社会、あるいは外国人と行政とを繋ぐ民間団体が十分に育っておらず、活動を行う人材も減少傾向にあり、個々の活動を行っている個人や組織の存在を民間団体同士、あるいは行政も十分には認識していないという点が挙げられる。その意味では、意識改善等の活動に対して、地方の小都市においては行政の役割の比重は相対的に高い。第四に、地方の小都市においては、外国人の加入が余り見られない町内会が地域のコミュニケーションの核となっていることが挙げられる。そして、外国人に町内会に入る意思があったとしても、町内会で日本語のみが使用されている状況に対応するだけの日本語学習の機会が外国人に提供されておらず、通訳の加配もできていないため、外国人の入会は進んでいない。つまり、地方の小都市においては地域社会の果たす役割が大きいにもかかわらず、それを行う体制が未整備であるため、外国人の関係する何らかのトラブルが発生した場合、意識が悪化したまま、その話題に関して地域コミュニティ内において悪い評判が繰り返されることで、偏見が定着する傾向がある。

　日本社会においては、1980年代半ば以降、様々な形で外国人が増加してきた。そして、彼らの存在が地域にとって不可欠なものとなる中で、社会の中に多くの変化が生まれるようになってきた。しかし、その変化に対して、交流の機会提供や啓発活動の充実等、採るべき方向性が認識されていたにもかかわらず、地域社会や行政のシステムの変革は先送りされる中で外国人の受け入れが続けられたことから、対外国人意識が悪化し続けてきている状況がある。その中でも、以前からほとんど変化していないのが、日本人と外国人との接触形態である。目の前に生活する外国人が増加することが全国的な傾向となりながら、国は交流量や啓発教育の内容や時間数といった規定の設定等の対応を行わず、日本人と外国人との相互の交流や対話が不在もしくは表面的なものに止まり続けた。その上、主にマスメディアによって外国人の情報を得るという不自然な状態は、摩擦の問題を検証する際に、その背景として地域によらず表出してくる。

1) 序章に挙げた世論調査の結果を見ると、近年はマスメディアの強い影響がそれらを打ち消しつつあることは注記しておきたい。

また、そのような態度をとり続けることによって、多様な背景を持った外国人がどれだけ地域社会に存在していても、彼らを一面的に、トラブルを外部からもたらす「外国人」という枠組みに収めてしまう思考から脱しきれず、対外国人意識を悪化させ、ひいては地域で暮らす外国人にその歪みの負債を様々な形で負わせてしまっているのが日本社会の現状といえる。

第 2 節：意識の二分化から見る日本の対外国人意識の現状

　そのような現実を受けて、近年、多くの行政文書や書籍等で「多文化共生」という目標を設定し、現状の改善を意図する動きが出てきている。ただ、その用語の広まりの一方で、2008 年以降の不況の影響により多くの外国人労働者が失職し、彼らへの支援に関しては従来通り民間の負担に任される部分が大きく、失業した外国人による強盗事件に対する過剰な不安が増大したように、状況はより悪化している。この状況は繰り返しになるが、序章で紹介した 2007 年の内閣府の世論調査において、外国人が人権を制限されることに対する評価が「日本人と同様に守られるべき」と「仕方ない」に二分化されつつ、「仕方がない」とする人が過去最多となったことと同様の動きである。では、その状況はなぜ生まれてきたのであろうか。

　まず、用語の起源を見てみると、加藤千香子（2008）[2]によれば、川崎市において施策作成過程において在日コリアンとの関係が進む中で 1993 年発行の総合計画「川崎新時代 2010 プラン」から多文化共生という用語は見られたとされている。川崎市において、1969 年に在日コリアンの牧師、李仁夏が在日大韓基督教会としての使命を果たすため等を理由に独自に桜本保育園を立ち上げたことや、1970 年に 1 人の在日コリアン青年の実名提示に伴う採用取り消しの是非を争った日立就職差別裁判が起こされたことは、在日コリアンばかりでなく周囲の日本人も巻き込んだ社会運動となっていった。そして、彼らの声は当時の川崎市の革新市政の中で様々な摩擦を孕みつつも実行に移されるようになった。中でも、1988 年に桜本地区の青少年会館として、高齢者との交流、

---

[2] 加藤千香子「「多文化共生」への道程と新自由主義の時代」崔勝久・加藤千香子編『日本における多文化共生とは何か—在日の経験から—』新曜社、2008。

文化保持、啓発活動、資料収集等の地域の拠点となる施設「ふれあい館」の運営を李仁夏が代表を務めていた社会福祉法人「青丘社」が市から受託したことは、象徴的な動きであった。その他にも、1996 年の地方公務員の国籍条項の撤廃や外国人市民代表者会議の設置等、川崎市は民間と地域社会、ならびに行政が対話と協働を重ねる中で、外国人の基本的人権を保障する施策を打ち出してきた。そのような経緯の中から、多文化共生という用語が醸成されていったのである。そして、その用語が市民による支援活動の中から生まれた背景もあり、多文化共生は多くの民間団体の活動理念として定着することとなった。例えば、本書中で紹介した外国人人権法連絡会も設立目的として「多民族・多文化共生社会の実現」を挙げており、川崎市の KFV も活動理念として「心豊かな明るい多文化共生社会を実現すること[4]」を挙げている。

また、日本最大の在日コリアンのコミュニティがあり、様々な権利獲得のための活動を行ってきたことでも知られる関西の拠点都市、大阪市でも 1995 年の阪神淡路大震災の復興の際には「多文化共生センター」が立ち上げられ、在日コリアンだけには止まらない外国人との共生が志向される中で、その用語が広く受け入れられるようになっていった[5]。その動きは 2006 年に総務省が『多文化共生の推進に関する研究会報告書』を提示したことで一層の市民権を得るようになり、同報告書が地方自治体が策定する指針のガイドラインとして発表されたことから、その後発表された地方自治体の指針においても多文化共生を冠したものが多く見られることに繋がる。その状況に対して、同研究会の座長を務めた山脇啓造は「自治体にとって、多文化共生の推進は主要な行政課題となった[6]」と評価している。

ただ、近年、筆者は民間団体の集会等の活動に参加した際や、行政関係者と話をする際に、多文化共生という用語が使われると冷笑や苦笑が起こる状態をしばしば目にするようになった。また、近年、阿部孝夫川崎市長や福田康夫総

---

3) 外国人人権法連絡会 (2007)、291 頁。
4) KFV ホームページ (http://www.kfv.jp/) の「理念および活動内容」より。
5) 国も含めた多文化共生の定着の経緯については、山脇啓造「多文化社会の形成に向けて」『移民政策研究』第 1 号、2009。
6) 山脇 (2009)、35 頁。

理大臣が戦争や格差の問題を是認する際にも「共生」という用語を用いており、「新自由主義路線にとって『(多文化)共生』は否定すべきどころかかえって都合のよいものとなって」[7]しまっている現状も指摘されている。つまり、本来、市民の地道な活動の末に生まれた多文化共生という用語が、徐々に問題を覆い隠すことのできる便利な行政用語となりつつあり、本書でのものも含む多くの世論調査で対外国人意識が悪化していることを考えれば、ある種の空文化が起きているともいえよう。この状況は1980年代以降多くの文書で理念が語られながら、その対応がなされず意識が悪化していった経緯を想起させるものがある。

　では、日本の外国人にかかわる理念の中で最も定着した多文化共生という文言に、なぜそのような変化が生じてしまったのであろうか。確かに、多文化共生は現在も民間団体の標語として広く使用され、人権意識の高い人々、外国人との交流に積極的である人々からの支持もある。そして、第2・3章にも見られたように、地道な活動の現場で外国人と接する報道関係者や行政関係者からも多文化共生(あるいは共生)の語は賛同をもって使用されている。しかし、彼らには外国人との間に個人的な接点がある場合が多く、外国人の人権保護や受け入れ意識が二分化した現在においては、積極的に保護する側に立つ人々であり、もう一方の過半数を占める外国人との間に個人的な接点の少ない人々にその認識は共有されていない。そして、1つ1つの文化ですら様々な個人や組織の間の絶え間ない接触の中で作り上げられ、社会の間で理解されていくものであることを考えれば、多文化共生が掲げる「複数の文化が互いの違いを認めつつ1つの社会の中で共に生きる」状況を作り出すためには、他の文化を理解する程度の相互の接点の存在が不可欠となる。換言すれば、多文化共生を実践する上で欠かせない日本人と外国人、あるいは異なる背景を持つ外国人との間の対話(それによる摩擦や、その克服も含む)の土壌が十分でないままに、用語が広く定着したことで、実態と理念との間に一層の乖離が生じてしまっているのである。

　そして、意識の悪化が進行する現状に対する危機意識が多文化共生を目標と

---

7) 崔ら(2008)、28頁。

して掲げる多くの自治体や国において不十分であることは、前章で検証した通りである。また、『多文化共生の推進に関する研究会報告書』においても、国の役割として挙げているのが「A. 外国人受け入れにかかわる基本的考え方の提示、B. 日本語および日本社会に関する学習機会の提供、C. 外国人住民の所在情報を迅速・的確に把握するシステムの構築、D. 外国人住民にかかわる各種制度の見直しの促進、E. 多文化共生に関する情報提供および調査研究機能」であり、インフラ整備の面に重点が置かれており、全国レベルでの交流の推進や望ましい水準の設定といった点は重視されているとは言い難い。そして、都道府県、市区町村、国際交流協会の役割分担でも、「各地域においては、地域の実情を勘案して、適切な役割分担を行うことが望ましい」としているが、その点に関しても明確な規定はない。前章で述べたように、地域の自主性を尊重することは額面上望ましいものの、実態としてはそれに対応できていない部分が、自治体の人口規模が減少するに従い大きくなっていることを考えれば、多くの検討課題は残る。

第3節：多文化共生を推進する施策への反動という視点

　確かに、『多文化共生の推進に関する研究会報告書』は包括的に対策が網羅されており、従来の政府文書の中では最も充実したものである。そして、同報告書や本書のこれまでの記述、あるいは多くの文献においても制度の改善や啓発活動の充実が多文化共生社会に繋がるものという議論の流れが採用されている。しかし、そのような視点には将来における施策への反発がほとんど想定されておらず、その点においての現状、及び将来に対する見通しが不十分であるように思える。

　2008年秋以降の不況の中で多くの外国人が解雇されたことは、これまでも繰り返し述べてきたが、その一方で日本人も不況の渦中にある。それもあってか、筆者が複数の日系南米人集住地域の自治体関係者や、富山県の民間団体関係者に話を聞いた際、不況となって以降、外国人を支援する活動に対し「日本

---

8) 総務省（2006）、44-45頁。
9) 総務省（2006）、43頁。

人も大変なのに、なぜ外国人に援助を行うのか」といった苦情が寄せられるようになった、との発言がしばしば聞かれた。それらや対外国人意識の悪化傾向から、単純に対策を施行するだけでなく、今後高まるであろう反発への対応をという視点を加えなければ、多くの努力に見合った成果を得られないとの懸念が筆者にある。

　同報告書では日本各地の民間団体や地方自治体の先進的な取り組みを紹介し、それらを地域の状況に合わせることで、多文化共生社会への推進に繋がるとしているが、それらの対策の多くは欧米、あるいはオーストラリアの多文化主義を政策の指針としてきた国々で既に実施されてきたものである。しかし、それらの国々の状況を見てみると、極右政党の台頭に代表される多文化主義への反発傾向が見られる[10]。それらの地域に比べて、日本の対策は足りない部分が多いながらも、対外国人意識は悪化し、反発が起き始めている状況には注視が必要であろう。

　このような現象が発生する基礎条件として関根政美は、多文化社会であることと、「①経済・社会的要因、②文化不安（文化・心理的要因）、③政治的要因、④人的・組織的要因（リーダーシップと組織）[11]」を挙げている。本書でこれまで扱ってきたように、日本社会においては多文化化が現在進行してきている。そして、日本における上記の４つの要因を順に見ていくならば、①不安定な派遣雇用が定着した若年層の不安の高まりや、地方都市における中小企業経営者や商店主、第一次産業関係者などの経営不安、②近年の日本の教育分野における他地域あるいは社会内にあっての異文化からの影響という観点を重要視せず

---

10) 関根政美「多文化社会化する欧州の極右台頭と多文化社会日本」有末賢・関根政美編『戦後日本の社会と市民意識』慶應義塾大学出版会、2005。ヨーロッパに関しては、内藤正典『ヨーロッパとイスラーム―共生は可能か―』岩波書店、2004。オーストラリアに関しては、関根政美『多文化主義社会の到来』朝日新聞社、2000。あるいは、塩原良和『ネオ・リベラリズムの時代の多文化主義―オーストラリアン・マルチカルチュラリズムの変容―』三元社、2005、等を参照。また、アメリカにおいてはアファーマティブ・アクション（積極的差別是正措置）の反発が見られる。それに関しては、古矢旬「アメリカニズムと「人種」―その原点と現在―」川島正樹編『アメリカニズムと「人種」』名古屋大学出版会、2005、参照。

11) 関根（2005）、158頁。

に「伝統や文化の継承」といった純粋性や不変性を強調する方針の拡大、③「多文化共生」等のスローガンが強調され、差別性をもった施策や発言が十分に受け入れられない状況（これは欧米やオーストラリアに比べれば、政治家等による差別的発言が度々なされる日本では不満の少ない部分である）、④外国人に関する差別的発言でしばしば注目を集める石原慎太郎都知事が1999年の選挙以来、常に2位の候補に80万票以上の差をつけて4選していること等、その兆候を見ることができ、これまでにない傾向を加えるならば、インターネット上でのナショナリズム高揚の動きはその受け皿となりかねない。

確かに、現在の日本においては、多文化社会であることを評価し、それを促進させるための積極的な施策が行われているとはいえず、財政的支出も多くなく、一部の政治家の発言や外国人の権利を抑制する施策が行われることで「ガス抜き」が行われるなどして、欧米の国々ほどの反発は表面化していない。しかし、上記の条件を満たす状況は整えられつつあり、今後、多文化共生社会を志向する施策を行うならば、当該分野への予算の配分は高まるであろうし、差別的な発言を行うことへの抑制がはたらく中で、先進諸国と同様の問題が噴出する危険性は高い。

また、総務省の提起した多文化共生社会推進に向けた施策ほど全面にわたり充実したものではなかったにもかかわらず、日本における外国人受け入れを積極的に行ってきた代表的な自治体においても、すでに反発は表れてきている。例えば、本書や他の文献でも先進地域とされてきた大泉町、川崎市においても、そのような施策を行ってきた首長やその後継候補が選挙で落選している。また、2008年に大阪府が多大な赤字を抱えていることを背景に、同年就任した橋下徹知事の組織した府改革プロジェクトチームの財政再建試案において、大阪の府立高校で行われている外国籍・外国出身生徒向けの母語授業の担当講師の予

---

12) 中央教育審議会答申である「幼稚園、小学校、中学校、高等学校及び特別支援学校の学習指導要領等の改善について」の教師用パンフレット（平成20年1月17日発行）では、「教育内容に関する主な改善事項」として、「伝統や文化に関する教育の充実」が挙げられ、「国語科での古典の重視、社会科での歴史学習の充実、音楽科での唱歌・和楽器、技術・家庭科での伝統的な生活文化、美術科での我が国の美術文化や保健体育科での武道の充実を図る」（5頁）としている。

算を大幅に削減し、多くの授業が中止を迫られる程の方針が打ち出されたこ[13]とも、その一例として挙げられよう。結果的に、その方針は当事者からの署名等の運動もあり撤回されたのであるが、この事例は多文化共生の根幹をなす母文化保持の援助すら一首長によって簡単に否定されてしまう日本の行政制度内における多文化共生の脆弱性を示している[14]。これらの状況から見れば、現在、日本においては多文化共生を志向する施策に対して支持が集まらず、「行政改革」を志向する中で、関連予算を減少させることに対して支持が集まっている。そして、日本においては個々の地方自治体任せの部分が大きい多文化施策の最終決定を首長が行い、外国人の意思を施策に反映させる方法がほとんど明文化されていないことを考えれば、この状況は外国人にとっても、彼らに対する意識の面からも危険を高めている。

　このような現状を踏まえた上で、それでもなお多文化共生を志向することを表明することが、その文言を使う上では今後求められよう。前述のように社会が変容しながらも、制度や意識形成要因に変化が無い中で、対外国人意識が悪化し、外国人に対して差別や偏見が高まる社会であることは、日本社会を構成する日本人、外国人共に不幸なことである。国や地方自治体としては、強い意志を持ち、反動が起こる可能性を予見しつつ、施策を流動的なものではなく法的根拠を持たせて執行していくことや、予算の大幅な上昇に対する理解を高める広報活動を様々な媒体を用いて行うことが求められようし、民間団体としても、より一層の取り組みの充実が求められる。

　そして、ここで要望を重ねるだけでなく、一研究者としての筆者の課題を検証するために、今後の方針を考えてみたい。現状を概観すれば、日本社会の意識や行政制度の面で過去からの不変性と世界的な差別意識の普遍性が見えてくる。また、地方社会への外国人（移民）の拡散は欧米等にも起きている流れで

13）『毎日新聞　大阪版』2008 年 6 月 2 日（朝刊）。
14）ちなみに、大阪府は 2002 年に「大阪府在日外国人施策に関する指針」を発表し、その中で、目標として「すべての人が、人間の尊厳と人権を尊重し、国籍、民族等の違いを認めあい、ともに暮らすことのできる共生社会の実現」を挙げ、在日外国人教育の充実のための推進方策として、在日韓国・朝鮮人の児童・生徒については、これまでの歴史的経緯を踏まえる必要もあること等から、「課外の自主活動（民族学級等）などを通じて、歴史、文化、言語等について学習できる環境の醸成に努める」ことが挙げられていた。

ある。[15] 今後、筆者の研究活動を日本の多文化共生のための一助とするべく、対外国人意識の現状をより深く分析し、提言の具体性を向上させていくためには、今回十分に検証ができなかった外国人から見た日本社会という視点や、過去の事例ならびに世界的な事例の検証が必要となってくる。地域に密着しつつ、時間的なタテ、同時代のヨコの軸を常に意識し、研究を充実させていくことが筆者の今後の課題であろう。

第4節：新たな創造のための社会変容に向けて

　かつて東京の高層ビルに入っている多国籍企業の中で起きるものとイメージされていたヒト・カネ・モノ・情報等が容易に国境を越えるグローバル化であるが、この20年の間に、稚内市内でロシア人船員や中国人研修生、酪農場への外国人花嫁が買い物をする100円ショップの中や、富山県の農村地帯でインターネット・オークションを通じてロシア向けの中古車を競り落としているパキスタン人業者が使うプレハブ型店舗の中、あるいは農地に隣接する中小の製造業工場で日系南米人や中国人研修生が就労する姿を通じて、地方の小都市レベルでも、それは実感されるようになってきている。そのようなヒトやモノの動きを受け止めることで、地方社会は失われつつある従来の地元経済の活力・規模や社会構造を維持しようとしてきた。ただし、それはグローバル化の経済上の利点のみを受け入れたに過ぎず、在日コリアンが外国人登録者の多くを占めていた時代と同様に、外国人それぞれの文化や背景等を理解したり、ホスト社会が対話の中で新たな価値観を生み出すような状況は見られなかった。旧新湊市地域の状況からも分かるように、現在の地方の小都市においては多文化が存在していながらも、それは「多文化共生」というよりも「他文化混在」という状況にあり、日本人と外国人、異なる国籍の外国人それぞれにお互いが「顔の見えない」状態に置かれている。そして、日本社会においては、外国人が急増して以来、摩擦が高まったまま十分な対策が採られず、相互に接点のないままに悪化した意識が定着し、彼らを危険視する傾向すら見受けられる。このよ

---

15) Johnson-Webb, Karen, and James H. Johnson, Jr.: "North Carolina Communities in Transition: An Overview of Hispanic In-migration." *North Carolina Geographer*, Vol.5, 1997.

うな状態では、多様な文化や価値観を生かそうとしても、それを受け入れる意識も経験も醸成されていないため、その利点を活用することは難しい。言い換えるならば、対外国人意識の改善なしに多文化共生は成立し得ないのである。

そこで、本書では①偶然に任せるのではなくシステム化された交流、②決定に効力のある対話、③日本人、外国人双方に対する適切な情報周知、④地域レベルで行われる全国的な啓発活動に法的根拠を持たせ、継続して行うことを意識改善の柱として提起した。そして、その制度の作成には外国人や民間団体、地域の実務者等の意見を取り入れ、従来研究や施策を検討する際に見過ごされることの多かった地方の小都市においては、外国人の地域への貢献周知も含めて一層重点的に活動を行うべきであるとの方針を示した。そこにおいては、国にはシステム構築や予算の確保、地方自治体には適切な情報の提供や外国人会議設置等を含めた諸活動の実行機関となること、町内会には地域における個人的人間関係構築や啓発活動の拠点となること、民間団体には組織間の連携を強化し外国人と地域社会や行政とを結ぶ調整役となること、外国人と日本人には代表者だけに止まらない諸活動への参加意識や相互の文化に対する理解の向上、対話を行う場においては外国人の日本語学習支援や通訳加配、教育機関には啓発活動の基盤形成、マスメディアには適切な報道を求めた。これらは外国人増加により発生した摩擦を感じながらも十分に対応できなかった日本社会を構成する全ての人や組織に、変化を要求していくものである。また、意識を改善するということはそれら全ての協力がなければ達成は難しく、グローバル化に伴う影響を考えれば、金融危機に伴って明らかとなった外国人労働者の雇用の問題すら関係してくる。

つまり、対外国人意識を改善していくことは、日本社会全体をグローバル化により変化した現状に対応するようシステムそのものを変化させる取り組みなのであり、必然の要請でもある。似通った「単一の」集団で地域が構成されるような時代はすでに過去のものとなっており、異文化に属する人と対話し、ステレオタイプや偏見を持たず彼らの背景を認識しつつ、お互いに長所を引き出すというプロセスを多くの人が経験することがそのために必要となる。その経験は異文化に対してだけではなく、国内で見過ごされてきた（単一に見せるよう振る舞わざるを得なかった）人々への眼差しにも、変化をもたらす可能性を

有している。確かに、従来から差別や偏見は様々な形で現れ、世界的にも十分に解決したとは言い難い。しかし、人類は常に目の前の問題に対抗し、挑んできたことで、これまでの社会の発展を支えてきた。その意味においては、現在、マジョリティの側に属さない文化やエスニシティを尊重し、対話の中で共に新しい社会を形成していくことも、全ての社会の構成員が挑むべき課題となってきている。

参考文献

【主要一次資料】
『北海道新聞』(1990年1月～2009年8月、以下同)
『日刊宗谷』
『北日本新聞』
『稚内市議会会議録』『富山市議会会議録』『新湊市議会会議録』『高岡市議会会議録』『小杉町議会会議録』『射水市議会会議録(2006年1月以降)』
北海道『北海道の国際化の現状』
富山県『とやまの国際交流』
法務省・文部科学省『人権教育・啓発白書』

【参考文献】
(※脚注内において同一書籍から2つ以上の論文を挙げた場合、あるいは他に参考とした論文があった場合は、その書籍のみを掲載。掲載はアルファベット順。翻訳文献は著者のローマ字表記を基準にした)

赤羽恒雄、アンナ・ワシリエバ編『国境を越える人々—北東アジアにおける人口移動—』国際書院、2006。
有賀貞編『エスニック状況の現在』財団法人日本国際問題研究所、1995。
有末賢、関根政美編『戦後日本の社会と市民意識』慶應義塾大学出版会、2005。
有谷三樹彦「大津事件にみる対露意識と司法権の独立」『久留米大学法学』第27号、1996。
有道出人『ジャパニーズ・オンリー—小樽温泉入浴拒否事件と人種差別—』明石書店、2003。
浅野慎一編著『[増補版]日本で学ぶアジア系外国人—研修生・技能実習生・留学生・就学生の生活と文化変容—』大学教育出版、2007。
Bean, Frank D., and Stevens, Gillian.: America's Newcomers and the Dynamics of Diversity, Russell Sage Foundation, 2003.
Chavez, Chavez.: Popular Images and The Politics of The Nation, University of California Press, 2001.
崔吉城『樺太朝鮮人の悲劇—サハリン朝鮮人の現在—』第一書房、2007。
デイヴィッド・A・ホリンガー(藤田文子訳)『ポストエスニック・アメリカ—多文化主義を超えて—』明石書店、2002。
アール・オファリ・ハッチンソン(脇浜義明訳)『ゆがんだ黒人イメージとアメリカ社会—ブラック・メイル・イメージの形成と展開—』明石書店、1998。
江橋崇編著『外国人は住民です—自治体の外国人住民施策ガイド—』学陽書房、1993。
E・アロンソン(古畑和孝監訳、岡隆・亀田達也共訳)『ザ・ソーシャル・アニマル[第六版]』サイエンス社、1994。
エマニュエル・トッド著(石崎晴己・東松秀雄訳)『移民の運命—同化か隔離か—』藤原書店、1999。
遠藤薫編著『インターネットと〈世論〉形成—間メディア的言説の連鎖と抗争—』東京電機大学出版局、2004。
榎田勝利編著『国際交流の組織運営とネットワーク』明石書店、2004。

外国人人権法連絡会編『外国人・民族的マイノリティ人権白書』明石書店、2007。
ガッサン・ハージ（保苅実・塩原良和訳）『ホワイト・ネイション―ネオ・ナショナリズム批判―』平凡社、2003。
Granovetter, Mark.: "Economic Action and Social Structure: The Problem of Embeddedness," American journal of sociology, Vol. 91, No. 2, 1985.
萩原滋・国広陽子編『テレビと外国イメージ―メディア・ステレオタイピング研究―』勁草書房、2004。
濱田国佑「外国人住民に対する日本人住民意識の変遷とその規定要因」『社会学評論』第59巻第1号、2008。
橋元秀一「地域における外国人労働者への対応と受容―群馬県大泉町と長野県上田市の事例を中心に―」『国学院経済学』第46巻第3・4号、1998。
端信行・中牧弘允・NIRA編『都市空間を創造する―越境時代の文化都市論―』日本経済評論社、2006。
早川洋行『流言の社会学―形成社会学からの接近―』青弓社、2002。
樋口直人「外国人の政治参加―外国人参政権・外国人会議・社会運動をめぐる行為戦略―」梶田孝道・宮島喬編『国際社会1 国際化する日本社会』東京大学出版会、2002。
樋口直人・稲葉奈々子・丹野清人・福田友子・岡井宏文『国境を越える―滞日ムスリム移民の社会学―』青弓社、2007。
廣井脩『流言とデマの社会学』文藝春秋、2001。
広田康生・町村敬志・田嶋淳子・渡戸一郎『先端都市社会学の地平』ハーベスト社、2006。
Hirschman, Charles. and Dewind, Josh. and Kasinitz, Philip. (ed.).: The Handbook of International Migration: The American Experience, Russell Sage Foundation, 1999.
北海道編『国際交流を考える―地方の時代のシンポジウム―』ぎょうせい、1985。
北海道新聞社編『北の隣人―日ソ国交回復30年―』北海道新聞社、1986。
北海道新聞情報研究所『道内港湾都市とロシアの経済交流』北海道新聞情報研究所、2001。
Hollifield, James F.: "The Emerging Migration State," International Migration Review, Vol.38 No.3, 2004.
Frey, William H.:"Immigration and Internal Migration 'Flight' from US Metropolitan Areas: Toward a New Demographic Balkanisation," Urban Studies, Vol.32 No.4-5, 1995.
Friedland, Roger. and Robertson, A.F.: Beyond the Marketplace: Rethinking Economy and Society (Sociology and Economics), Aldine De Gruyter, 1990.
深沢正雪「ブラジル人―「住み分け」から「共生」へ」駒井洋編著『講座 グローバル化する日本と移民問題 第Ⅱ期 第6巻 多文化社会への道』明石書店、2003。
福武直編『地域開発の構想と現実 Ⅰ』東京大学出版会、1965。
古川俊一・毛受敏浩編『自治体変革の現実と政策』中央法規、2002。
古城利明編『世界社会のイメージと現実』東京大学出版会、1990。
Hasegawa, Tsuyoshi.: "Japanese Perceptions of the Soviet Union (1960-1985)," Acta Slavica Iaponica, No. 5, 1987.
井口泰『外国人労働者新時代』筑摩書房、2001。
稲月正「日本人住民の民族関係意識と民族関係量」谷富夫編著『民族関係における結合と分離―社会的メカニズムを解明する―』ミネルヴァ書房、2002。

参考文献

稲月正「北九州市と板橋市（台湾）における外国人労働者の受け入れについての意識―受け入れの『好ましさ』とその規定要因―」『社会分析』第 33 号、2006。

石井米雄・山内昌之編『日本人と多文化主義』国際文化交流推進協会、山川出版社発売、1999。

糸井昌信「北関東における日系ブラジル人対策」『月刊自治フォーラム』第 391 号、1992。

伊藤泰郎「社会意識とパーソナルネットワーク」森岡清志『都市社会のパーソナルネットワーク』東京大学出版会、2000。

岩崎信彦、ケリ・ピーチ、宮島喬、ロジャー・グッドマン、油井清光編『海外における日本人、日本のなかの外国人―グローバルな移民流動とエスノスケープ―』昭和堂、2003。

伊豫谷登士翁『グローバリゼーションとは何か―液状化する世界を読み解く―』平凡社、2002。

伊豫谷登士翁編『グローバリゼーション』作品社、2002。

James F. Hollifield.: "The Emerging Migration State," International Migration Review, Vol. 38 No. 3, 2004.

James H. Jr, Johnson. and Oliver, Melvin L. and Roseman, Curtis C.: "Ethnic Dilemmas in Comparative Perspective," Urban Geography, No. 10, 1989.

ジョン・フリードマン（藤田直晴訳）「世界都市仮説」ポール・L・ノックス、ピーター・J・テイラー編（藤田直晴訳編）『世界都市の論理』鹿島出版会、1997。

Johnson-Webb, Karen, and James H. Jr, Johnson.: "North Carolina Communities in Transition: An Overview of Hispanic In-migration." North Carolina Geographer, Vol. 5, 1997.

上毛新聞社編『サンバの町から　外国人と共に生きる / 群馬・大泉』上毛新聞社、1997。

Jung, Yeong-Hae.: "Can Japan Become "A Society Attractive for Immigrants?" Identity, Gender and Nation-States under Globalization in East Asia," International Journal of Japanese Sociology, No. 13, 2004.

梶田孝道『外国人労働者と日本』日本放送出版協会、1994。

梶田孝道「外国人参政権―西欧の経験と日本における可能性―」宮島喬・梶田孝道編『外国人労働者から市民へ―地域社会の視点と課題から―』有斐閣、1996。

梶田孝道・丹野清人・樋口直人『顔の見えない定住化―日系ブラジル人と国家・市場・移民ネットワーク―』名古屋大学出版会、2005。

掛井史朗「外国人問題はわれわれの問題―彼らを追い込む社会的背景に迫る―」『新聞研究』第 641 号、2004。

神沼公三郎・奥田仁・佐藤信・前田憲『北海道北部の地域社会―分析と提言―』筑波書房、2008。

金田昌司『地域再生と国際化への政策形成―より良い生活空間づくりへの途―』中央大学出版部、2003。

鐘ヶ江晴彦編著『外国人労働者の人権と地域社会』明石書店、2001。

加藤千香子「「多文化共生」への道程と新自由主義の時代」崔勝久・加藤千香子編『日本における多文化共生とは何か―在日の経験から―』新曜社、2008。

川村千鶴子編著『『移民国家日本』と多文化共生論―多文化都市・新宿の深層―』明石書店、2008。

川村陶子「『文明の衝突』と国際文化交流―ドイツの事例から―」成蹊大学文学部国際文化学科編『国際文化研究の現在―境界・他者・アイデンティティ―』柏書房、2005。

川島正樹編『アメリカニズムと「人種」』名古屋大学出版会、2005。

Kennedy, Randall.: Interracial Intimacies: Sex, Marriage, Identity, and Adoption, Pantheon Books, 2003.

北田暁大「ネット世論 嗤う日本のナショナリズム―『2ちゃんねる』にみるアイロニズムとロマン主義―」『世界』2003年11月号、2003。

喜多川豊宇「ブラジル・タウンの形成とディアスポラ―日系ブラジル人の定住化に関する7年継続大泉町調査―」『東洋大学社会学部紀要』34巻3号、1997。

清野栄一「富山コーラン被り捨て事件の現場から―ロシア人とパキスタン人の国道八号線―」『中央公論』2001年9月号、2001。

小林真生「日本の地域社会における対外国人意識に関する一考察―群馬県太田市と北海道稚内市の比較の中で―」早稲田大学大学院アジア太平洋研究科2002年度修士論文、2002。

小林真生「ロシア人船員に対する日本の地域社会の意識とその対応策」『ユーラシア研究』33号、2005。

小林真生「環日本海経済圏における対外国人意識」『アジア太平洋研究科論集』第11号、2006。

小林真生「対外国人意識改善に向けた行政施策の課題」『社会学評論』第58巻第2号、2007。

小坂井敏晶『異文化受容のパラドックス』朝日新聞社、1996。

孔麗「過疎地域における外国人研修制度の役割と課題」伊藤昭男・阿部秀明編著『地方都市圏の今日的課題と戦略』泉文堂、2005。

高賛侑『国際化時代の民族教育』東方出版、1996。

黒岩幸正「根室に見る北方領土問題（下）」『総合政策』第1巻第2号、1999。

間淵領吾「外国人犯罪報道を検証する―新聞記事の内容分析―」『大学の先生と考える【総合学習】』2003年3月号、2003。

町村敬志『越境者たちのロスアンジェルス』平凡社、1999。

Martinez, D. P. (ed.).: Modern Japanese Culture and Society: Volume Ⅳ : Religion and marginal society, Routledge, 2007.

松谷満・高木竜輔・丸山真央他「『受け入れ』と『統合』をめぐる社会意識―何が外国人問題への態度を規定するのか―」『アジア太平洋レビュー』2号、2005。

松本邦彦・秋武邦佳「国際結婚と地域社会―山形県での住民意識調査から（その1）―」『山形大学法政論叢』創刊号、1994。及び、（その2）は同誌第4号、1995。

松本康「外国人と暮らす―外国人に対する地域社会の寛容度―」松本康編著『東京で暮らす―都市社会構造と社会意識―』東京都立大学出版会、2004。

毛受敏浩編著『草の根の国際交流と国際協力』明石書店、2003。

毛受敏浩・鈴木江理子編著『「多文化パワー」社会―多文化共生を超えて―』明石書店、2007。

ミシェル・ヴィヴィオルカ（森千香子訳）『レイシズムの変貌―グローバル化がまねいた社会の人種化、文化の断片化―』明石書店、2007。

三重野卓編『共生社会の理念と実際』東信堂、2008。

三上俊治「インターネットと流言」『日本語学』第17巻第11号・9月臨時増刊号、1998。

宮島喬『共に生きられる日本へ―外国人施策とその課題―』有斐閣、2003。
宮島喬『ヨーロッパ市民の誕生―開かれたシティズンシップへ―』岩波書店、2004。
宮島喬『移民社会フランスの危機』岩波書店、2006。
宮島喬・加納弘勝編『国際社会2　変容する日本社会と文化』東京大学出版会、2002。
宮島喬・太田晴雄編『外国人の子どもと日本の教育―不就学問題と多文化共生の課題―』東京大学出版会、2005。
森裕亮「地縁組織（町内会）の組織特性について―その行政補助組織性のとらえかた―」『北九州市立大学法政論集』第33巻第2・3・4合併号、2006。
村井忠政編著『トランスナショナル・アイデンティティと多文化共生―グローバル時代の日系人―』明石書店、2007。
永嶺重敏『東大生はどんな本を読んできたか―本郷・駒場の読書生活130年―』平凡社、2007。
内藤正典『ヨーロッパとイスラーム―共生は可能か―』岩波書店、2004。
長洲一二・坂本義和編著『自治体の国際交流―ひらかれた地方をめざして―』学陽書房、1983。
中野裕二「川崎市外国人市民代表者会議の10年―議事録から読み取れること―」『駒澤法学』第7巻第1号、2007。
似田貝香門監修『地域社会学講座　第1巻　地域社会学の視座と方法』東信堂、2006。
西川潤編著『グローバル化時代の外国人・少数者の人権―日本をどうひらくか―』明石書店、2005。
西野瑠美子『エルクラノはなぜ殺されたのか―日系ブラジル人少年・集団リンチ殺人事件―』明石書店、1999。
西山志保『[改訂版]ボランティア活動の論理―ボランタリズムとサブシステンス―』東信堂、2007。
似田貝香門・矢澤澄子・吉原直樹編著『越境する都市とガバナンス』法政大学出版局、2006。
岡倉徹志「世界の潮―富山『コーラン』引き裂き事件の波紋―」『世界』2001年8月号、2001。
奥田道大編『コミュニティとエスニシティ』勁草書房、1995。
奥田道大・田嶋淳子編著『池袋のアジア系外国人―社会学的実態報告―』めこん、1991。
奥田道大・田嶋淳子編『新宿のアジア系外国人―社会学的実態報告―』めこん、1993。
奥田道大・田嶋淳子編『新版・池袋のアジア系外国人―回路を閉じた日本型都市でなく―』明石書店、1995。
奥田道大・鈴木久美子編『エスノポリス・新宿/池袋』ハーベスト社、2001。
小内透・酒井恵真編著『日系ブラジル人の定住化と地域社会』御茶ノ水書房、2001。
小内透編著『在日ブラジル人の教育と保育―群馬県太田・大泉地区を事例として―』明石書店、2003。
小内透『調査と社会理論・研究報告書20　戦後日本の地域的不均等発展と地域社会類型の新段階』北海道大学大学院教育学研究科教育社会学研究室、2005。
小内透編著『調査と社会理論・研究報告書22　地域住民の外国人との交流・意識とその変化―群馬県大泉町を事例として―』北海道大学大学院教育学研究科教育社会学研究室、

2006。

大塚和義・小泉格・丹羽昇編『日本海学の新世紀⑤　交流の海』角川学術出版、2005。

Penn, Michael.: "Public Faces and Private Spaces: Islam in the Japanese Context," ASIA POLICY, No. 5, 2008.

Quillian, Lincoln.: "Prejudice as a response to perceived group threat: Population composition and anti-immigrant and racial prejudice in Europe," American Sociological Review, Vol. 60, No. 4, 1995.

李洙任・田中宏『グローバル時代の日本社会と国籍』明石書店、2007。

Roth, Joshua Hotaka.: Brokered Homeland: Japanese Brazilian Migrants in Japan, Cornell University Press, 2002.

劉麗君「日本における外国人研修生についての考察—中国遼寧省の研修生を中心として—」『名古屋学院大学大学院経済経営論集』第 5 号、2002。

坂西友秀『近代日本における人種・民族ステレオタイプと偏見の形成過程』多賀出版、2005。

佐久間孝正『移民大国イギリスの実験—学校と地域にみる多文化の現実—』勁草書房、2007。

桜井啓子『日本のムスリム社会』筑摩書房、2003。

サスキア・サッセン（田淵太一・原田太津男・尹春志訳）『グローバル空間の政治経済学—都市・移民・情報化—』岩波書店、2004。

佐藤郡衛『国際理解教育—多文化共生社会の学校づくり—』明石書店、2001。

沢田和彦『白系ロシア人と日本文化』成文社、2007。

Scheepers, Peer. and Gijsberts, Merove. and Coenders, Marcel.: "Ethnic Exclusionism in European Countries. Public Opposition to Civil Rights for Legal Migrants as a Response to Perceived Ethnic Threat," European Sociological Review, Vol. 18, No. 1, 2002.

関根政美『多文化主義社会の到来』朝日新聞社、2000。

Semyonov, Moshe. and Raijman, Rebeca. and Gorodzeisky, Anastasia.: "The Rise of Anti-foreigner Sentiment in European Societies, 1988-2000," American Sociological Review, Vol. 71, No. 3, 2006.

社団法人北方圏センター編『懸け橋そして未来へと—北海道の国際交流・国際協力事例集—』社団法人北方圏センター、2005。

芝原拓自・猪飼隆明・池田正博『対外感』岩波書店、1988。

渋谷望「＜参加＞への封じ込めとしての NPO—市民活動と新自由主義—」『都市問題』第 95 巻第 8 号、2004。

志水速雄『日本人はなぜロシアが嫌いか—「ロシアおそろしや」のイメージを解明—』山手書房新社、1992。

新湊市史編さん委員会編著『新湊市史　近現代』1992。

塩原良和『ネオ・リベラリズムの時代の多文化主義—オーストラリアン・マルチカルチュラリズムの変容—』三元社、2005。

Shipper, Apichai W.: "Criminals or Victims ? The Politics of Illegal Foreigners in Japan," Journal of Japanese Studies, Vol. 31 No. 2, 2005.

総務省『多文化共生の推進に関する研究会報告書—地域における多文化共生の推進に向けて—』2006。

鈴木江里子・渡戸一郎『地域における多文化共生に関する基礎調査—日本における多文化共生の実現に向けて Part2 —』フジタ未来経営研究所、2002。

谷富夫・稲月正「外国人労働者に対する意識の国際比較―日本（大阪・北九州）・韓国（仁川）・台湾（板橋）―」第78回日本社会学会大会発表資料、2005。

丹野清人「在日ブラジル人の労働市場―業務請負業と日系ブラジル人労働者―」『大原社会問題研究所雑誌』第487号、1999。

Taran, Patrick A.:"Human Rights of Migrants: Challenge of the New Decade," International Migration, Vol. 38 No. 6, 2000.

富坂キリスト教センター在日朝鮮人の生活と住民自治研究会編『在日外国人の住民自治―川崎と京都から考える―』新幹社、2007。

富山県編『富山県史　通史編Ⅵ　近代下』1984。

Tsuda, Takeyuki.: "The Stigma of Ethnic Difference : The Structure of Prejudice and "Discrimination" toward Japan's New Immigrant Minority," Journal of Japanese Studies, Vol. 24, No. 2, 1998.

都築くるみ「外国人受け入れの責任主体に関する都市間比較―豊田市の事例を中心に、大泉町、浜松市との比較から―」『愛知学泉大学コミュニティ政策学部紀要』第2号、1999。

都築くるみ「移民の生活環境と地域における人間関係」石井由香編著『講座グローバル化する日本と移民問題　第Ⅱ期　第4巻　移民の居住と生活』明石書店、2003。

都築くるみ「日系ブラジル人を受け入れた豊田市H団地の地域変容」『フォーラム現代社会学』第2号、2003。

月花慎二「市民とともに築く多文化共生のまちづくり―磐田市の取組―」『ジュリスト』2008年2月15日号、2008。

内海愛子・岡本雅享・木元茂夫・佐藤信行・中島真一郎『「三国人」発言と在日外国人』明石書店、2000。

我妻洋・米山俊直『偏見の構造―日本人の人種観―』日本放送出版協会、1967。

稚内市史編さん委員会編『稚内市史　第2巻』稚内市、1999。

渡戸一郎・川村千鶴子編著『多文化教育を拓く―マルチカルチュラルな日本の現実のなかで―』明石書店、2002。

渡戸一郎・広田康生・田嶋淳子編著『都市的世界/コミュニティ/エスニシティ―ポストメトロポリス期の都市エスノグラフィ集成―』明石書店、2003。

渡戸一郎「NPO等との「協働」政策の構築と課題―東京の事例を中心に―」『関東都市学会年報』第8号、2006。

渡戸一郎「動員される市民運動？―ネオリベラリズム批判を超えて―」『年報社会学論集』第20号、2007。

Watts, Meredith W. and Feldman, Ofer.: "Are Nativists a Different Kind of Democrat? :Democratic Values and "Outsiders" in Japan," Political Psychology, Vol. 22, No. 4, 2001.

山下祐介「新しい市民社会の生成？―阪神・淡路大震災から10年後のボランティアとNPO―」『都市問題』第95巻第8号、2004。

山本薫子「滞在外国人をめぐる表象と「外国人犯罪」報道」『やまぐち地域社会研究』第4号、2007。

山本かほり、愛知県立大学『外国籍住民の増加と地域再編―東海地方を事例として―（研究課題番号 16530334）　研究成果報告書』2007。

山本かほり・松宮朝「外国籍住民集住都市における日本人住民の外国人意識―愛知県西尾市、

静岡県旧浜松市、長野県飯田市調査から—」『日本都市社会学会年報』第 28 号、2010。
山脇啓造「多文化社会の形成に向けて」『移民政策研究』第 1 号、2009。
吉見俊哉・大澤真幸・小森陽一・田嶋淳子・山中速人『メディア空間の変容と多文化社会』
　青弓社、1999。

付録

付録

Ⅰ．2007年調査の調査票、及び回答結果

【調査票】

「日本海沿岸地域における対外国人意識調査」○○市調査票について

　近年、「国際化」という言葉は全国的に身近なものとなり、皆様のお住まいの地域におかれましても、従来とは異なる出来事も起きるようになってきたと思います。そこで、そのような状況に対する皆様のご意見やご関心を伺おうと、早稲田大学後藤乾一研究室とユーラシア研究所が共同で調査を行なうこととなり、突然ながら、本調査票を送付させていただきました。今回の調査結果は今後の上記研究室、及び研究所の研究報告や刊行などを通じて、広く社会へ還元していきたく考えております。つきましては、誠に恐縮ではございますが、本調査へのご協力をいただきたく存じます。

　本調査票は選挙人名簿に基づき、北海道稚内市、富山県射水市の旧新湊市地区に在住の方に無作為に配布しております。そして、両自治体にて閲覧を行なった際には、法律に基づき本調査以外の目的で皆様のご氏名やご住所を使用しないこと、及び本調査が営利目的ではなく学術調査として行なわれることを誓約いたしました。

　本調査票は〜月〜旬に配布いたしました。誠にお手数ではございますが、同封の返信用封筒（切手不要）にて、<u>〜月〜日</u>までに御返信いただきますようお願いいたします。

　　　　《調査主体》
　　　　　早稲田大学大学院アジア太平洋研究科　後藤乾一研究室
　　　　　（住所略）
　　　　　（※お問い合わせはこちらか、下記メールアドレスまで）

　　　　　ユーラシア研究所
　　　　　（住所略）

　　　　　　　　　　　担当：小林真生（メールアドレス略）

1：あなたが日常生活を送る上で接する（あるいは、見かける）外国人は何人(なにじん)ですか。もし、頭に浮かばない、あるいは接する機会がなければ、空欄で構いません。複数の外国人が該当する場合は、複数ご記入して下さい。また、このアンケートの以降の質問における「外国人」という言葉は、あなたがこの質問でご記入された外国人を想定してご回答下さい。

　　　（　　　　　　　　　　　　　）人

1

2：あなたは、日頃、町や電車などで外国人とどの程度、顔を合わせる機会がありますか。**1つの回答に○をつけてください。**

　　ア．よく見かける
　　イ．たまに見かける
　　ウ．あまり見かけることはない
　　エ．まったく見かけない

3：隣近所では外国人とどの程度の付き合いをしていますか。**1つの回答に○をつけてください。**

　　ア．よくつきあっている
　　イ．たまに挨拶したり、話をする
　　ウ．見かける程度である
　　エ．ほとんど見かけることはない
　　オ．まったく見かけない

4：この10年ほどであなたがお住まいの地域で外国人を見かける機会は増えましたか。居住歴が10年未満の方は居住以後で構いません。**1つの回答に○をつけてください。**

　　ア．大幅に増えた
　　イ．増えた
　　ウ．余り変わらない
　　エ．減った
　　オ．ほとんどいなくなった
　　カ．もともと周囲にはいない

5：あなたの周囲で外国人が増加することをどう思いますか。**1つの回答に○をつけてください。**

　　ア．賛成
　　イ．どちらかと言うと賛成
　　ウ．どちらとも言えない
　　エ．どちらかと言うと反対
　　オ．反対

6：あなたは、外国人が増えることで、お住まいの地域がどのように変化したとお考えですか。以下のような考えについて、それぞれ、「とてもそう思う」、「ある程度そう思う」、「あまりそう思わない」、「まったくそう思わない」の4つから当てはまる数字1つに〇をつけてください。

	とても そう思う	ある程度 そう思う	あまりそう 思わない	まったく そう思わない
ア．外国人との交流が進んだ	1	2	3	4
イ．外国の文化に触れられるようになった	1	2	3	4
ウ．町がにぎやかになった	1	2	3	4
エ．経済効果があった	1	2	3	4
オ．町の知名度が上がった	1	2	3	4
カ．町のイメージがよくなった	1	2	3	4
キ．治安が悪くなった	1	2	3	4
ク．ゴミ捨てなど生活のルールが乱れた	1	2	3	4
ケ．生活環境が悪くなった	1	2	3	4
コ．日本人の仕事が減った	1	2	3	4

7：現在の外国人の立場を日本人の立場と比べ、どのようなものだと思いますか。ご自身のお考えに最も近いもの1つに〇をつけてください。

　　ア．恵まれた立場にある
　　イ．同様の立場にある
　　ウ．厳しい立場にある
　　エ．何とも言えない

8：あなたは外国人に関する情報をどのように入手していますか。あてはまるものすべてに〇をつけてください。

　　ア．学校をはじめとした公共機関
　　イ．広報、掲示板などの公的情報
　　ウ．テレビ・ラジオ・新聞などのメディア
　　エ．インターネット
　　オ．自らの経験
　　カ．家族との会話
　　キ．近所での評判
　　ク．その他（　　　　　　　　　　　　）

9：あなたは行政による外国人に対する情報の提供はどのようにある方がよいと思いますか。**あてはまるものすべてに○をつけてください。**
  ア．より多くの場で行われる方がよい
  イ．より多くの言語で行われる方がよい
  ウ．より分かり易い形で行う方がよい
  エ．現状のままでよい
  オ．十分過ぎるので削減してもよい
  カ．分からない

10：あなたの周囲にいる外国人との間に問題がおこった場合、どのようにしていますか。**あてはまるものすべてに○をつけてください。**
  ア．市役所に連絡する
  イ．隣組長や町内会長に連絡する
  ウ．言葉のできる知人に連絡する
  エ．外国人の住んでいるアパートやマンションの管理人に連絡する
  オ．自分で直接外国人と話をする
  カ．警察に連絡する
  キ．外国人の勤める会社に連絡する
  ク．何もしない
  ケ．その他（   ）

11：あなたはお住まいの地域におけるどのような活動に参加されていますか。**あてはまるものすべてに○をつけてください。**
  ア．町内会の活動
  イ．商工団体の活動
  ウ．ボランティア活動
  エ．自らの趣味に関する活動
  オ．生涯学習活動（公民館などでのセミナー等を含みます）
  カ．その他（   ）

12：あなたは国の出先機関（法務局など）、あるいは地方自治体が主催する人権意識を向上させるための活動に参加したことがありますか。**1つの回答に**○**をつけてください。**

  ア．一度だけ参加したことがある（12-1 へ）
  イ．2 回以上参加したことがある（12-1 へ）
  ウ．参加したことはないが、機会があれば参加したい
  エ．参加したことはなく、機会があっても参加しない

12-1：上の質問 12 で「ア」か「イ」を選んだ方にお聞きします。あなたは今までにどのような活動に参加したことがありますか。**あてはまるものすべてに**○**をつけてください。**

  ア．シンポジウムや講演会
  イ．人権に関係する映像作品の上映会
  ウ．公民館等の施設における学級・講座
  エ．差別を受けがちな人たちとの交流会
  オ．公的機関による研修会
  カ．その他（　　　　　　　　　　　　　　）

13：あなたは外国人との交流や支援活動、あるいは彼らの文化を理解することを進める地元の民間の団体に知り合いがいますか。**1つの回答に**○**をつけてください。**

  ア．自らが活動している
  イ．知り合いがおり、活動内容は知っている
  ウ．知り合いがいるが、活動内容は知らない
  エ．知り合いはいないが、活動内容は知っている
  オ．知り合いもおらず、活動内容も知らない

14：あなたの性別と年齢をおたずねいたします。

  性別
  男性　　　　女性

  年齢
  （　　　　）歳

最後に、もしよろしければ市内、及び隣接地域における外国人の周辺に起きている問題について、あなたが日頃感じていることをお聞かせください。また、集計終了後、面接による調査で、分析を深めたいと考えております。もし、その面接調査にご協力いただける方は御都合のよい御連絡先（詳しい住所ではなく、電話番号、メールアドレス等だけでも結構です）とご氏名を記載いただけませんでしょうか。多数のご協力をいただいた場合、お訪ねすることが出来ないこともございますが、この御記載いただいた個人情報は調査代表者が責任をもって管理いたします。

お名前：

ご連絡先：

　本調査はこれで終了です。お忙しい中、ご協力いただき、誠にありがとうございました。

【回答結果】

「1」は適切な数値が得られなかったことから第4章第1節参照、**年齢比及び男女比**は同節【表1】に記載されているので略。

2：あなたは、日頃、町や電車などで外国人とどの程度、顔を合わせる機会がありますか。**1つの回答に○をつけてください。**
　　⇒第4章第2節の【表2】参照

3：隣近所では外国人とどの程度の付き合いをしていますか。**1つの回答に○をつけてください。**
　　⇒第4章第2節の【表3】参照

4：この10年ほどであなたがお住まいの地域で外国人を見かける機会は増えましたか。居住歴が10年未満の方は居住以後で構いません。**1つの回答に○をつけてください。**
　　⇒第4章第2節の【表4】参照

5：あなたの周囲で外国人が増加することをどう思いますか。**1つの回答に○をつけてください。**
　　⇒第4章第2節の【表5】参照

6：あなたは、外国人が増えることで、お住まいの地域がどのように変化したとお考えですか。以下のような考えについて、それぞれ、「とてもそう思う」、「ある程度そう思う」、「あまりそう思わない」、「まったくそう思わない」の4つから**当てはまる数字1つに○をつけてください。**
　　ア．外国人との交流が進んだ⇒第4章第3節の【表6】参照
　　イ．外国の文化に触れられるようになった⇒第4章第3節の【表7】参照
　　ウ．町がにぎやかになった⇒第4章第3節の【表11】参照
　　エ．経済効果があった⇒第4章第3節の【表12】参照
　　キ．治安が悪くなった⇒第4章第3節の【表13】参照
　　ク．ゴミ捨てなど生活のルールが乱れた⇒第4章第3節の【表14】参照
　　オ．町の知名度が上がった、カ．町のイメージがよくなった、
　　ケ．生活環境が悪くなった、コ．日本人の仕事が減った
　　　は次ページに表記。

6：オ．町の知名度が上がった

	稚内市	旧新湊市地域	大泉町
とてもそう思う	6.3%	2.6%	28.4%
ある程度そう思う	18.1%	5.4%	44.3%
あまりそう思わない	56.0%	41.6%	18.1%
まったくそう思わない	19.5%	50.4%	9.1%

6：カ．町のイメージがよくなった

	稚内市	旧新湊市地域	大泉町
とてもそう思う	0.6%	0.4%	1.6%
ある程度そう思う	5.5%	2.2%	9.8%
あまりそう思わない	60.9%	39.1%	56.2%
まったくそう思わない	33.0%	58.3%	32.5%

6：ケ．生活環境が悪くなった

	稚内市	旧新湊市地域	大泉町
とてもそう思う	9.6%	17.7%	22.7%
ある程度そう思う	28.4%	32.7%	34.8%
あまりそう思わない	51.4%	38.4%	37.2%
まったくそう思わない	10.7%	11.2%	5.3%

6：コ．日本人の仕事が減った

	稚内市	旧新湊市地域	大泉町
とてもそう思う	4.4%	4.6%	10.4%
ある程度そう思う	8.4%	16.9%	24.8%
あまりそう思わない	52.9%	56.6%	51.2%
まったくそう思わない	34.3%	21.9%	13.6%

7：現在の外国人の立場を日本人の立場と比べ、どのようなものだと思いますか。ご自身のお考えに最も近いもの1つに○をつけてください。
　　ア.恵まれた立場にある、イ.同様の立場にある、ウ.厳しい立場にある、
　　エ.何とも言えない

	稚内市	旧新湊市地域
恵まれた立場にある	8.8%	12.6%
同様の立場にある	20.4%	17.5%
厳しい立場にある	28.1%	28.6%
何とも言えない	42.8%	41.3%

8：あなたは外国人に関する情報をどのように入手していますか。**あてはまるものすべてに○をつけてください。**
　　⇒第4章第3節の【表17】参照

9：あなたは行政による外国人に対する情報の提供はどのようにある方がよいと思いますか。**あてはまるものすべてに○をつけてください。**
　　⇒第4章第4節の【表18】参照

10：あなたの周囲にいる外国人との間に問題がおこった場合、どのようにしていますか。**あてはまるものすべてに○をつけてください。**
　　⇒第4章第3節の【表15】参照

11：あなたはお住まいの地域におけるどのような活動に参加されていますか。**あてはまるものすべてに○をつけてください。**
　　ア.町内会の活動、イ.商工団体の活動、ウ.ボランティア活動
　　エ.自らの趣味に関する活動、オ.生涯学習活動（公民館などでのセミナー等を含みます）

	稚内市	旧新湊市地域
町内会の活動	73.9%	80.3%
商工団体の活動	9.0%	5.9%
ボランティア活動	21.7%	21.2%
自らの趣味に関する活動	38.8%	35.4%
生涯学習活動	10.0%	17.4%

12：あなたは国の出先機関（法務局など）、あるいは地方自治体が主催する人権意識を向上させるための活動に参加したことがありますか。**1つの回答に○をつけて**ください。
　　⇒第4章第3節の【表19】参照

12-1：上の**質問12で「ア」か「イ」を選んだ方にお聞きします**。あなたは今までにどのような活動に参加したことがありますか。**あてはまるものすべてに○をつけて**ください。【※人数が少ないので比率は表記しない】
　　　ア．シンポジウムや講演会…………稚内市:30人、旧新湊市地域:23人
　　　イ．人権に関係する映像作品の上映会………稚内市:15人、旧新湊市地域:5人
　　　ウ．公民館等の施設における学級・講座……稚内市:12人、旧新湊市地域:13人
　　　エ．差別を受けがちな人たちとの交流会……稚内市:4人、旧新湊市地域:1人
　　　オ．公的機関による研修会…………稚内市:18人、旧新湊市地域:18人

13：あなたは外国人との交流や支援活動、あるいは彼らの文化を理解することを進める地元の民間の団体に知り合いがいますか。1つの回答に○をつけてください。
　　⇒第4章第4節の【表20】参照

Ⅱ．2002年12月調査票、及び回答結果

【調査票】

日本の地域社会における対外国人意識についてのアンケート
―2002年12月―

調査主体：小林真生（個人）
所属：早稲田大学大学院アジア太平洋研究科
e-mail：（略）

プライバシー保護の宣言
　…この調査は小林真生個人の論文作成のための統計調査であり、論文内において統計処理をさせていただくためのものです。ご協力いただいた方の個人的な情報は一切公表いたしません。また、他の目的で使用することもございません。私は皆様のプライバシー保護をお約束いたします。

Q1. あなたは、日頃外国人とどの程度、顔を合わせる機会がありますか。
　　（ア）日常的な生活を通して付き合う機会がある
　　（イ）たまにあいさつをしたり話をすることがある
　　（ウ）職場や近所など身近なところで見かけることがある
　　（エ）たまに街や電車などで見かけることがある
　　（オ）ほとんど見かけることはない
　　　　その他（　　　　　　　　　　　　　　　　）

Q2. あなたは、最近身の回りに外国人が増加してきていると感じますか。
　　（ア）大いに感じる
　　（イ）ある程度感じる
　　（ウ）あまり感じない
　　（エ）ほとんど感じない
　　　　その他（　　　　　　　　　　　　　　　　　　　）

1

Q3. あなたが家族や友人と行う日常の話題に、お知り合いの外国人の名前が登場することはありますか。
　　（ア）よくある
　　（イ）たまにある
　　（ウ）あまりない
　　（エ）まったくない
　　　　その他（　　　　　　　　　　　　　　　　　　　）

Q4. あなたは外国人が自らの周囲で増加することをどう思いますか（複数回答可）。
　　（ア）よいことだ
　　（イ）自然なことだ
　　（ウ）よい部分と悪い部分の両面がある
　　（エ）ばくぜんとした不安がある
　　（オ）不安がある
　　　　その他（　　　　　　　　　　　　　　　　　　　）

Q4-1. 上のQ4において（ウ）、（エ）、（オ）を選択した方にお聞きします。外国人増加による「不安」とはどのようなものですか（複数回答可）。
　　（ア）意思の疎通が困難である
　　（イ）治安・風紀の悪化
　　（ウ）地域のルールを守らない集団が発生する
　　（エ）見ず知らずの人が増える
　　（オ）なんとはなしに不安
　　　　その他（　　　　　　　　　　　　　　　　　　　）

Q5. 外国人と意思の疎通を図るためにどのような方法が有効だと思いますか。
　　（ア）相手の文化や言語をわずかでも習得する
　　（イ）お互いに文化や言語を習得し合う
　　（ウ）相手がこの社会の文化や言語を習得する
　　（エ）何もする必要はない
　　　　その他（　　　　　　　　　　　　　　　　　　　）

2

Q6. 現在、あなたの周囲における外国人との交流は円滑に進んでいると思いますか。
　　（ア）進んでいる
　　（イ）どちらともいえない
　　（ウ）進んでいない
　　（エ）わからない
　　　　その他（　　　　　　　　　　　　　　　　　　　　　　　　　）

Q7. あなたの外国人に対する意識を形成する上で重要な位置を占めたものは何ですか（複数回答可）。
　　（ア）学校教育
　　（イ）テレビ・ラジオ・新聞などのメディア
　　（ウ）自らの経験
　　（エ）家族との会話
　　（オ）近所での評判
　　　　その他（　　　　　　　　　　　　　　　　　　　　　　　　　）

Q8. あなたは外国人をどのような位置付けで見ていますか。
　　（ア）社会のパートナー
　　（イ）仕事や経済上のパートナー
　　（ウ）やがて自国に帰っていく存在
　　（エ）あまり関わり合いたくない存在
　　（オ）わからない
　　　　その他（　　　　　　　　　　　　　　　　　　　　　　　　　）

Q9. あなたご自身のことについておたずねします。
　　（性別）　男　　・　　女
　　（年齢）（　　）0歳代

【回答結果】

Q1. あなたは、日頃外国人とどの程度、顔を合わせる機会がありますか。
　　（ア）日常的な生活を通して付き合う機会がある
　　（イ）たまにあいさつをしたり話をすることがある
　　（ウ）職場や近所など身近なところで見かけることがある
　　（エ）たまに街や電車などで見かけることがある
　　（オ）ほとんど見かけることはない

	ア	イ	ウ	エ	オ
1月調査	6 5.6%	4 3.7%	32 29.6%	63 58.3%	3 2.8%
12月調査	2 1.6%	5 3.9%	26 20.5%	81 63.8%	13 10.2%

Q2. あなたは、最近身の回りに外国人が増加してきていると感じますか。
　　（ア）大いに感じる、（イ）ある程度感じる、（ウ）あまり感じない、（エ）ほとんど感じない

	ア	イ	ウ	エ
1月調査	46 43.0%	43 40.2%	15 14.0%	3 2.8%
12月調査	30 23.3%	47 36.4%	39 30.2%	13 10.1%

Q3. あなたが家族や友人と行う日常の話題に、お知り合いの外国人の名前が登場することはありますか。
　　（ア）よくある、（イ）たまにある、（ウ）あまりない、（エ）まったくない

	ア	イ	ウ	エ
1月調査	0 0.0%	15 13.9%	7 6.5%	86 79.6%
12月調査	1 0.8%	11 8.4%	19 14.5%	100 76.3%

付録

Q4. あなたは外国人が自らの周囲で増加することをどう思いますか（複数回答可）。
（ア）よいことだ、（イ）自然なことだ、（ウ）よい部分と悪い部分の両面がある（エ）ばくぜんとした不安がある、（オ）不安がある

	ア	イ	ウ	エ	オ
1月調査	1 0.9%	20 18.9%	68 64.2%	13 12.3%	22 22.8%
12月調査	5 3.9%	31 24.0%	85 65.9%	22 17.1%	18 14.0%

Q4-1. 上のQ4において（ウ）、（エ）、（オ）を選択した方にお聞きします。外国人増加による「不安」とはどのようなものですか（複数回答可）。
（ア）意思の疎通が困難である、（イ）治安・風紀の悪化、（ウ）地域のルールを守らない集団が発生する、（エ）見ず知らずの人が増える、（オ）なんとはなしに不安

	ア	イ	ウ	エ	オ
1月調査	19 21.3%	39 43.8%	49 55.1%	6 6.7%	15 16.9%
12月調査	31 27.7%	58 51.8%	63 56.3%	8 7.1%	17 15.2%

Q5. 外国人と意思の疎通を図るためにどのような方法が有効だと思いますか。
（ア）相手の文化や言語をわずかでも習得する
（イ）お互いに文化や言語を習得し合う
（ウ）相手がこの社会の文化や言語を習得する
（エ）何もする必要はない

	ア	イ	ウ	エ
1月調査	18 17.1%	47 44.8%	25 23.8%	15 14.3%
12月調査	15 11.6%	77 59.7%	24 18.6%	13 10.1%

Q6. 現在、あなたの周囲における外国人との交流は円滑に進んでいると思いますか。
　　（ア）進んでいる、（イ）どちらともいえない、（ウ）進んでいない、（エ）わからない

	ア	イ	ウ	エ
1月調査	9 8.3%	37 34.3%	16 14.8%	46 42.6%
12月調査	11 8.4%	45 34.4%	31 23.7%	44 33.6%

Q7. あなたの外国人に対する意識を形成する上で重要な位置を占めたものは何ですか（複数回答可）。
　　（ア）学校教育、（イ）テレビ・ラジオ・新聞などのメディア、（ウ）自らの経験、（エ）家族との会話、（オ）近所での評判

	ア	イ	ウ	エ	オ
1月調査	15 14.2%	76 71.7%	16 15.1%	10 9.4%	27 25.5%
12月調査	23 17.7%	92 70.8%	33 25.4%	5 3.8%	21 16.2%

Q8. あなたは外国人をどのような位置付けで見ていますか。
　　（ア）社会のパートナー、（イ）仕事や経済上のパートナー、（ウ）やがて自国に帰っていく存在、（エ）あまり関わり合いたくない存在、（オ）わからない

	ア	イ	ウ	エ	オ
1月調査	10 9.3%	11 10.3%	17 15.9%	41 38.3%	28 26.2%
12月調査	13 10.0%	21 16.2%	23 17.7%	39 30.0%	34 26.2%

付録

Q9. あなたご自身のことについておたずねします。
　　（性別）　男　　・　　女
　　（年齢）（　　）0 歳代

1 月調査：男女別年齢構成

	10 歳代	20 歳代	30 歳代	40 歳代	50 歳代	合計
男性	28 人	0 人	0 人	7 人	5 人	40 人
女性	28 人	1 人	2 人	27 人	6 人	64 人

12 月調査：男女別年齢構成

	10 歳代	20 歳代	30 歳代	40 歳代	50 歳代	合計
男性	26 人	4 人	5 人	17 人	6 人	58 人
女性	23 人	1 人	11 人	26 人	11 人	72 人

あとがき

　本書は冒頭でも記したように、私が青春時代を過ごした群馬県での原風景や近所での言説が出発点となっている。1980年代半ばを過ぎると、近所の工場やアパートに「働き手がいないんだから、しかたない」の声と共に、アジアからの労働者や日系南米人の姿を日常的に見るようになった。そして、彼らに対する様々な噂や中傷もそれに比例する形で増えていった。それに対し居心地の悪さを感じながら、当時、中学生だった私はそれを打ち消す術を持たず、傍観するに止まっていた。

　そんなある日、駅前のファストフード店で行列に並ぼうとすると、一番前には乳母車を引いた若い女性、その次に南アジア系の肌の色をした男性がいた。私は彼の後ろに並び、メニューや乳母車の中の赤ん坊を眺めて時間をつぶそうとした。すると、同じく赤ん坊と目を合わせ、あやそうとしていた前の男性が私を振り返り、拙い日本語で「かわいいね」と笑顔で囁いた。お互いに笑い合った瞬間、私は「何だ、彼らは自分たちと変わらない感覚を持っているんじゃないか」との思いを強くした。その感覚は、私がその後、日本や世界各地でこれまで繰り返し持ってきたものであったが、残念ながら出身地周辺で見られた蔑視を伴う言説は全国に広がってしまった。ある意味、全国的に居心地の悪さが拡散した観がある。そして、その感覚が私を現在の研究に向かわせた。

　そうした居心地の悪さを解消するべく、差別や偏見の拡散の実態を捉え、それを生み出す社会や制度上の課題を明らかにする必要性を感じ、私は地方社会に目を向けた。それは自分の出発点が地方社会である以上、避けては通れない道であったように思う。その中では、研究ばかりでなく多くの出会いがあり、人間的にも多くの経験をさせていただいた。そうした思いや経験を形とするため、本書作成に向けて私なりに努力を重ねてきた。しかしながら、本書には未

熟な点も多く散見されるかもしれない。序章でも述べたが、私自身、研究の途上にある。お気づきの点に関しては、忌憚の無い御指摘や御教示をいただければ、幸いである。

　本書の出版に限ることではないが、私はこれまで多くの皆様の御指導や御協力をいただいた。
　鬼籍に入る一週間前まで教壇に立ち続けた同志社大学時代の恩師、金丸輝男先生には学問への熱い姿勢と自由な発想の基盤を作っていただいた。早稲田大学大学院時代の恩師、後藤乾一先生からはまだまだ至らない点が多いながらも、学問の深淵を日々御教示いただいている。先生の一次資料に対する真摯な姿勢は本書をはじめとする私の研究の大きな柱である。大東文化大学の川村千鶴子先生には、様々な地域社会に対するアプローチや研究の機会をいただいている。私の研究活動の広がりは先生に負うところが大きい。同郷の北海道大学の小内透先生には研究上の示唆や資料上の御協力をいただいた。慶應義塾大学の吉原和男先生からは、主催されているアジア移民研究会をはじめ研究発表の場を度々いただき、様々な分野の研究者の方々との議論から貴重な知的刺激を受けている。
　また、本書は私の博士論文をその元としているが、副査を務めていただいた明星大学の渡戸一郎先生からは研究や論文自体の方向性について、非常に的確な御指摘をいただき、論文提出後も折に触れ、御指導をいただいている。東京大学の園田茂人先生は本書の根幹である2007年のアンケートの調査票作成に一方ならぬ御協力をいただいた。早稲田大学のグレンダ・ロバーツ先生とは様々な会合を共にし、問題意識を共有することができ、発想の源泉をいただいた。その他にも多くの研究会や学会でお会いし、お世話になる中で、様々な意見を交換してきた先生方や友人の皆様には、この場を借りて心からの感謝を申し上げたい。
　そして、本書は社会調査によって生まれたことからも明らかなように、突然の調査の申し入れに快く応じていただいた非常に多くの方々の御協力無くしては、成り立たなかった。また、私が現地調査を始め、10年ほどが経つ中で、貴重なお話や御厚意をいただいた方の中には、残念ながら逝去された方もいる。

あとがき

　そうした方々、お一人お一人に心から御礼申し上げたいところであるが、この紙面を借りることを御容赦いただきたい。

　私事ながら、私の勝手な使命感を常に後押しし、様々な形で見守ってくれた両親にも感謝を伝えたい。両親は気づいてはいないだろうが、私が社会問題に関心を持ち、このような研究を始めたのも、議論好きな「団塊の世代」の父と母が政治問題で夫婦喧嘩をする姿を幼い頃から見て来たからである。そう思えば、本書は正に、私のこれまでの人生を集約したものといえる。

　本書の刊行は日本学術振興会の平成23年度科学研究費助成事業（研究成果公開促進費）の支援を得て行われたものである。2011年3月に起きた東日本大震災により財政状況が厳しい中、出版助成事業を滞りなく進めていただいた日本学術振興会にも深く感謝申し上げたい。

　最後に、本書の出版に当たっては、福村出版の宮下基幸氏から編集にかかわる様々な面での御協力をいただいた。そして、本書の校正や書籍作りに関しては、閏月社の徳宮峻氏の真摯な御尽力に負うところが大きい。お二人には、心より御礼申し上げたい。

著者紹介

小林真生(こばやし・まさお)

国立民族学博物館　共同研究員

1975年生まれ。群馬県出身。
2000年、同志社大学法学部政治学科卒業。2002年、早稲田大学大学院アジア太平洋研究科修士課程修了(国際関係学修士)。2010年、早稲田大学大学院アジア太平洋研究科博士後期課程修了(博士[学術])。
主な研究分野：対外国人意識、外国人の社会生活、スポーツと社会。

主要業績
「対外国人意識改善に向けた行政施策の課題」『社会学評論』第58巻第2号、2007。「トンガと日本の交流(下)―コミュニティ形成に見る相互理解の基本条件―」『国際人流』2010年12月号、2010。「不況が明らかにしたパキスタン人中古車業者の実相―富山県国道8号線沿いを事例に―」駒井洋監修、明石純一編集『移民・ディアスポラ研究1　移民労働と世界的経済危機』明石書店、2011　など。

日本の地域社会における対外国人意識
北海道稚内市と富山県旧新湊市を事例として

2012年2月5日　初版第1刷発行

著　者	小林真生
発行者	石井昭男
発行所	福村出版株式会社
	〒113-0034　東京都文京区湯島2-14-11
	電　話　　03-5812-9702
	ＦＡＸ　　03-5812-9705
	http://www.fukumura.co.jp
印　刷	株式会社文化カラー印刷
製　本	本間製本株式会社

©Masao Kobayashi　2012
ISBN 978-4-571-41045-1　　　Printed in Japan

定価はカバーに表示してあります。
落丁・乱丁本はお取替えいたします。

福村出版◆好評図書

山本薫子 著
横浜・寿町と外国人
●グローバル化する大都市インナーエリア
◎3,800円　ISBN978-4-571-41039-0　C3036

グローバル化により急増した外国人を対象に，その実態調査と分析を通して，変貌を遂げる寿町の現状を描き出す。

島田肇 著
福祉オンブズパーソンの研究
●新しい社会福祉の実現に向けて
◎6,800円　ISBN978-4-571-42036-8　C3036

社会福祉新時代を迎え，福祉オンブズパーソンへの期待はますます高まっている。その現状と将来を探る。

森山沾一 著
社会教育における人権教育の研究
●部落解放実践が人間解放に向け切り拓いた地平
◎5,300円　ISBN978-4-571-30036-3　C3037

同和問題がメディアや行政の視野から逸れゆく趨勢に，自身が参加した地域の解放運動を統計データとともに分析。

宮嶋淳 著
DI者の権利擁護とソーシャルワーク
◎7,200円　ISBN978-4-571-42038-2　C3036

DI者の人権侵害からの解放と，彼らを取り巻く人間関係・社会環境の不正義を変革するソーシャルワークを追求。

中野亜里 著
ベトナムの人権
多元的民主化の可能性
◎5,300円　ISBN978-4-571-40023-0　C3036

市民的・政治的権利状況について国内の民主勢力や在外越南人が発信する情報をもとに同国の現代史を再考する。

辻上奈美江 著
現代サウディアラビアのジェンダーと権力
●フーコーの権力論に基づく言説分析
◎6,800円　ISBN978-4-571-40028-5　C3036

ムスリム世界のジェンダーに関わる権力関係の背景に何があるのか，フーコーの権力論を援用しながら分析する。

櫻庭総 著
ドイツにおける民衆扇動罪と過去の克服
●人種差別表現及び「アウシュヴィッツの嘘」の刑事規制
◎5,000円　ISBN978-4-571-40029-2　C3036

ナチズムの復活阻止を目的とするドイツ刑法第130条を詳細に分析，その比較から日本の差別構造の本質を撃つ。

◎価格は本体価格です。